INTERNATIONAL GCSE (9–1)

French

for Edexcel International GCSE

Séverine Chevrier-Clarke
Jean-Claude Gilles
Karine Harrington
Wendy O'Mahony
Virginia March
Kirsty Thathapudi
Jayn Witt

SECOND EDITION

DYNAMIC LEARNING

HODDER EDUCATION
AN HACHETTE UK COMPANY

The Publishers would like to thank the following for permission to reproduce copyright material.

Photo credits

p.49 Gerard Velthuizen, p.105 David Muscroft, p.127 Sueddeutsche Zeitung Photo, p.144 Megapress, p.188 insidefoto srl, p.219 (top) Artepics, p.219 (bottom) Ed Buziak © Alamy; all other photos © Fotolia.

Acknowledgements

Hodder Education would like to thank the following people:

Jackie Coe for her dedication as freelance Publisher

Ginny March for her hard work as Development Editor

Marie Nunes for her invaluable role as Teacher Reviewer.

Every effort has been made to trace all copyright holders, but if any have been inadvertently overlooked, the Publishers will be pleased to make the necessary arrangements at the first opportunity.

Although every effort has been made to ensure that website addresses are correct at time of going to press, Hodder Education cannot be held responsible for the content of any website mentioned in this book. It is sometimes possible to find a relocated web page by typing in the address of the home page for a website in the URL window of your browser.

Hachette UK's policy is to use papers that are natural, renewable and recyclable products and made from wood grown in sustainable forests. The logging and manufacturing processes are expected to conform to the environmental regulations of the country of origin.

Orders: please contact Bookpoint Ltd, 130 Park Drive, Milton Park, Abingdon, Oxon OX14 4SE. Telephone: (44) 01235 827720. Fax: (44) 01235 400454. Email education@bookpoint.co.uk Lines are open from 9 a.m. to 5 p.m., Monday to Saturday, with a 24-hour message answering service. You can also order through our website: www.hoddereducation.com

ISBN: 978 1 5104 0328 4

Cover photo © StevanZZ/Shutterstock

Illustrations by Barking Dog

Typeset by Lorraine Inglis Design

Printed in Slovenia

A catalogue record for this title is available from the British Library.

Contents

How to use this book

Structure of the book

This book is split into four parts. Each area is broken down into units that cover topics on your course. Each unit is split into several spreads. Every spread has listening, reading, grammar, writing and/or speaking activities to help develop your skills. Below is an example of what you can find on each spread.

Listening material and exercises: engaging audio recordings with a variety of speakers help develop your comprehension and listening skills

Learning objectives: one linguistic objective and one grammar objective

Reading material and exercises: interesting reading texts and a variety of question types help develop your reading skills

Title of the spread

Level: *Embarquement*, *Décollage* or *En Vol*

Phonics exercises: these help you practise your pronunciation

Writing exercises: plenty of practice at writing short (80–90 words) and longer (130–140 words) pieces to strengthen your writing skills

Speaking exercises: role plays, presentations and group or class conversations help you to practise your speaking skills

Grammar exercises: practice of a particular grammar point. You can refer to the grammar section at the end for an explanation of the grammar point before trying the exercise.

Sample spread content

1A.3 Chez moi, je...

Décollage

- Décrire ce que tu fais dans chaque pièce
- Les pronoms personnels et les verbes réguliers -er au présent [1] et être, aller, avoir, faire

e chez moi

...da dans une petite

Alors, d'abord, au rez-de-chaussée, nous avons le séjour. Il est petit, c'est vrai, et un peu sombre, mais confortable tout de même. C'est ici que ma famille et moi regardons la télé chaque soir, qu'on se repose et que moi, je joue du piano.

Ensuite, il y a la salle à manger. J'aime faire mes devoirs ici, car il y a une grande table, ce qui est pratique. À part cela, j'y vais rarement car on mange dans la cuisine ! Mon frère, lui, va toujours dans sa chambre pour faire ses devoirs.

À côté de la salle à manger se trouve la cuisine où l'on mange en famille et où mes parents passent beaucoup de temps à discuter quand ils préparent le dîner. Moi j'y fais la vaisselle aussi, mais, honnêtement, je préfère manger.

Au premier étage se trouvent trois chambres. Voici ma chambre. Elle est sympa, non ? Moi, je passe beaucoup de temps ici. C'est l'endroit où j'écoute de la musique, où je surfe sur Internet et où je joue aux jeux vidéo. C'est ici que je téléphone à mes copains aussi. Nous parlons pendant longtemps.

Et alors, ça c'est ma maison. J'espère que vous l'aimez.

1   Lis l'article. Ensuite lis les phrases ci-dessous et trouve l'intrus chaque fois.
Exemple : 1 c
1   Mina a) *joue du piano* b) *regarde la télé* c) *va rarement* dans le séjour.
2   Mina préfère a) *rester dans sa chambre* b) *se servir de la grande table* c) *aller dans la salle à manger* pour travailler.
3   La famille a) *mange ensemble* b) *mange devant la télé* c) *mange dans la cuisine*.
4   Mina et son frère a) *partagent une chambre* b) *ne font pas leurs devoirs ensemble* c) *regardent la télé le soir*.
5   Mina a) *aide dans la cuisine* b) *discute avec sa mère dans la cuisine* c) *ne prépare pas à manger d'habitude*.
6   Elle aime passer du temps dans sa chambre a) *parce qu'il y a beaucoup à faire*

2   Ce que tu fais chez moi. Axelle et Marcel parlent de ce qu'ils font chez eux. Note les détails en français.

Exemple : 1 le salon
1   Pièce où Axelle aime regarder la télé :
2   Taille de la salle à manger (un détail) :
3   Où se situe le bureau de son père :
4   Ce que répare son frère au garage :
    ...habitants dans l'appartement de Marcel :

6   Pourquoi les autres n'aident-ils pas Marcel à faire la cuisine :
7   Où va Marcel pour jouer de la guitare :
8   Ce qu'il fait quand il fait du soleil : [2]

3   Les pronoms personnels et les verbes réguliers –er au présent [1] et être, aller, avoir, faire. Regarde d'abord la section Grammaire D1, K2 et K3. Modifie les mots (a) – (j). Ils doivent respecter le sens correct de la phrase. Attention! Il n'est pas toujours nécessaire de changer les mots.

Exemple : 1 sommes

Nous (a).......... (*être*) quatre dans ma famille et nous habitons dans une grande maison au bord de la mer. Je l'(b).......... (*adorer*). J'aime particulièrement le salon où il y a (c).......... (*avoir*) un (d).......... (*grand*) écran que (e).......... (*regarder*) mes parents tous les soirs. Une cuisine moderne et très bien (f).......... (*équipé*) ouvre sur une salle à manger grande et (g).......... (*clair*). Nous y (h).......... (*manger*) en famille chaque soir. Ma chambre, elle est assez petite mais charmante tout de même. Les murs sont (i).......... (*bleu clair*) et les rideaux, blancs. J'y vais pour lire, écouter de la musique ou surfer sur Internet. Quand il fait beau on .... (*aller*) souvent dans le jardin.

4   Fais un sondage en classe. Que fais-tu chez toi ? Pose les questions suivantes aux autres élèves de la classe et note les réponses.
1   Tu passes le plus de temps dans quelle pièce ?
2   Où fais-tu tes devoirs ? Pourquoi ?
3   Où est-ce que tu manges ? Pourquoi ?
4   Où regardes-tu la télé ? Pourquoi ?
5   Quelle est ta pièce préférée et pourquoi ?

Je / J'...	passe / passent / passons beaucoup de temps	dans ma / leur / notre chambre.
Beaucoup d'élèves...	est / aiment / aimons être	dans la salle à manger.
Nombreux sont ceux	préfère / préfèrent / préférons être	dans la salle de bains.
qui...	fais / font / faisons mes / leurs / nos devoirs	dans la cuisine.
Peu d'élèves...	regarde / regardent / regardons la télé	dans le salon.
Quelques élèves...	mange / mangent / mangeons	sur le balcon.
Nous...	se repose / se reposent / nous reposons	dans le jardin.
	souvent / tout le temps / rarement / tous les soirs / de temps en temps / quelquefois)	
	surfe / surfent / surfons sur Internet	
	écoute / écoutent / écoutons de la musique	

5   Que fais-toi chez toi ? Sers-toi des résultats du sondage. Écris dix phrases pour décrire ce que font les élèves de ta classe quand ils sont chez eux.

Exemple : Onze élèves passent beaucoup de temps dans le salon.
    Tous les autres passent le plus de temps dans leur chambre parce qu'ils aiment...

At the end of parts 1, 2, 3 and 4 you will find the following:

- **Vocabulary** — four pages of key vocabulary for that area. (The words in italics in these lists are not part of the Edexcel minimum core vocabulary.)
- **Magazines** — four pages of magazine material. These introduce you to a francophone country or area with extra reading material and exercises to practise your skills.
- **Exam corners** — four or six pages that focus on a particular key skill you need to develop for your exam. These include exam-style tasks and suggested answers.

Differentiation

The three levels of difficulty in the book are indicated by an aeroplane icon along with the following terms: *Embarquement*, *Décollage* and *En vol*.

Embarquement

Embarquement — these sections introduce you to the topic with simple reading or listening material and exercises. There are no *Embarquement* sections in Areas D and E, as your skills will have developed beyond this level by that point in the course.

Décollage

Décollage — the material in these sections is of medium difficulty.

En Vol

En Vol — these sections are for students who are aiming for top marks.

Grammar

- There are grammar exercises throughout the book, covering all the grammar you need to know.
- There is a grammar reference section at the back of the book with explanations of all the grammar points in the book.
- Grammar exercises include a reference to the grammar section so that you can refer to this to help you complete the exercises.
- Examples of the grammar point in the exercise can be found in the reading or listening passage on the same spread.

Teacher material

Teacher material can be purchased either as a CD-ROM or as a Teaching & Learning resource as part of the online Dynamic Learning platform.

Edexcel International GCSE French Teacher's CD-ROM, ISBN 9781510403291
Edexcel International GCSE French Teaching & Learning, ISBN 9781510403307

The teacher material includes: teaching notes with extra activities, answers, transcripts, audio files, and answers to exam-style writing activities in the book along with sample answers and commentary.

Le monde francophone

ROYAUME-UNI

MANCHE

PAYS-BAS

BELGIQUE

ALLEMAGNE

Lille

NORD-PAS-DE-CALAIS

LUXEMBOURG

PICARDIE

Rouen

HAUTE-NORMANDIE

BASSE-NORMANDIE

LORRAINE

Strasbourg

PARIS

CHAMPAGNE-ARDENNE

ÎLE-DE-FRANCE

Seine

ALSACE

Rennes

BRETAGNE

PAYS DE LA LOIRE

Orléans

Loire

Nantes

CENTRE-VAL DE LOIRE

BOURGOGNE

Dijon

FRANCHE-COMTÉ

SUISSE

OCÉAN ATLANTIQUE

POITOU-CHARENTES

LIMOUSIN

AUVERGNE

RHÔNE-ALPES

Lyon

ITALIE

Bordeaux

Rhône

Garonne

MIDI-PYRÉNÉES

LANGUEDOC-ROUSSILLON

PROVENCE-ALPES-CÔTE D'AZUR

AQUITAINE

Toulouse

Marseille

ESPAGNE

MER MÉDITERRANÉE

N

0   200 km

CORSE

Ajaccio

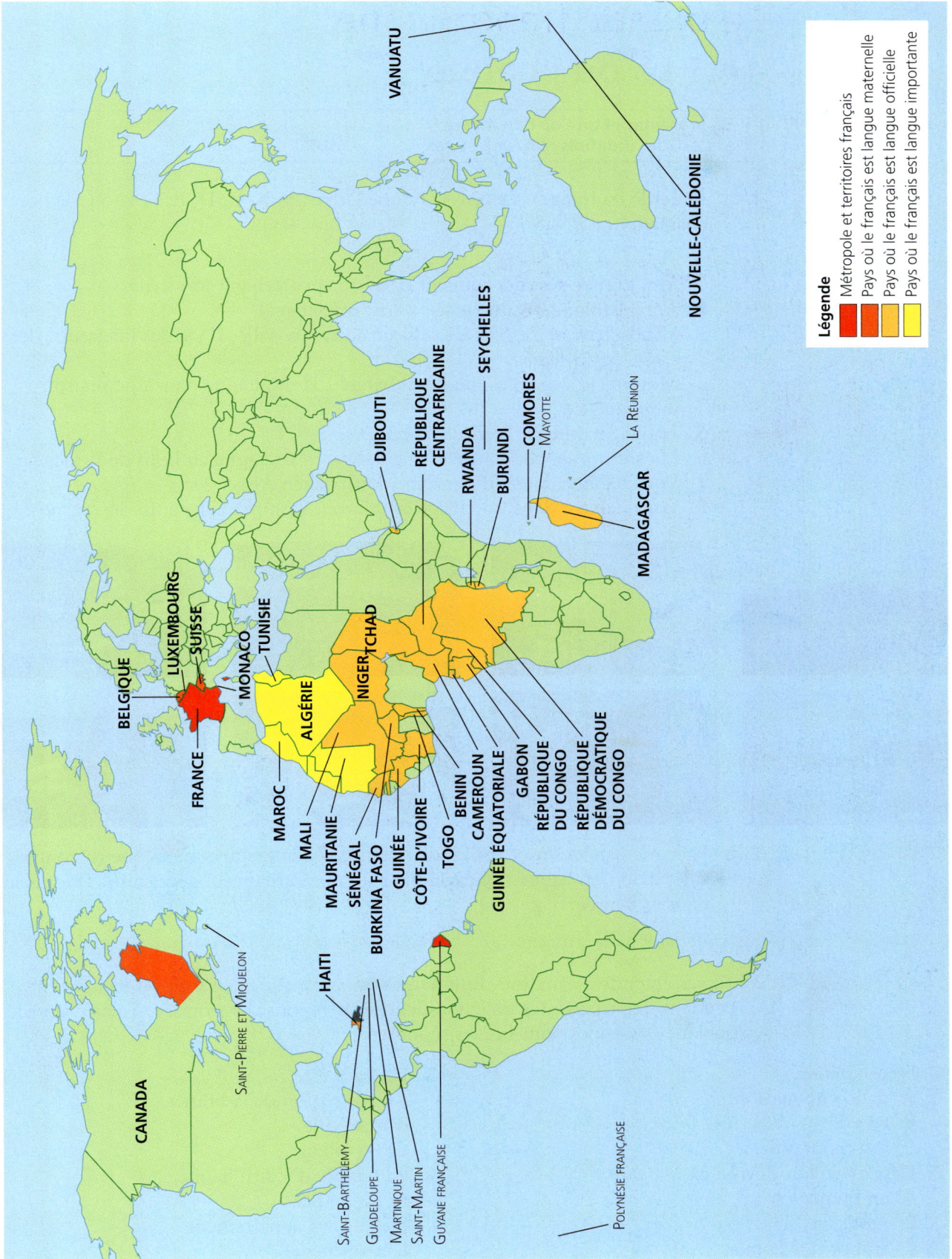

CANADA

SAINT-PIERRE ET MIQUELON

SAINT-BARTHÉLEMY
GUADELOUPE
MARTINIQUE
SAINT-MARTIN
GUYANE FRANÇAISE

HAÏTI

POLYNÉSIE FRANÇAISE

BELGIQUE
LUXEMBOURG
SUISSE
MONACO
TUNISIE
FRANCE

MAROC
ALGÉRIE

MALI
MAURITANIE
SÉNÉGAL
BURKINA FASO
GUINÉE
CÔTE-D'IVOIRE
TOGO
BENIN
CAMEROUN
GUINÉE ÉQUATORIALE
GABON
RÉPUBLIQUE DU CONGO
RÉPUBLIQUE DÉMOCRATIQUE DU CONGO

NIGER
TCHAD

DJIBOUTI
RÉPUBLIQUE CENTRAFRICAINE
RWANDA
BURUNDI
SEYCHELLES
COMORES
MAYOTTE
LA RÉUNION
MADAGASCAR

VANUATU

NOUVELLE-CALÉDONIE

Légende

Métropole et territoires français

Pays où le français est langue maternelle

Pays où le français est langue officielle

Pays où le français est langue importante

1A   House and home

1A.1 Là où j'habite

Embarquement

★ **Se présenter et dire où l'on habite**
★ **Les articles indéfinis : *un, une* et *des***

1 a Regarde les images. Choisis la bonne lettre (A, B, C, D, E, F, G ou H) pour chaque phrase (1-8).

Exemple : 1 G

1 Mes grands-parents habitent dans un appartement moderne.
2 Amal habite dans une maison rose au Sénégal.
3 L'appartement de Nicolas se situe au centre-ville. Il y a des magasins, des cafés, des cinémas…
4 Mon oncle s'appelle Théo et il habite à la montagne dans une maison individuelle.
5 Isabelle habite en France à la campagne.
6 Ma sœur s'appelle Laure et elle habite en Bretagne au bord de la mer.
7 Vous habitez dans un quartier industriel en Alsace ?
8 Vous habitez dans un village au Maroc, Yasmine ? Il y a un désert, non ?

1 b Fais une liste des mots utiles de l'exercice 1a et d'autres mots que tu connais au sujet d'où l'on habite. Regarde dans un dictionnaire, si nécessaire. Traduis-les dans ta langue.

Exemple : une villa, un gite…

2 Tu vas entendre, deux fois, huit jeunes qui parlent de l'endroit où ils habitent. Pendant que tu écoutes les jeunes, choisis la réponse appropriée. Tu as d'abord quelques secondes pour lire les réponses.

Exemple : 1a

1 Fred habite…
  A dans une maison.
  B en ville.
  C à la montagne.
2 L'appartement d'Anni est…
  A en France.
  B moderne.
  C au bord de la mer.

3 L'Alsace est…
  A une région de la France.
  B une ville.
  C un village.
4 La famille d'Édith habite…
  A en France.
  B dans un appartement.
  C au Sénégal.

8

5 Paul habite…
A en France.
B en ville.
C dans un appartement.

6 La maison d'Ève est…
A typiquement suisse.
B grande.
C au bord de la mer.

7 Yves habite…
A dans un grand appartement dans un quartier industriel.
B dans un petit appartement dans un quartier chic.
C dans un grand appartement dans un quartier chic.

8 Maya habite…
A en France.
B dans un village.
C en ville.

G 3 Les articles indéfinis : *un*, *une* et *des*. Regarde d'abord les sections grammaire A1 et A4. Complète les phrases avec *un*, *une* ou *des*.

Exemple : 1 une

1 Moi, j'habite dans ……… maison individuelle à la montagne.
2 Sara habite dans ……… quartier touristique. Il y a ……… touristes partout.
3 Au centre-ville, il y a ……… magasins, ……… restaurants, ……… cinémas et ……… grand théâtre.
4 Mes grands-parents habitent dans ……… petite maison jumelée au bord de la mer.
5 Au Maroc, il y a ……… villes et ……… désert aussi.
6 C'est ……… région industrielle dans le nord de la France.
7 Nous habitons dans ……… village à la campagne.
8 Il y a ……… café près de ma maison.

4 a Les sons nasaux (*an*, *en*, *in*, *on*, *un*). Tu vas entendre une phrase. Pendant que tu écoutes, sépare les mots ci-dessous pour faire la phrase que tu entends. Ensuite dis la phrase cinq fois de suite. Réécoute pour vérifier. Traduis la phrase dans ta langue et apprends-la par cœur.

OnhabitedansungrandappartementenFrance;AngéliquehabitedansunegrandemaisonenInde.

4 b Travaillez à deux. Lisez la phrase de l'exercice 4a à tour de rôle. Qui fait le moins d'erreurs ?

5 Pose ces questions à ton / ta partenaire. Réponds aussi à ses questions. Pour t'aider, utilise le tableau.
1 Tu t'appelles comment ?
2 Où habites-tu ? / Tu habites dans quel pays ?
3 Tu habites à la campagne / à la montagne / en ville / dans un quartier industriel ?
4 Tu habites dans une maison ou dans un appartement ?
5 Il/Elle est grand(e) / petit(e) ?

J'habite Nous habitons	dans une grande / petite maison dans un grand / petit appartement	moderne / traditionnel(le) / ancien(ne) / individuel(le) / mitoyen(ne).
C'est situé Il / Elle se situe	en France / au Canada / en Belgique / en Grande-Bretagne / aux États-Unis / au Sénégal / en Inde. en ville / dans le centre-ville / dans la banlieue. à la campagne / à la montagne / au bord de la mer. dans un quartier industriel / calme / touristique / moderne / super.	

6 Maintenant, écris un paragraphe en français pour dire où tu habites.

1A.2 C'est comment chez toi ?

Décollage

★ **Décrire ton logement**
★ **Les articles définis, *le*, *la*, *l'* et *les* ; l'accord des adjectifs**

C'est comment chez toi ? Dis-nous !

Ici Justine ! Moi, j'habite dans une grande maison individuelle située à la campagne près d'un joli village en Bretagne. J'adore ma maison !

Chez moi, il y a huit pièces. Au rez-de-chaussée nous avons un grand séjour très confortable, une belle cuisine bien équipée et une salle à manger charmante. Il y a aussi le bureau de ma mère. À l'étage, il y a deux chambres et une salle de bains-WC. Un petit escalier monte au grenier où se trouve une troisième chambre : ma chambre. Malheureusement, il n'y a pas de cave. Il n'y a pas de balcon non plus, mais heureusement le jardin est énorme avec une petite piscine. Derrière la maison se situe le garage.

Ma pièce préférée ? C'est ma chambre, sans aucun doute. Elle est vraiment sympa, grande et claire. Les murs sont vert clair et il y a des rideaux blancs. Oui, j'adore ma chambre !

1 a Lis le blog. Complète les phrases avec un mot français choisi dans la liste. Attention ! il y a huit mots de trop.

Exemple : 1 beau

quatre	deux	troisième	sombre	coussins	piscine
beau	deuxième	aime	chaise	balcon	
claire	jardin	garage	déteste	pièces	

1 La maison de Justine se situe dans un .... village.
2 Elle aime toutes les ....
3 Au rez-de-chaussée, il y a .... pièces.
4 Chez elle, il y a un .... qui est très grand.
5 Il n'y a pas de cave ni de ....
6 Il y a une .... dans le jardin, mais elle n'est pas grande.
7 La chambre de Justine est au .... étage.
8 Elle trouve sa chambre ....

1 b Relis le blog et fais une liste des mots utiles. Traduis-les dans ta langue.

Exemple : une maison individuelle…

2 Tu vas entendre trois jeunes qui décrivent leur logement. Copie et complète la grille.

Qui ?	Type de logement ?	Où ?	Nombre de pièces	Il n'y a pas de…	Autres détails
Simon	*un appartement*	*à (l'est de) Paris*			
Laure					
Sébastien					

G **3** **a** Les articles définis, *le*, *la*, *l'* et *les*, et l'accord des adjectifs. Regarde d'abord les sections grammaire A3 et B1. Copie et complète les phrases avec *le*, *la*, *l'* ou *les* et la forme correcte de l'adjectif entre parenthèses.

Exemple : 1 L'appartement de Léo est énorme et très confortable.

1 .... appartement de Léo est .... (*énorme*) et très .... (*confortable*)

2 .... maison de Rachida est .... (*petit*) et se situe au bord de .... mer.

3 .... gite est situé à .... campagne. Il est .... (*charmant*) avec une .... (*petit*) cuisine bien .... (*équipé*).

4 Ma tante habite dans une .... (*vieux*) maison .... (*jumelé*) dans .... banlieue.

5 Au Canada .... appartements sont beaucoup plus .... (*grand*) que les appartements en France.

6 .... rideaux sont .... (*marron*) et .... murs, ... (*orange*). Franchement, cette pièce est .... (*affreux*).

7 Il y a un .... (*nouveau*) hôtel près de chez moi.

8 .... régions .... (*industriel*) sont peu .... (*populaire*) chez les touristes.

3 **b** Relis le blog de Justine. Trouve dix adjectifs. Écris-les et traduis-les dans ta langue.

Exemple : grande…

4 Pose ces questions à ton / ta partenaire. Réponds aussi à ses questions. Si possible, ajoute des détails supplémentaires. Écris tes réponses et apprends-les par cœur.

Exemple :

A J'habite dans une grande maison moderne dans un quartier calme.

B Moi j'habite dans une petite maison typique de ma région. Elle est vraiment très jolie.

- Comment est ton logement ? Il est grand ou petit, par exemple ?
- Où se situe-t-il ?
- Il y a combien de pièces et comment sont-elles ?
- Y a-t-il un jardin et un garage ?
- Comment est ta chambre ?

J'habite Nous habitons	dans un(e)	grand(e) petit(e) joli(e)	maison appartement	moderne / traditionnel(le) / ancien(ne) / individuel(le).
Au rez-de-chaussée Au premier étage Au grenier	il y a… nous avons… un(e) / deux / trois / quatre… ma / mon… le / la / les…	nouvel/nouvelle propre	chambre(s) salle à manger salle de bains cuisine salon toilettes	énorme(s) / super / magnifique(s) / moche(s) / clair(e)(s) / sombre(s).
Les murs sont Les rideaux sont	blanc(he)s / bleu(e)s / bleu clair / roses / vert(e)s / jaunes / marron / orange.			
Ma maison se situe	à la campagne / à la montagne / en ville / dans un quartier industriel / au bord de la mer.			

5 Comment est ton logement ? Écris environ 60–75 mots en français.

1 Dis où se situe ton logement.

2 Dis s'il est grand ou petit / moderne ou traditionnel.

3 Dis combien de pièces tu as et s'il y a un jardin.

4 Décris ta chambre : où elle se situe (au premier étage…), la taille, la couleur des murs.

Décollage

1A.3 Chez moi, je…

★ **Décrire ce que tu fais dans chaque pièce**
★ **Les pronoms personnels et les verbes réguliers *-er* au présent [1] et *être, aller, avoir, faire***

Bienvenue chez moi

Coucou ! Ici Mina. J'habite à Québec au Canada dans une petite maison moderne avec ma famille. Venez voir !

Alors, d'abord, au rez-de-chaussée, nous avons le séjour. Il est petit, c'est vrai, et un peu sombre, mais confortable tout de même. C'est ici que ma famille et moi regardons la télé chaque soir, qu'on se repose et que moi, je joue du piano.

Ensuite, il y a la salle à manger. J'aime faire mes devoirs ici, car il y a une grande table, ce qui est pratique. À part cela, j'y vais rarement car on mange dans la cuisine ! Mon frère, lui, va toujours dans sa chambre pour faire ses devoirs.

À côté de la salle à manger se trouve la cuisine où l'on mange en famille et où mes parents passent beaucoup de temps à discuter quand ils préparent le diner. Moi j'y fais la vaisselle aussi, mais, honnêtement, je préfère manger.

Au premier étage se trouvent trois chambres. Voici ma chambre. Elle est sympa, non ? Moi, je passe beaucoup de temps ici. C'est l'endroit où j'écoute de la musique, où je surfe sur Internet et où je joue aux jeux vidéo. C'est ici que je téléphone à mes copains aussi. Nous parlons pendant longtemps.

Et alors, ça c'est ma maison. J'espère que vous l'aimez.

1 Lis l'article. Ensuite lis les phrases ci-dessous et trouve l'intrus chaque fois.

Exemple : 1 c

1 Mina a) *joue du piano* b) *regarde la télé* c) *va rarement* dans le séjour.
2 Mina préfère a) *rester dans sa chambre* b) *se servir de la grande table* c) *aller dans la salle à manger* pour travailler.
3 La famille a) *mange ensemble* b) *mange devant la télé* c) *mange dans la cuisine*.
4 Mina et son frère a) *partagent une chambre* b) *ne font pas leurs devoirs ensemble* c) *regardent la télé le soir*.
5 Mina a) *aide dans la cuisine* b) *discute avec sa mère dans la cuisine* c) *ne prépare pas à manger d'habitude*.
6 Elle aime passer du temps dans sa chambre a) *parce qu'il y a beaucoup à faire* b) *parce qu'elle n'aime pas sa famille* c) *parce qu'elle l'aime*.

2 Ce que je fais chez moi. Axelle et Marcel parlent de ce qu'ils font chez eux. Note les détails en français.

Exemple : 1 le salon

1 Pièce où Axelle aime regarder la télé :
2 Taille de la salle à manger (un détail) :
3 Où se situe le bureau de son père :
4 Ce que répare son frère au garage :
5 Le nombre d'habitants dans l'appartement de Marcel :

6 Pourquoi les autres n'aident pas Marcel à faire la cuisine :

7 Où va Marcel pour jouer de la guitare :

8 Ce qu'il fait quand il fait du soleil : [2]

3 Les pronoms personnels et les verbes réguliers –*er* au présent [1] et *être, aller, avoir, faire*. Regarde d'abord les sections grammaire D1, K2 et K3. Modifie les mots (a) à (j). Ils doivent respecter le sens correct de la phrase. Attention ! il n'est pas toujours nécessaire de changer les mots.

Exemple : (a) sommes

Nous (a)……… (*être*) quatre dans ma famille et nous habitons dans une grande maison au bord de la mer. Je l'(b)……… (*adorer*). J'aime particulièrement le salon où il y (c)……… (*avoir*) un (d)……… (*grand*) écran que (e)……… (*regarder*) mes parents tous les soirs. Une cuisine moderne et très bien (f)……… (*équipé*) ouvre sur une salle à manger grande et (g)……… (*clair*). Nous y (h)……… (*manger*) en famille chaque soir. Ma chambre, elle, est assez petite mais charmante tout de même. Les murs sont (i)……… (*bleu clair*) et les rideaux, blancs. J'y vais pour lire, écouter de la musique ou surfer sur Internet. Quand il fait beau on (j) ……… (*aller*) souvent dans le jardin.

4 Fais un sondage en classe. Que fais-tu chez toi ? Pose les questions suivantes aux autres élèves de la classe et note les réponses.

1 Tu passes le plus de temps dans quelle pièce ?

2 Où fais-tu tes devoirs ? Pourquoi ?

3 Où est-ce que tu manges ? Pourquoi ?

4 Où regardes-tu la télé ? Pourquoi ?

5 Quelle est ta pièce préférée et pourquoi ?

| Je / J'…
 Beaucoup d'élèves…
 Nombreux sont ceux qui…
 Peu d'élèves…
 Quelques élèves…
 Nous… | passe / passent / passons beaucoup de temps <br> aime / aiment / aimons être <br> préfère / préfèrent / préférons être <br> fais / font / faisons mes / leurs / nos devoirs <br> regarde / regardent / regardons la télé <br> mange / mangent / mangeons <br> me repose / se reposent / nous reposons
 (souvent / tout le temps / rarement / tous les soirs / de temps en temps / quelquefois)
 surfe / surfent / surfons sur Internet
 écoute / écoutent / écoutent de la musique | dans ma / leur / notre chambre.
 dans la salle à manger.
 dans la salle de bains.
 dans la cuisine.
 dans le salon.
 sur le balcon.
 dans le jardin. |

5 Que fais-tu chez toi ? Sers-toi des résultats du sondage. Écris dix phrases pour décrire ce que font les élèves de ta classe quand ils sont chez eux.

Exemple : **Onze élèves passent beaucoup de temps dans le salon.**

Tous les autres passent le plus de temps dans leur chambre parce qu'ils aiment…

1A.4 Ma pièce préférée, c'est…

En Vol

★ **Décrire des pièces dans ta maison ou ton appartement**
★ **Les prépositions de lieu [1]**

Les ados parlent de leur chambre

Amélie, 15 ans

Ma chambre, c'est ma pièce préférée. Elle est vraiment sympa, grande et claire avec des rideaux blancs et des murs bleu clair. C'est là que je vais quand je veux être seule. Il y a un lit bien sûr et à côté du lit, un bureau où je fais mes devoirs. Sur le bureau il y a un ordinateur ainsi qu'une lampe et devant le bureau, une chaise. Au-dessus du bureau, j'ai des étagères où je range tous mes livres et mes stylos. C'est pratique. Et j'en ai beaucoup. Il y a une belle armoire blanche dans le coin et en face d'elle, entre mon lit et le mur, un petit fauteuil rouge. Je n'ai pas de tapis, mais il y a beaucoup de coussins sur le lit. D'habitude ma chambre est assez bien rangée, mais des fois, si j'ai beaucoup de devoirs, elle est complètement en désordre.

Luc, 16 ans

Moi, je partage une chambre avec mon frère et, franchement, je la déteste ! Elle est trop petite pour deux personnes. En plus, les murs sont jaunes et les rideaux, noirs. Quelle horreur ! Nous avons, bien sûr, deux lits et, entre les lits, il y a une petite table. Nous n'avons pas de bureau, pas d'étagères, même pas de chaises. Sur la table il y a des livres, du papier, toutes sortes de choses. Sous la table il y a souvent des vêtements, des chaussures, des cahiers… Notre chambre est vraiment en désordre ! Notre mère nous dit constamment de mettre les vêtements dans la grande armoire qui se trouve dans le coin de la chambre. Sur le mur, derrière le lit de mon frère il y un poster de foot, mais moi, je n'aime pas le foot ! Je déteste vraiment notre chambre.

1 Lis le site web. Amélie parle de sa chambre. Prends des notes. Écris les détails nécessaires.

Exemple : 1 grande

1 La taille de la chambre d'Amélie :
2 À côté du lit d'Amélie : [2]
3 Pourquoi elle va dans sa chambre : [2]
4 Par terre dans la chambre d'Amélie :
5 La personne qui partage une chambre avec Luc :

6 La raison pour laquelle la chambre de Luc est en désordre :
7 Ce que conseille la mère de Luc :
8 Pourquoi Luc n'aime pas le poster dans sa chambre :

2 Tu vas entendre un dialogue entre deux copines. Complète les phrases avec un mot français choisi dans la liste. Il y a deux pauses dans le dialogue. N'oublie pas de lire les phrases d'abord.

Exemple : 1 se détendre

moche	*se détendre*	le salon	pelouse	peinture	quatre
ensemble	sa chambre	terrasse	sympa	étagère	
en face	manger	four	deux	frigo	

1 Malika va dans le salon pour ....
2 Le salon et la salle à manger sont ....
3 Pour jouer du piano, Malika va dans ....
4 Sur le mur de la salle à manger, il y a une ....
5 Devant la cuisine, il y a une ....

6 Le lave-linge se trouve à côté du lave-vaisselle et du ....
7 Il y a .... pièces d'où on voit la mer.
8 La chambre de Malika est ....

G 3 Les prépositions de lieu. Regarde d'abord la section grammaire J. Complète les phrases avec une préposition de lieu choisie dans la liste.

Exemple : 1 dans; sous / sur

sur	derrière	entre
sous	devant	à côté de
dans	dans le coin	

1 Les vêtements ne sont pas .... l'armoire mais sont .... le lit.
2 Elle est .... la fenêtre où elle regarde passer les gens.
3 Mon ordinateur est .... le bureau .... la lampe.
4 Le chat dort .... les rideaux.
5 – Est-ce que mes clés sont .... la table ?
 – Non, elles sont .... le tiroir.
6 Mon bureau est .... mon lit et mon armoire.
7 La télévision est .... du salon.
8 Il est dehors .... le balcon.

4 Travaillez à deux. Regardez la photo. A pose des questions et B répond. Ensuite changez de rôle.

1 Parle-moi de la photo.
● Combien de personnes est-ce qu'il y a sur la photo ?
● Elles ont environ quel âge ?
● Elles sont dans quelle pièce de la maison ? Que font-elles ?
● Comment est la pièce ? Imagine la section de la pièce que tu ne vois pas et décris-là aussi.
2 Tu aimes la pièce ? Pourquoi (pas) ?
3 Comment est la cuisine chez toi ?
4 Tu prends le petit déjeuner dans la cuisine ?
5 Quelle est ta pièce préférée ? Pourquoi ?

5 Comment est ta chambre ? Écris un blog pour la décrire. Tu dois mentionner les points suivants. Écris entre 130 et 150 mots en français.
● Si tu as ta propre chambre et si elle est grande ou petite.
● Ce qu'il y a dans ta chambre.
● Comment est la déco, la couleur des murs, la vue etc.
● Si tu aimes ta chambre et pourquoi (pas).

1B.1 À dix heures j'ai maths

Embarquement

★ **Parler de ton emploi du temps**
★ **Les jours et l'heure**

A 13:15 — di (lu) (ma) me je ve sa

B 09:00 — di lu ma me je ve (sa)

C 14:00 — di lu (ma) me je (ve) sa

D 08:40 — di lu (ma) me je ve sa

E 11:00 — di (lu) (ma) (me) (je) (ve) sa

F 10:30 — di lu ma (me) je ve sa

G 15:30 — di lu ma me (je) ve sa

H 14:00 — di lu ma me je (ve) sa

1 a Regarde les images. Choisis la bonne lettre (A, B, C, D, E, F, G ou H) pour chaque phrase (1-8).

Exemple : 1 F

1 J'ai français le mercredi à dix heures et demie. J'adore le français, c'est génial.
2 Simon a maths le lundi à treize heures quinze. Il déteste les maths, c'est difficile.
3 Chaque mardi à neuf heures moins vingt, ma sœur a biologie. Quelle horreur ! C'est ennuyeux.
4 La pause, c'est à onze heures. On aime tous la pause !
5 Mon frère a EPS le samedi matin à neuf heures. Heureusement, il aime l'EPS.
6 Le dessin, c'est à quatorze heures le vendredi. C'est pas mal.
7 Le mardi et le vendredi, j'ai permanence* à quatorze heures. C'est super.
8 Le jeudi, à quinze heures trente, j'ai géographie. C'est pénible.

permanence – où vont les élèves qui ne sont pas en classe pour étudier

1 b Fais une liste des mots utiles de l'exercice 1a et d'autres mots que tu connais au sujet de ton emploi du temps. Regarde dans un dictionnaire, si nécessaire. Traduis-les dans ta langue.

Exemple : le déjeuner, l'histoire, l'anglais, l'allemand…

2 Tu vas entendre trois jeunes qui parlent de leur emploi du temps. Pendant que tu écoutes les jeunes, choisis les quatre affirmations correctes. Tu as d'abord quelques minutes pour lire les affirmations.

Exemple : 2, …

1 Le lundi, Samuel a quatorze cours.
2 Samuel préfère le mardi.
3 Samuel a français le lundi.
4 Amel aime la physique-chimie.
5 Au collège d'Amel, le déjeuner finit à 14 heures.
6 Elle est très forte en maths.
7 Édith a histoire le mardi matin.
8 Elle a musique le vendredi.

3 a Les jours et l'heure. Regarde d'abord la section grammaire G. Complète les phrases avec la bonne heure et le bon jour selon les informations entre parenthèses.

Exemple : 1 dix heures et demie

1 La récréation, c'est à .... (*10h30*) et elle dure un quart d'heure.
2 Le .... (*d l m m j v s*) après-midi, je n'ai pas cours.
3 Le .... (*d l m m j v s*), j'ai français. Les cours commencent à .... (*15h15*)
4 Le .... (*d l m m j v s*) matin, ma sœur va à l'école jusqu'à .... (*12h00*)
5 Aujourd'hui, c'est .... (*d l m m j v s*). J'ai EPS à .... (*8h55*) C'est fatigant !
6 Je n'aime pas le .... (*d l m m j v s*). À .... (*10h45*) j'ai informatique et je suis nul.
7 On est .... (*d l m m j v s*) aujourd'hui. Youpi, j'ai espagnol à .... (*14h10*) Je suis forte en langues.
8 Aujourd'hui, c'est .... (*d l m m j v s*). Je vais donc rester au lit jusqu'à .... ! (*10h00*)

3 b Relis les phrases de l'exercice 1a. Quel jour de la semaine n'est pas mentionné ? Écris l'heure la plus tôt et la plus tardive qui sont mentionnées.

4 a Les sons *im* et *in*. Écoute cette phrase et sépare les mots. Répète la phrase trois fois. Attention à la prononciation. Réécoute pour vérifier. Répète l'exercice. Traduis la phrase dans ta langue. Apprends la phrase par cœur.

Inèsquiveutêtreinfirmièrenes'intéressesimplementpasàl'informatiquequ'elletrouveinutile malgrélesinconvénientsinnombrablesdenepasétudiercettematièreimportante.

4 b Travaillez à deux. Lisez la phrase de l'exercice 4a à tour de rôle. Qui fait le moins d'erreurs ?

5 Pose ces questions à ton / ta partenaire. Réponds aussi à ses questions. Pour t'aider, utilise le tableau.

1 À quelle heure commencent / finissent tes cours ?
2 Tu as combien de cours par jour ?
3 Qu'est-ce que tu as le lundi / mardi / mercredi / jeudi / vendredi ?
4 Quelle est ta journée préférée ? Pourquoi ?
5 Est-ce qu'il y a une journée que tu n'aimes pas ? Pourquoi ?

Les cours commencent / finissent	à... midi treize heures	et quart / demie cinq / dix / vingt / trente	
Le lundi Le mardi Le mercredi Le jeudi Le vendredi Le samedi	quatorze heures quinze heures seize heures dix-sept heures	moins vingt / le quart / dix / cinq	j'ai... français / anglais / espagnol / géographie / maths / histoire / informatique / EPS / physique-chimie / biologie / technologie / permanence / la récréation / le déjeuner.
J'aime Je n'aime pas...	parce que c'est facile / passionnant / super / amusant / intéressant / utile / difficile / ennuyeux / nul / inutile. car j'ai...		

6 Maintenant, écris un paragraphe en français pour décrire ton emploi du temps.

1B.2 Ma journée à l'école

Décollage

★ **Décrire une journée à l'école**
★ **Les nombres ordinaux ; les expressions adverbiales de temps**

Salut Lulu,

Tu m'as demandé de décrire une journée scolaire. Alors, en général, les jours d'école, je quitte la maison vers sept heures et quart. Mon collège n'est pas trop loin de chez moi. J'y vais donc à pied.

D'habitude, j'arrive au collège à huit heures moins vingt. Les cours commencent à huit heures alors je bavarde un peu avec ma meilleure copine, Jeanne, avant le premier cours. À part le mercredi et le samedi, on a sept cours par jour qui durent tous une heure. Après la deuxième leçon, on a la récréation qui commence à dix heures et dure un quart d'heure. Ensuite, de dix heures et quart à midi et quart, on a encore deux heures de cours et puis, enfin, c'est le déjeuner. Génial ! On a une heure quarante-cinq minutes pour manger et pour parler à des copains. Le septième, et dernier, cours finit à dix-sept heures.

Après l'école, je regarde un peu la télé avant de faire mes devoirs et alors, on mange en famille. Je vais au lit vers vingt-deux heures.

Aisha

1 Lis le courriel d'Aisha au sujet d'une journée scolaire typique. Choisis la bonne fin de phrase chaque fois.

Exemple : 1 B

1 Aisha quitte la maison à…
   A 7 h 00.
   B 7 h 15.
   C 6 h 45.
   D 6 h 15.
2 Quand elle arrive au collège, elle a…
   A quarante minutes avant sa première leçon.
   B une demi-heure avant sa première leçon.
   C vingt-cinq minutes avant sa première leçon.
   D vingt minutes avant sa première leçon.
3 Le mardi, elle…
   A a moins de cours que d'habitude.
   B a quatre cours.
   C a sept cours.
   D ne doit pas aller au collège.

4 Le déjeuner finit à…
   A 14 h 00.
   B 14 h 15.
   C 13 h 00.
   D 13 h 15.
5 À dix-sept heures, Aisha…
   A prend un goûter.
   B commence ses devoirs.
   C peut rentrer chez elle.
   D va au dernier cours du jour.
6 Avant d'aller au lit, Aisha…
   A n'a pas le temps de faire ses devoirs.
   B prépare le diner.
   C fait du travail scolaire et mange.
   D regarde un téléfilm.

2 L'école à l'ile Maurice. Tu vas entendre Stéphane, qui habite à l'ile Maurice, décrire sa journée scolaire. Complète les phrases avec un mot de la liste.

détend	trente	copine	vingt	tennis	l'avant-dernière
dispute	*ensemble*	le sixième	après	avant	
brosser les dents	sœur	commencent	lève	laver	

Exemple : 1 ensemble

1 La famille mange .... le matin.
2 Stéphane va à l'école avec sa...........
3 Stéphane .... pour l'école vers 7 h 40.
4 Quand il arrive au collège, Stéphane parle avec ses ....

5 Les cours .... plus tôt le vendredi que le jeudi.
6 La récréation dure .... minutes.
7 Après l'école, Stéphane joue quelquefois au ....
8 Il .... avant de regarder un peu la télé avec sa famille.

G **3 a** Les nombres ordinaux et les expressions adverbiales de temps. Regarde d'abord les sections grammaire C4 et I3. Relie les débuts et les fins de phrase.

Exemple : 1 B

1 J'arrive au collège à huit heures cinquante,
2 Je prends toujours un bon petit déjeuner le matin,
3 Ma sœur mange vite le matin et
4 Mon père doit partir tôt pour son travail. D'abord il prend le petit déjeuner
5 Le déjeuner est
6 Mes parents prennent le petit déjeuner
7 Le septième cours finit à 17 heures ;
8 Après l'école, je vais quelquefois en ville avec mes copains et

A et puis il va à la gare à vélo.
B juste avant le premier cours.
C ensuite elle quitte la maison.
D mais d'abord je mets toutes mes affaires dans mon cartable.
E puis je rentre chez moi.
F avant ma sœur et moi.
G après la quatrième leçon.
H enfin, on peut rentrer à la maison.

3 b Maintenant, traduis les phrases complètes dans ta langue.

4 Travaillez à deux. A pose des questions et B répond. Ensuite changez de rôle.

- À quelle heure commence l'école ?
- Tu as combien de cours par jour ?
- C'est à quelle heure, la récréation ?

- Que fais-tu pendant la pause déjeuner ?
- Et après l'école ? Qu'est-ce que tu fais ?

5 Ma journée scolaire. Écris une réponse de 60 à 75 mots en français au sujet de ta journée scolaire. Tu dois employer tous les mots suivants.

| les cours | | la pause déjeuner | | les matières | | après l'école |

Les cours	commencent à finissent à	huit heures / dix heures / onze heures midi / treize heures quatorze heures / quinze heures / seize heures / dix-sept heures	et quart / demie. cinq / dix / vingt / trente. moins vingt / le quart / dix / cinq.
D'abord / Ensuite j'ai...	français, anglais, maths, physique, biologie, chimie, EPS, allemand, espagnol, histoire, géographie		
J'ai	cinq / six / sept	cours par jour.	
La récréation / la pause déjeuner	dure		une heure. une heure et demie. une demi-heure. vingt minutes.

Après l'école, je…
traine avec mes amis / rentre tout de suite chez moi pour faire mes devoirs / prends un gouter.
Ensuite je…
regarde la télé / écoute de la musique / surfe sur Internet.

1B.3 Mon école

★ **Décrire ton école**
★ **Les prépositions de lieu [2]**

Bienvenue au collège Jean Racine

Le collège Jean Racine est un grand collège mixte très moderne situé près du centre-ville en face du centre sportif. Nous avons mille cinq cents élèves qui profitent tous des salles de classe claires et bien équipées et des équipements modernes.

Nos deux bâtiments principaux

Il y a deux bâtiments, un grand bâtiment de quatre étages à côté d'un deuxième bâtiment plus petit où se trouve le réfectoire. Entre ces deux bâtiments, il y a une belle cour.

Le grand bâtiment

C'est à l'entrée du grand bâtiment que se trouve la réception. Au rez-de-chaussée il y a aussi des toilettes, la salle des professeurs et un CDI (centre de documentation et d'information) agréable où les élèves peuvent s'informer ou bien emprunter des livres. Aux premier, deuxième et troisième étages se trouvent les salles de classe. À part les nombreuses salles de classe, nos élèves ont à leur disposition une salle d'informatique énorme bien fournie en nouveaux ordinateurs et située au troisième étage. Il y a aussi quatre laboratoires qui se trouvent tous au deuxième étage.

Le petit bâtiment

Les élèves déjeunent dans le réfectoire situé dans le petit bâtiment, au premier étage. C'est un endroit extrêmement agréable, clair et accueillant. Au rez-de-chaussée, il y a le bureau de la directrice.

Le sport

Notre grand terrain de sport se trouve derrière les deux bâtiments principaux, devant un nouveau gymnase. Ensemble, ils donnent aux élèves l'occasion de pratiquer toutes sortes de sport. Avec une piscine aussi, Jean Racine est le collège idéal pour les sportifs.

1 Lis la page web. Ensuite lis les profils ci-dessous. Il y a quatre places libres au collège Jean Racine. Choisis les quatre meilleurs élèves.

Exemple : Kathy, …

1 **Kathy :** Moi, j'aime beaucoup les sciences, surtout faire des expériences.
2 **Léo** : Je suis très fort en langues mais je déteste vraiment le sport.
3 **Sandrine :** Je suis plutôt travailleuse. Je passe beaucoup de temps à rechercher des infos en ligne et je lis constamment.
4 **Matthieu :** Ce que j'adore, c'est les vieux bâtiments. Ils sont vraiment beaux.
5 **Lukas :** Je me perds facilement. Je préfère donc les petites écoles.

6 **Mme Métay :** Je travaille dans un bureau en ville et je cherche un collège qui se trouve tout près pour ma fille, Nicole. C'est pratique.
7 **Fatima :** La pause déjeuner, c'est super, j'adore me détendre avec mes amis dans un endroit sympa.
8 **Gabi :** Le collège de mes rêves, il est non-mixte, petit et se situe à la campagne.

2 Mon collège. Delphine parle de son collège. Note les détails en français.

Exemple : 1 petite

1 Taille de la ville où se trouve le collège :
2 Nombre d'élèves au collège :
3 Où l'on joue au foot :
4 Où l'on nage :
5 Les désavantages du gymnase : [2]
6 L'opinion de Delphine sur le CDI :
7 Position de la salle des profs :
8 Ce qu'on voit du réfectoire :

3 Les prépositions de lieu. Regarde d'abord la section grammaire J. Regarde le dessin et complète les phrases avec une préposition de lieu choisie dans la liste.

Exemple : 1 rez-de-chaussée

1 Il y a cinq salles de classe au ....
2 Le réfectoire est .... d'un petit couloir.
3 La salle des professeurs est .... du CDI.
4 Au .... , il y a un long couloir .... les salles de classes.
5 La réception est .... de l'escalier.
6 Il y a des laboratoires .... des salles de classe.
7 Les laboratoires sont ....
8 La salle d'informatique se trouve .... une salle de classe et le CDI, ... du petit couloir.

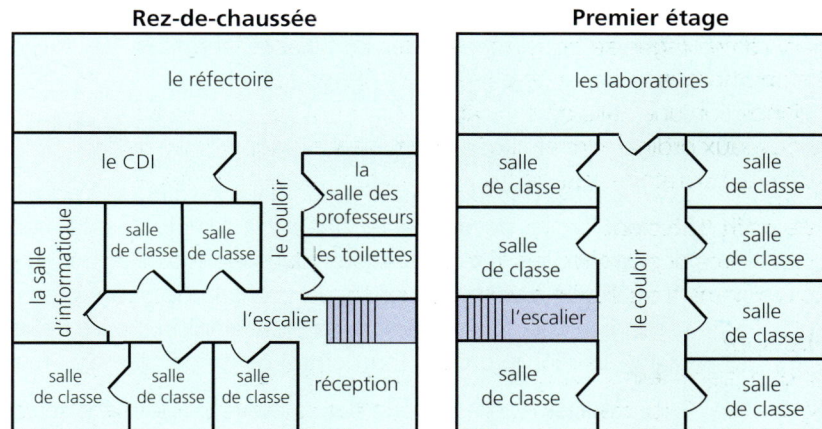

à droite	entre	à côté	*rez-de-chaussée*	premier étage
en face	au fond	entre	au fond	à gauche

4 Travaillez à deux. Regardez la photo de l'exercice 1. A pose des questions et B répond. Ensuite changez de rôle.

1 Parle-moi de la photo.
 • Combien de personnes est-ce qu'il y a sur la photo ?
 • Ils ont environ quel âge ?
 • Que font-ils dans la bibliothèque ?
 • Comment est la bibliothèque ?
2 Tu penses que ce collège est moderne ou traditionnel ? Pourquoi ?
3 Décris ton collège.
4 Tu l'aimes ? Pourquoi (pas)?
5 Comment est ton collège idéal ?

5 Travaillez en groupes de trois ou quatre. Écrivez une page web pour votre école.

Exemple : Mon collège est un collège mixte qui se trouve…

1B.4 La vie au collège

En Vol

★ **Parler de la vie dans un collège français**
★ **Les verbes irréguliers au présent [2] ; les verbes -*ir* et -*re* réguliers aux deuxième et troisième personnes ; *on***

Salut ! Ici Doria. Moi, j'ai quinze ans et je suis donc en troisième d'un grand collège ici à Paris. Ma sœur cadette Faïza, qui a treize ans, est en cinquième au même collège et mon frère de onze ans, lui, est en sixième.

Les cours commencent à sept heures quarante-cinq. Nous partons donc tous pour l'école à sept heures quinze. Ma sœur et moi, on met longtemps à choisir nos vêtements car on ne porte pas d'uniforme. On prend le métro parce que c'est pratique – on descend près du collège.

Une fois à l'école, je bavarde un peu avec des copains pendant qu'on attend le premier cours. J'aime la plupart de mes matières, j'en fais quatorze différentes. En général, les profs sont sympas et les leçons intéressantes.

La récréation commence à dix heures et finit à dix heures quinze. Voici l'occasion de se défouler un peu. On se détend dans la cour s'il fait beau, sinon les élèves de troisième peuvent rester dans le réfectoire ou dans le CDI. Ma sœur me dit toujours « Ce n'est pas juste. Tu te rends dans le réfectoire pour la récré pendant que nous, les cinquièmes, devons rester dehors. » À midi, c'est la pause déjeuner qui dure presque deux heures. On mange tous dans le réfectoire où l'on vend un bon choix de plats équilibrés. D'habitude on va dans la grande cour après mais ça dépend un peu du temps qu'il fait. Le mardi, il y a un atelier théâtre de treize heures à quatorze heures ; j'y vais régulièrement. Par contre, on ne part jamais en ville. On n'a pas le droit.

En troisième, nous avons deux heures de permanence par semaine quand on se rend au CDI pour étudier ou bien on lit. Ça, j'aime bien. Les surveillants, responsables de nous pendant la permanence, sont très cool. Les cours finissent à dix-sept heures et d'habitude, nous revenons chez nous vers dix-sept heures quarante.

1   Lis le blog. Ensuite lis les phrases ci-dessous et trouve l'intrus chaque fois.

Exemple : la
  1   Le frère et la sœur de Doria a) sont plus âgés b) vont au même collège c) quittent la maison à la même heure qu'elle.
  2   Doria, Faïza et leur frère vont au collège a) ensemble b) en car c) à Paris.
  3   D'habitude, Doria arrive au collège a) en retard b) en avance c) et parle avec des copains.
  4   Dans le réfectoire, on a) peut choisir entre une variété de plats b) propose souvent du fastfood c) mange sain.
  5   Pendant la pause déjeuner, Doria va a) souvent dans la cour b) au théâtre en ville c) toujours dans le réfectoire.
  6   La permanence a) ressemble au déjeuner b) est surveillée c) a lieu dans le CDI.

2 Tu vas entendre une interview de Dominique, un élève de troisième. Réponds aux questions en français. Il y a deux pauses dans l'interview. N'oublie pas d'étudier les questions avant d'écouter.

Exemple : 1 des villages autour du collège

   1 D'où viennent les élèves ?
   2 Comment sait-on que Dominique est assez travailleur ?
   3 Dominique passe combien d'heures au collège d'habitude ?
   4 Pourquoi Dominique aime-t-il les cours de maths ?
   5 Quelles autres matières mentionne-t-il ? [3]
   6 Que peut-on faire pendant la pause déjeuner ? Donne deux détails. [2]
   7 Qu'est-ce que Dominique n'aime pas au sujet de l'après-midi ?
   8 Que fait-il après l'école ?

3 Les verbes irréguliers au présent. Regarde d'abord la section grammaire K3. Modifie les mots (a) à (j). Ils doivent respecter le sens correct de la phrase. Attention ! il n'est pas toujours nécessaire de changer les mots.

Exemple : a grand

Moi, je suis en troisième d'un (a)………. (*grand*) collège. Je (b)………. (*partir*) pour l'école très tôt le matin car mon collège est assez loin de chez moi. Mes amis et moi, nous (c) ………. (*prendre*) tous le bus pour y aller. J'aime assez mon collège mais certains professeurs sont trop (d) ………. (*strict*). Ils (e) ………. (*dire*) toujours « Vous (f) ………. (*devoir*) travailler plus dur. » Heureusement, c'est un collège (g) ………. (*moderne*) ; on n' (h) ………. (*écrire*) plus beaucoup parce qu'on (i) ………. (*pouvoir*) utiliser les (j) ………. (*nouveau*) ordinateurs. En plus, toutes les salles de classe sont claires et bien équipées.

4 Travaillez à deux. Faites votre propre émission de radio au sujet de votre école. Ton / Ta partenaire joue le rôle de l'interviewer. Tu joues le rôle d'un / une élève. Ensuite changez de rôle.

   1 Quand commencent / finissent les cours ? Est-ce que c'est pareil en France ?
   2 Les matières / les sports qu'on fait.
   3 Les classes différentes, la quatrième année etc. Sont-elles pareilles en France ?
   4 Ce qu'on peut faire pendant la récréation / la pause déjeuner.
   5 Est-ce que les profs et les autres élèves sont gentils ?

5 Décris ton école. Compare-la aux collèges en France. Tu dois écrire 130-140 mots en français.

   - Les cours : comment diffèrent-ils des / ressemblent-ils aux cours dans les écoles françaises ?
   - i) Les matières / les sports / les clubs qu'on fait. Sont-ils pareils en France ?
     ii) Ce qu'on peut faire pendant la récréation / la pause déjeuner.
   - L'âge des étudiants, de onze à dix-huit ans, par exemple.
   - Les professeurs sont comment ?
   - Est-ce qu'on doit porter un uniforme ?

Food and drink

Embarquement

1C.1 Les repas

★ **Décrire des repas typiques**
★ **Les articles partitifs, *du*, *de la* et *des* ; *beaucoup* / *peu de***

A

B

C

D

E

F

G

H

1 a Regarde les images. Choisis la bonne lettre (A, B, C, D, E, F, G ou H) pour chaque phrase (1-8).

Exemple : 1 H

1 Mes grands-parents adorent manger du poisson avec de la salade.
2 Après le diner, mon père boit toujours un café.
3 Je bois toujours de l'eau avec mon déjeuner.
4 Ma sœur et moi, nous prenons un yaourt pour le petit déjeuner.
5 Mon meilleur ami, Marc, boit souvent du thé. Moi, je déteste ça – beurk !
6 Ma mère est en très bonne santé et mange beaucoup de fruits et de légumes.
7 Après l'école, je prends toujours un gouter – des tartines et un chocolat chaud.
8 Le soir, je mange souvent du poulet avec du riz. J'adore ça.

1 b Fais une liste des mots utiles de l'exercice 1a et d'autres mots que tu connais au sujet des repas. Regarde dans un dictionnaire, si nécessaire. Traduis-les dans ta langue.

Exemple : le poisson, la salade, le café, le thé...

2 Tu vas entendre six jeunes qui parlent de la nourriture. Pendant que tu écoutes les jeunes, mets les photos de l'exercice 1a dans l'ordre où tu les entends.

Exemple : E, …

G **3 a** Les articles partitifs, *du, de la* et *des, beaucoup de, peu de*. Regarde d'abord la section grammaire A5. Complète les phrases avec un mot ou une expression de la liste.

| du | de la | de l' | des | de |

Exemple : 1 du

1 Chez nous, on mange souvent .... poisson le soir.

2 Je bois toujours .... eau mais mon frère boit beaucoup .... boissons sucrées.

3 En France on peut manger .... escargots.

4 En dessert il y a .... glace, ... gâteau ou bien .... fruits.

5 Ma mère a peu .... temps le matin. Elle ne mange pas mais boit .... café.

6 Quand je vais au restaurant, je prends .... poisson-frites. Miam miam !

7 J'essaie de manger .... légumes régulièrement parce qu'ils sont bons pour la santé.

8 Quelquefois, mes amis et moi, nous mangeons .... pizza, mais pas souvent.

3 b Relis les phrases de l'exercice 1a. Combien d'exemples d'articles partitifs est-ce qu'il y a dans chaque phrase ?

Exemple : 1 : 2,... ;

4 a Le son *y*. Écoute cette phrase et sépare les mots. Répète la phrase trois fois. Attention à la prononciation. Réécoute pour vérifier. Refais l'exercice. Traduis la phrase dans ta langue. Apprends la phrase par cœur.

Ledesserttypiqued'Yvesetd'Yvette,descyclistesduYorkshire,estunyaourtauxmyrtilles.

4 b Travaillez à deux. Lisez la phrase de l'exercice 4a à tour de rôle. Qui peut dire la phrase le plus vite sans faire d'erreur ?

5 Pose ces questions à ton/ta partenaire. Réponds aussi à ses questions. Pour t'aider, utilise le tableau.

1 Qu'est-ce que tu manges d'habitude le matin ?

2 Qu'est-ce que tu manges d'habitude à midi et le soir ?

3 Qu'est-ce que tu bois d'habitude ?

4 Quel est ton repas préféré ?

5 Prends-tu du dessert ? Si oui, que prends-tu d'habitude ?

D'habitude	le matin à midi le soir pour le petit déjeuner pour le déjeuner pour le diner en dessert	je mange je bois je prends	du poulet / du poisson / du fromage / du lait / du café / du chocolat chaud / du thé / du jus d'orange. des pâtes / des légumes / des fruits / des tartines. de la pizza / de la glace. de l'eau.
Mon repas préféré, c'est… Je n'aime pas manger…	le petit déjeuner le déjeuner le diner du poulet avec du riz du poisson avec de la salade des pâtes / des lasagnes	parce que, c'est bon / délicieux / bon pour la santé. parce que c'est horrible / trop sucré / trop salé / mauvais pour la santé.	

6 Maintenant, écris un paragraphe en français pour décrire ce que tu manges typiquement pendant une journée.

1C.2 La nourriture d'ici et d'ailleurs

Décollage

★ **Donner ton avis sur la nourriture dans le monde**
★ **Les adjectifs irréguliers [1] ; les comparaisons**

Coucou, c'est **Malika**. Ici en Afrique du Nord, on mange bien. Personnellement, je suis végétarienne et mon repas préféré, c'est le couscous. La nourriture végétarienne est vraiment délicieuse et pas aussi grasse que le bœuf ou l'agneau. On mange aussi beaucoup de fruits frais chez nous. En revanche, j'ai horreur des boissons gazeuses.

Ici **Michel**. Au Canada, on a beaucoup de bons plats. Cependant, certains sont moins sains que d'autres. Mon plat préféré, c'est la pizza et les frites. C'est un peu gras et pire pour la santé que le poisson et la salade, par exemple, mais délicieux tout de même. Ma sœur mange plus sain que moi.

Ici **Mylène**. Moi, j'habite en France mais je mange souvent des plats internationaux parce que la cuisine étrangère est toujours plus originale que les plats français. J'aime en particulier les plats indiens, comme le curry au poulet, même s'ils peuvent être un peu piquants. Mes parents préfèrent les plats européens qui sont moins épicés.

C'est **Mandhora** de Nouvelle-Calédonie. Chez moi on mange une grande variété de poissons, de légumes comme les patates douces et de fruits tels que les mangues. À mon avis la nourriture fraiche est meilleure que les plats préparés.

1 Lis le blog au sujet de la nourriture. Ensuite classifie les aliments ci-dessous selon l'avis des bloggeurs. Écris 'P' s'ils ont un avis positif, 'N', s'ils ont un avis négatif ou '–' s'il n'est ni positif ni négatif.

Exemple : 1 P

Malika
1 La nourriture végétarienne
2 Le bœuf
3 Les boissons gazeuses
Michel
4 La pizza

Mylène
5 La cuisine d'ailleurs
6 La cuisine européenne
Mandhora
7 Les mangues
8 Les plats préparés

2 Tu vas entendre une conversation entre quatre adolescents au sujet de leurs aliments préférés. Réponds aux questions en choisissant A, B, C ou D. N'oublie pas de lire les questions avant d'écouter.

Exemple : 1 B

1 Selon Martin, quel aliment mexicain a beaucoup de gout ?
  A le ragout de bœuf
  B le poulet mexicain
  C les omelettes
  D les pommes de terre

2 Pourquoi Gaël n'aime-t-il pas la nourriture mexicaine ?
  A Il trouve que c'est trop gras.
  B Il est végétarien.
  C C'est trop gouteux.
  D Il n'aime pas le Mexique.

3 Que pense Martin de la nourriture chinoise ?
  A C'est aussi bon que la nourriture mexicaine.
  B Il préfère la nourriture mexicaine parce que c'est moins gras.
  C C'est trop sain.
  D Il adore ça et en mange souvent.
4 Que pense Sandrine des plats étrangers ?
  A Elle ne veut pas essayer des plats d'autres pays.
  B Elle trouve qu'ils sont trop épicés.
  C Elle adore la nourriture indienne.
  D Elle aime essayer les plats étrangers mais ne peut pas souvent le faire.

5 Quelle est la nourriture préférée de Michèle ? La nourriture…
  A indienne.
  B chinoise.
  C italienne.
  D mexicaine.
6 Sandrine pense que la cuisine
  A française est aussi bonne que la cuisine italienne.
  B italienne est meilleure que la cuisine française.
  C italienne n'est pas aussi bonne que la cuisine française.
  D française est meilleure que la nourriture de tous les autres pays.

G

3 a Les adjectifs irréguliers; les comparaisons. Regarde d'abord les sections grammaire B1 et B3. Modifie les mots (a) à (j). Ils doivent respecter le sens correct de la phrase. Attention ! il n'est pas toujours nécessaire de changer les mots.

Exemple : 1 gouteuse

Ma mère a horreur de la cuisine anglaise qu'elle trouve moins (a)………. (*gouteux*) que la cuisine française. Personnellement, je (b)………. (*croire*) que la cuisine étrangère est souvent meilleure que la cuisine de votre pays. J'adore, par exemple, la nourriture (c)………. (*italien*) qui est aussi (d)………. (*délicieux*) que la nourriture ici. J'aime bien aussi les plats indiens qui sont souvent plus (e)………. (*original*) que les plats d'autres pays. La cuisine thaïe me (f)………. (*plaire*) aussi. C'est beaucoup moins gras que la cuisine américaine. Mes amis et moi, nous ne (g)………. (*manger*) jamais de hamburgers. En fait mes deux meilleures amies sont (h)………. (*végétarien*) et elles mangent plus sainement que moi. Elles (i)………. (*prendre*) toujours des plats très équilibrés quand on mange au café. Ce qui est sûr, c'est que la nourriture (j)………. (*frais*) est plus savoureuse que la nourriture préparée.

3 b Relis le texte de l'exercice 3a et trouve des exemples de comparaison. Fais-en une liste. Ensuite traduis le texte dans ta langue.

4 Travaillez à deux. Regardez la photo. A pose des questions et B répond. Ensuite changez de rôle.
  1 Parle-moi de la photo.
    ● Combien de personnes est-ce qu'il y a sur la photo ?
    ● Elles sont dans quel genre de restaurant ?
    ● Que mangent-ils?
    ● Comment est le restaurant?
  2 Tu penses que ce qu'elles mangent est bon pour la santé ?
  3 Aimes-tu la cuisine étrangère ? Pourquoi ?
  4 Quelle est ta cuisine préférée ? Pourquoi ?
  5 Manges-tu souvent au restaurant ?

5 La cuisine étrangère. Écris un article de 60 à 75 mots en français au sujet de la cuisine étrangère. Tu dois mentionner tous les points suivants.

| plat préféré | plus | cuisine | meilleur(e) |

En Vol

1C.3 Manger équilibré

★ **Parler de ce qui constitue une alimentation équilibrée**
★ *Meilleur, pire, mieux ;* **des adjectifs irréguliers [2]**

Comment manger sain

Pour être en la meilleure santé possible, avoir une alimentation équilibrée est extrêmement important, voire vital. Heureusement, manger bien est facile. Voici le guide essentiel d'une alimentation saine et variée.

Les aliments clés

Nous sommes nombreux à comprendre que certains aliments sont meilleurs pour la santé que d'autres. Cependant, comprend-on vraiment l'importance d'adopter un régime alimentaire varié ? Un repas idéal consiste en :

- un produit laitier, comme le lait, le fromage ou un yaourt, qui apporte du calcium
- une portion de viande, du poisson, des œufs, ou des céréales ou le soja si l'on est végétarien, des sources de fer
- des matières grasses telles le beurre ou l'huile (celles d'origine végétale sont meilleures pour la santé)
- des fruits et des légumes, crus et cuits pour les fibres, les vitamines et les minéraux
- du pain, des pâtes ou des légumes secs, de bonnes sources d'énergie
- de l'eau pour s'hydrater

Manger un produit de chaque groupe d'aliments à chaque repas, par exemple du poulet et des haricots verts avec une vinaigrette et du pain, un yaourt en dessert et de l'eau, est l'idéal.

Les aliments à consommer avec modération

Les bonbons sont pires pour la santé que les fruits. On doit éviter les produits trop sucrés, non ? Pas forcément, mais mieux vaut les consommer avec modération.

Pensez aussi à remplacer les aliments malsains par les choix qui sont meilleurs pour la santé. Par exemple, on peut choisir du chocolat noir au lieu du chocolat au lait, de l'eau ou un citron pressé au lieu des boissons gazeuses trop sucrées, des céréales au lieu d'un croissant, du poulet au lieu d'un hamburger.

Peut-on grignoter ?

Manger trois repas réguliers est beaucoup mieux que grignoter. Cependant, si vous avez vraiment faim entre les repas, vous devez choisir des noix ou un fruit au lieu d'une barre chocolatée ou des chips.

Bon appétit !

1 a Lis le dépliant et réponds aux questions suivantes en français. Il n'est pas nécessaire d'écrire des phrases complètes.

Exemple : 1 On doit manger un peu de tout.

1 Pourquoi un repas composé uniquement de fruits et de légumes n'est-il pas très sain ?

2 Quelle est l'importance de manger des produits laitiers ?

3 Selon le dépliant, que peuvent manger des végétariens comme source de fer ? [2]

4 Pourquoi les légumes secs sont-ils aussi importants que les légumes frais ?

5 Que peuvent faire les gens qui adorent le chocolat mais veulent manger sain ? Pourquoi ?

6 Quelles boissons faut-il éviter ?

7 Combien de fois par jour vaut-il mieux manger selon le dépliant ?

8 Que peut-on faire si on veut grignoter ?

1 b Relis le dépliant et fais une liste des mots nouveaux. Cherche-les dans un dictionnaire et apprends-les par cœur.

Exemple : laitier, …

2 Tu vas entendre deux jeunes qui décrivent leur régime alimentaire. Complète les phrases avec un mot français choisi dans la liste.

Exemple : 1 saine

bonne	sain	difficile	moins	mauvaise	pires
saine	gouteuse	variété	la salade	grasse	variée
simple	bons	poulet	alimentation	frais	

Hélène n'est pas sure de ce qui constitue une alimentation **1**........... . La cuisine qu'elle préfère n'est pas **2**.......... pour la santé. Selon Juliette, manger sain est **3**........... . Il s'agit de manger une **4**......... d'aliments différents, tels que du **5**.......... , des haricots et du pain. Son frère, qui fait beaucoup de sport, a une alimentation **6**........... . Selon elle, ce n'est pas nécessaire d'éviter les aliments **7**......... sains comme les bonbons, mais on ne doit pas en manger trop. Bref, on doit faire de **8**......... choix.

3 a *Meilleur, pire, mieux.* Regarde d'abord la section grammaire B3. Relie les débuts et les fins de phrase.

Exemple : 1 d

1 Les pommes sont
2 Le petit bistrot est
3 L'eau représente un
4 Certains aliments sont
5 Mes parents ont vraiment envie d'être en
6 Mon frère mange rarement des légumes
7 Acheter des hamburgers est
8 Si l'on veut grignoter, les fruits sont

A pire qu'acheter du poisson.
B meilleurs que les barres chocolatées.
C meilleur choix que le coca.
D meilleures pour la santé que les biscuits.
E pires pour la santé que d'autres aliments.
F mieux que le resto fastfood.
G mais il mange mieux qu'avant.
H meilleure santé.

3 b Relis le dépliant page 28. Copie les phrases qui contiennent *meilleur*, *pire* ou *mieux*. Ensuite traduis-les dans ta langue.

Exemple : Pour être en la meilleure santé possible, avoir une alimentation équilibrée …

4 Travaillez à deux. Inventez un menu pour les gens qui veulent manger équilibré. Ensuite expliquez pourquoi vous avez choisi chaque plat. Est-ce qu'il y a des plats qui ne sont pas compris ? Pourquoi ? Pensez aux points suivants :

- les différents groupes d'aliments
- les aliments sains – les fruits, les légumes…
- les aliments malsains – trop sucrés, trop gras…
- les aliments gouteux

5 Travaillez avec un autre groupe de deux. Posez des questions sur leur menu. Ensuite répondez aux questions sur votre menu. Expliquez vos choix.

1D Common ailments and healthy lifestyles

Embarquement

1D.1 Aïe, j'ai mal

★ **Dire ce qui va bien et ce qui ne va pas**
★ **Les expressions avec** *avoir*

1 a Regarde les images. Choisis la bonne lettre (A, B, C, D, E, F, G ou H) pour chaque phrase (1-8).

Exemple : 1 G

1 Elles ont toutes les deux mal au ventre.
2 Oh là. J'ai vraiment mal au dos. Je vais au lit.
3 Ma mère a de la fièvre. Elle a chaud, puis elle a froid.
4 Aïe. J'ai mal au bras. Je ne peux pas écrire.

5 Sophie a mal aux dents. Elle doit aller chez le dentiste.
6 J'ai mal à la tête et j'ai sommeil.
7 Mon frère a toujours mal à la gorge.
8 Ça ne va pas. J'ai envie de vomir.

A  B  C  D

E  F  G  H

1 b Fais une liste des mots utiles de l'exercice 1a et d'autres mots que tu connais au sujet des maladies. Regarde dans un dictionnaire, si nécessaire. Traduis-les dans ta langue.

Exemple : mal à la jambe, grippe…

2 a Tu vas entendre six dialogues au sujet des maladies. Copie la grille et remplis-la.

Qui ?	Qu'est-ce qui ne va pas ?
Alex	[2] mal à la tête ; de la fièvre
Jeanne	[3]
Denis	[2]
Olivier	[1]
Annie	[1]
Élodie	[1]
Simon	[2]

2 b Réécoute les conversations. Maintenant, dis quelle est la conséquence pour chaque personne.

Exemple : Alex – ne peut pas aller au cinéma

3 a Les expressions avec *avoir*. Regarde d'abord la section grammaire K21. Relie les débuts et les fins de phrase. Attention ! il y a trois fins de phrase de trop.

Exemple : 1 H

1 Solène a souvent
2 Mon frère
3 Aïe, j'ai
4 Ça ne va pas du tout ! J'
5 « Antoine, tu
6 Ils n'
7 Ma sœur et moi, nous
8 « Vous

A ai de la fièvre et j'ai envie de vomir.
B avez de la chance d'être en forme. »
C as l'air malade ! »
D a mal à la jambe et il ne peut pas jouer au foot ce soir.
E mal au bras.
F n'ai pas la forme.
G ont vraiment pas la forme.
H sommeil quand elle rentre de l'école.
I elle a froid.
J ont mal à la tête, tous les deux.
K avons tous les deux mal à l'estomac.

3 b Relis les phrases de l'exercice 1a. Trouve des expressions avec *avoir*, copie-les et traduis-les dans ta langue.

Exemple : Elles ont toutes les deux mal au ventre.

4 Les sons *è* et *ai*. Écoute cette phrase et sépare les mots. Répète la phrase trois fois. Attention à la prononciation. Réécoute pour vérifier. Refais l'exercice. Traduis la phrase dans ta langue. Apprends la phrase par cœur.

C'estvraiquej'aisommeilainsiquedelafièvremaismonfrère,Romain,vatrèsbien.

5 Travaillez à deux pour faire un jeu de rôle. Choisis le rôle A (un ami) ou le rôle B (toi). Un ami te téléphone pour savoir si tu veux sortir.

A Salut. Tu viens en ville cet après-midi ?
B Ah non. Ça ne va pas du tout. J'ai mal partout.
A Partout ? C'est affreux. Tu as mal à la tête ?
B Mais oui. J'ai mal à la gorge aussi.
A Ah, ce n'est pas bien. Tu as de la fièvre ?
B Oui. J'ai chaud et puis j'ai froid.
A Tu as peut-être la grippe.
B Oui, peut-être. J'ai vraiment sommeil.
A Je pense que tu dois aller chez le médecin.
B En fait, je vais rester au lit.

6 Maintenant, écris un courriel à un ami en français pour décrire ce qui ne va pas. Parle d'au moins cinq choses qui ne vont pas bien.

Exemple : Salut Sébastien, je ne vais pas bien…

Ça ne va pas du tout. J'ai mal partout. Je suis (vraiment) malade.	
J'ai mal	au ventre / au dos / au bras. à la tête / à la gorge / à la jambe. aux dents. à l'estomac.
J'ai	chaud / froid / sommeil / envie de vomir / de la fièvre / la grippe / la nausée.
Je suis fatigué(e).	

1D.2 Ça ne va pas

Décollage

★ **Parler des symptômes**
★ **à + l'article défini ; la forme interrogative**

Monsieur le médecin – il est ici pour vous aider !

Sonia
Monsieur, ma fille ne va pas bien. Elle a mal à la gorge, à l'oreille et elle tousse. Pourquoi n'est-elle pas bien ? C'est grave ?

Médecin
Depuis quand ne va-t-elle pas bien ?

Sonia
Depuis hier. Comment est-ce que je peux l'aider ?

Médecin
Elle est probablement enrhumée. Elle doit se reposer. Allez chez votre médecin si ça ne va pas mieux.

Christian
Monsieur, je ne vais pas bien du tout ! J'ai mal aux dents depuis plusieurs jours. Je ne peux pas manger car ça me fait trop mal. J'ai faim ! Qu'est-ce que je peux faire ?

Médecin
Combien de fois par an allez-vous chez le dentiste ?

Christian
J'y vais rarement.

Médecin
Vous devez aller chez le dentiste mais prenez d'abord un comprimé si vous souffrez trop.

Jérémy
Docteur, j'ai mal partout – à la tête, aux jambes, au dos… et j'ai de la fièvre – j'ai chaud, et après j'ai froid. Je n'ai pas faim depuis deux jours et j'ai envie de vomir.

Médecin
Vous avez la grippe. Je vous conseille de garder le lit et surtout de boire beaucoup d'eau. Vous pouvez aussi prendre des médicaments.

1 Lis le forum santé. Lis les phrases et trouve les trois phrases vraies (V), les trois phrases fausses (F) et les deux phrases qui ne sont pas mentionnées (PM).

Exemple : 1 V

1 La fille de Sonia a trois symptômes.
2 Elle doit aller directement chez le médecin.
3 Christian n'aime pas aller chez le dentiste.
4 Il a mal depuis deux ou trois jours.
5 Selon le médecin, il peut prendre des médicaments au lieu d'aller chez le dentiste.
6 Jérémy ne veut pas boire depuis deux jours.
7 Jérémy doit se reposer.
8 Il ne va pas prendre de comprimés.

 **2** Les symptômes. Trois personnes décrivent leurs symptômes à la pharmacienne. Quels sont leurs symptômes ? Pour chaque personne écris les bonnes lettres.

Ⓐ Ⓑ  Ⓒ Ⓓ

Ⓔ  Ⓕ Ⓖ Ⓗ

Exemple : 1 A, ...

1 [4] **2** [2] **3** [2]

Ⓖ **3** *à* + l'article défini. Regarde d'abord les sections grammaire E et A3. Complète les phrases avec la forme correcte d'*à* + l'article défini.

Exemple : 1 au

1 Pourquoi as-tu mal ……… ventre ?
2 Depuis quand avez-vous mal ……… oreille ?
3 Il a mal ……… jambe. Comment marche-t-il, alors ?
4 Ma mère a mal ……… tête. Je dois donc acheter des comprimés. Combien coutent-ils ?
5 À quelle heure ouvre la pharmacie? J'ai mal ……… gorge et j'ai besoin de pastilles.
6 Qu'est-ce que tu as ? Tu as mal ……… dents ?
7 Où se trouve le cabinet médical s'il vous plait. J'ai mal ……… bras.
8 Qui peut m'aider ? J'ai mal ……… genou.

💬 **4** Travaillez à deux. Regardez la photo. A pose des questions et B répond. Ensuite changez de rôle.

1 Décris-moi la photo.

- Combien de personnes est-ce qu'il y a sur la photo et comment sont-elles ?
- Elles ont environ quel âge ?
- Où sont-elles ?
- Qu'est-ce qu'elles font ?

2 Qui est la dame derrière le bureau, à ton avis ?
3 Pourquoi la femme avec le bébé est-elle là, à ton avis ?
4 Qu'est-ce qui ne va pas avec la fille à droite, à ton avis ?
5 Qu'est-ce que va dire le médecin, selon toi ?

✏️ **5** Écris un e-mail pour dire à un copain / une copine que tu ne te sens pas bien. Pense aux points suivants :

- Tes symptômes
- Depuis combien de temps tu as ces symptômes. *Je suis malade depuis…*
- Si tu vas aller chez le médecin / à la pharmacie.
- Pourquoi tu es malade, à ton avis.
- Ce que tu vas faire pour te sentir mieux.

1D.3 Comment rester en forme

Décollage

★ **Dire ce que tu fais et ne fais pas pour rester en forme**
★ **La négation ; les quantificateurs**

Êtes-vous en bonne forme ?

Vous n'êtes pas en aussi bonne santé que vous voulez l'être ? <u>Ne vous inquiétez pas</u> ! Il y a beaucoup de choses que vous pouvez faire pour être en meilleure forme possible. Notre guide vous montre ce que vous pouvez faire pour être en bonne forme comme Sandra et ce que vous ne devez pas faire si vous ne voulez pas être comme Maurice.

Sandra est en forme. Voici les raisons…

Il n'y a pas de salle de gym près de chez elle mais Sandra fait beaucoup de sport. Le tennis au parc, le jogging elle fait une activité physique tous les jours. Vous pouvez faire pareil.

Contrairement à <u>tant de</u> ses copains qui y vont en voiture ou en bus, Sandra va toujours au collège à pied ou à vélo, ce qui est meilleur pour la forme et pour l'environnement.

Au lieu de prendre <u>l'ascenseur</u> ou bien <u>l'escalier roulant</u>, Sandra prend toujours les escaliers, <u>une</u> <u>façon idéale</u> de faire de l'exercice. Bouger, c'est très important pour rester en forme.

Pour être en aussi bonne forme que Sandra, on doit manger aussi sain. Sandra mange trois repas équilibrés par jour et ne mange pas de sucreries. C'est pour ça qu'elle a <u>autant</u> d'énergie.

Contrairement à Sandra, Maurice n'est pas en forme et il y a beaucoup de raisons…

Maurice ne fait pas assez de sport. Il n'aime pas du tout ça et, extrêmement paresseux, il fait <u>très peu</u> <u>d'exercice</u>.

Son collège se trouve tout près de chez lui mais Maurice n'y va pas à pied. Il préfère y aller en voiture. Marcher, c'est trop fatigant et il n'aime pas ça. Il n'a simplement pas assez d'énergie.

Maurice a aussi horreur des escaliers et prend toujours l'ascenseur ou bien l'escalier roulant quand il va au <u>centre commercial</u>.

Au lieu de manger trois repas équilibrés par jour, Maurice adore le fastfood. Et il en mange trop ! En plus il mange beaucoup de sucreries entre les repas.

1 Lis le guide puis relie les débuts et les fins de phrase. Attention ! il y a trois fins de phrase de trop.

Exemple : 1 E

1 Les gens qui sont en mauvais santé
2 Il y a beaucoup de choses que
3 Sandra n'habite pas
4 Sandra a beaucoup de copains qui ne
5 Prendre les escaliers
6 Sandra a
7 Maurice
8 Maurice ne mange pas

A n'est pas aussi bon pour la santé que prendre les escaliers.
B près d'une salle de gym mais est très active tout de même.
C un bon régime alimentaire.
D vous ne devez pas faire si vous voulez être en forme.
E peuvent faire beaucoup de choses pour retrouver la forme.
F équilibré.
G ne bouge pas assez.
H vont pas au collège à pied.
I en très mauvaise santé.
J est meilleur pour la santé que prendre l'ascenseur.
K mange sain.

2 Rester en forme. Sam parle d'être en bonne santé. Note les détails en français.

Exemple : 1 Sam

1 Nom :
2 Ce qu'aiment faire ses parents :
3 Sport préféré :
4 Ce qu'il n'aime absolument pas :

5 Comment mangent beaucoup de ses copains :
6 Leur activité préférée :
7 Les traits caractéristiques de sa sœur : [2]
8 Ce qu'elle fait pour rester en forme :

3 La négation et les quantificateurs. Regarde d'abord les sections grammaire C4 et F1. Complète les phrases avec un adverbe de quantité de la liste. Ensuite mets les phrases à la forme négative..

Exemple : 1 beaucoup. Il n'y a pas beaucoup de gens qui font du jogging au parc le weekend.

1 Il y a .... de gens qui font du jogging au parc le weekend.
2 Le médecin dit que c'est .... bon pour la santé.
3 Il est .... sportif que son frère.
4 Mon petit frère mange .... de bonbons.
5 Aller à la gym coute .... cher.
6 Mes parents mangent .... bien.
7 Il est toujours .... fatigué.
8 Elle est .... paresseuse.

beaucoup	trop	très	aussi
excessivement	assez	extrêmement	trop

4 Pose ces questions à ton / ta partenaire. Réponds aussi à ses questions. Si possible, ajoute des détails supplémentaires. Écris tes réponses et apprends-les par cœur.
- Fais-tu régulièrement du sport ? Sinon, pourquoi ?
- Vas-tu souvent au collège / en ville à pied ? Sinon, pourquoi ?
- Quelles autres activités physiques fais-tu ? Prends-tu les escaliers ou fais-tu le ménage, par exemple ?
- Qu'est-ce que tu manges pour rester sain ? Qu'est-ce que tu ne manges pas ?

5 Ce que je fais pour rester en forme. Tu écris un e-mail de 60 à 75 mots en français à un(e) ami(e) au sujet de rester en forme. Tu dois mentionner tous les points ci-dessous.

sport	collège	activités physiques	repas

Je suis assez	actif / active ; paresseux / paresseuse ; sportif / sportive.	
Je joue au / à la / à l' Je fais du / de la	foot / tennis / hockey natation / jogging / gym	tous les jours / deux fois par semaine / régulièrement / chaque weekend.
En plus / Cependant… je vais je prends je fais	au collège / en ville / partout toujours les escaliers au lieu de l'ascenseur le ménage.	à pied / en vélo / en voiture / en bus. quand je suis en ville.
Je mange	sain / équilibré / trois repas par jour. mal / trop de produits gras / de sucreries.	

En Vol

1D.4 Une vie saine

⭐ **Dire ce que c'est, mener une vie saine**
⭐ **Les verbes irréguliers au présent [3] ; les adverbes de fréquence**

Interview d'un jeune triathlète

Thomas Pagès, 17 ans, est un triathlète qui participe régulièrement à des triathlons en France et ailleurs. Voici son premier entretien avec *Parlons du sport* où il nous explique comment il reste en si bonne forme.

PS : Thomas, dites-nous, qu'est-ce que vous faites pour rester en forme ?

TP : À mon avis, le plus important, c'est d'avoir un régime alimentaire très équilibré. Moi, je fais de l'exercice tous les jours et j'ai donc besoin de beaucoup d'énergie. Par conséquent, je fais toujours très attention à ce que je mange.

PS : C'est-à-dire que vous ne mangez jamais trop de sucreries ou de matières grasses ?

TP : Il s'agit plutôt de manger trois repas par jour qui comprennent des aliments de tous les groupes alimentaires – de la viande, des légumes, du pain – et de boire de l'eau. Je connais plein d'autres sportifs qui boivent souvent des boissons sucrées mais, à mon avis, boire de l'eau est beaucoup mieux.

PS : Parlez-nous un peu de votre routine quotidienne.

TP : Tous les matins, je me lève tôt mais d'habitude je dors huit heures par nuit tout de même, ce qui est important pour la santé. Je prends toujours un bon petit déjeuner avant de faire deux heures d'entrainement – de la course à pied, du cyclisme et de la natation. Heureusement, mon école se situe en face du centre sportif et je vais donc régulièrement à la piscine à midi pour faire cinq kilomètres en crawl. Quelquefois, si j'ai le temps, je cours aussi sur un tapis roulant. C'est pratique car la salle de gym est à côté de la piscine. Après l'école, je vais toujours à la salle de gym où je fais de la musculation et ensuite je fais du jogging.

PS : Avez-vous le temps de vous détendre ?

TP : En ce qui me concerne, faire du sport représente une façon idéale de se détendre. Cependant, tous les soirs quand je rentre chez moi, je regarde un peu la télé ou je lis.

1 a Lis l'interview puis réponds aux questions en français.

Exemple : 1 Il participe à des triathlons.
1 Pourquoi Thomas doit-il rester en forme ?
2 Quelle est la conséquence de ne pas manger sain, selon Thomas ?
3 Qu'est-ce que c'est une alimentation saine, selon Thomas ? [2]
4 À part un bon régime alimentaire et le sport, qu'est-ce qui est important pour rester en forme ?
5 Pourquoi certains sportifs ne sont-ils pas en excellente santé, selon Thomas ?
6 Quels sports fait Thomas pour s'entrainer à midi ? [2]
7 Pourquoi ne court-il pas dehors sur la piste à midi ?
8 Que fait-il pour se détendre ? [3]

1 b Relis l'interview et fais une liste des mots nouveaux. Cherche-les dans un dictionnaire et apprends-les par cœur.

Exemple : triathlète, …

2 Tu vas entendre deux jeunes qui parlent d'être en bonne forme. Lis les affirmations ci-dessous et choisis la bonne personne/les bonnes personnes chaque fois. Écris Z pour Zoé, C pour Céline, S pour la sœur de Céline.

Exemple : 1 C

Qui…

1 mange mieux le matin maintenant ?
2 va souvent à la piscine ?
3 fait un nouveau sport ?
4 fait du sport le samedi après-midi ?

5 n'aime pas le citron pressé ?
6 est la plus sportive des trois ?
7 fait des tâches ménagères ?
8 va rester tard au lit le lendemain ?

3 a Les verbes irréguliers au présent ; les adverbes de fréquence. Regarde d'abord les sections grammaire C4 et K3. Complète les phrases avec la bonne forme du verbe entre parenthèses et un adverbe de fréquence de la liste. Choisis un adverbe de fréquence différent chaque fois.

Exemple : 1 boivent, souvent

1 Certains jeunes (*boire*) ………. des boissons sucrées.
2 Vous (*faire*) ……….du sport ?
3 Ma mère (*prendre*) ………. un bon petit déjeuner.
4 ………. je (*dormir*) huit heures par nuit.

5 Je (*boire*) du café ………..
6 Mon père et moi, nous (*aller*) à la piscine ………..
7 Tu (*savoir*) nager ? Moi je nage ………..
8 ………. , il (*faire*) de la course à pied.

souvent	régulièrement	d'habitude
toujours	rarement	tous les matins
une fois par semaine	de temps en temps	

3 b Relis l'interview. Trouve des exemples de verbes irréguliers au présent et d'adverbes de fréquence. Copie-les et traduis-les dans ta langue.

Exemple : dites-nous

4 Travaillez à deux. Préparez une présentation sur ce que c'est, mener une vie saine. Ensuite faites une présentation devant la classe. Pensez aux points suivants :
- ce qu'on mange
- les sports qu'on fait
- combien de fois par semaine on fait de l'exercice
- les autres activités physiques qu'on fait
- la détente

Exemple : Les jeunes qui veulent rester en bonne forme mangent…

5 Écris maintenant une page web pour des jeunes qui veulent savoir comment vivre sainement.

1E Media – TV and film

1E.1 Ce soir à la télé

Embarquement

★ **Parler de ce que tu regardes à la télévision**
★ **Le présent de *pouvoir, devoir* et *vouloir***

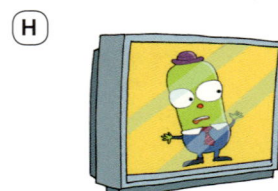

A B C D

E F G H

1 a Regarde les images. Choisis la bonne lettre (A, B, C, D, E , F, G ou H) pour chaque phrase (1-8).

Exemple : 1 D

   1 Ce soir, je veux vraiment regarder « Questions pour un champion », un jeu télévisé que j'adore.
   2 Ma sœur ne peut pas regarder son feuilleton préféré ce soir parce qu'elle doit faire ses devoirs.
   3 Mes parents veulent toujours regarder des documentaires mais moi, je n'aime pas ça. C'est ennuyeux.
   4 Regarder les informations est intéressant. On peut apprendre beaucoup de choses.
   5 Mon frère et moi, nous voulons regarder le téléfilm sur TF1 ce soir, mais nous devons faire la vaisselle d'abord.
   6 Vous pouvez venir chez moi ce soir si vous voulez pour regarder « Danse avec les stars ». C'est mon émission de télé-réalité préférée.
   7 Mes grands frères adorent les émissions sportives. Mais ils ne peuvent pas regarder le foot ce soir car ils doivent sortir au resto avec mes parents et moi.
   8 Ma meilleure copine a seize ans mais elle aime toujours les dessins animés, surtout Astérix.

1 b Fais une liste des différentes émissions de l'exercice 1a et d'autres genres d'émissions que tu connais. Regarde dans un dictionnaire, si nécessaire. Traduis-les dans ta langue.

Exemple : un jeu télévisé…

2 Ce qu'ils regardent à la télé. Ils regardent quelles émissions à la télévision ? Regarde les images de l'exercice 1a et écris les bonnes lettres pour chaque personne.

Exemple : 1 Amel : D, …
   1 Amel [3]   **2** Samuel [3]   **3** Édith [2]

3 a Le présent de *pouvoir*, *devoir* et *vouloir*. Regarde d'abord la section grammaire K15. Complète les phrases avec la bonne forme du verbe entre parenthèses au présent.

Exemple : 1 peuvent

1 Ils ne ………. pas regarder la télé ce soir parce qu'ils ont trop de devoirs. (*pouvoir*)

2 Tu ………. absolument regarder le téléfilm sur TF1 ce soir. C'est génial. (*devoir*)

3 Mes parents ………. toujours regarder un documentaire à la télé. Je n'aime pas ça, moi. (*vouloir*)

4 Vous ne ………. pas venir chez moi ce soir ? C'est dommage ! (*pouvoir*)

5 Mon frère et moi, nous ………. acheter un home cinéma. (*vouloir*)

6 On ………. regarder les informations ce soir pour nos devoirs. (*devoir*)

7 Je ne ………. pas sortir ce soir car je vais rater mon émission préférée. (*vouloir*)

8 Sophie ne ………. pas regarder la télé parce qu'il n'y a pas de téléviseur chez elle. (*pouvoir*)

3 b Maintenant relis les phrases de l'exercice 1a et trouve des exemples de *pouvoir*, *devoir* et *vouloir* au présent. Traduis les phrases dans ta langue.

Exemple : Ce soir, je veux vraiment regarder…

4 a Le son *ion*. Écoute cette phrase et sépare les mots. Répète la phrase trois fois. Attention à la prononciation. Écoute encore une fois pour vérifier. Refais l'exercice. Traduis la phrase dans ta langue. Apprends la phrase par cœur.

Maximillion,championdenatation,aimeregarderdesémissionsàlatélévision,surtoutlesinformations

4 b Travaillez à deux. Lis la phrase de l'exercice 4a à tour de rôle. Qui fait le moins d'erreurs ?

5 Pose ces questions à ton / ta partenaire. Réponds aussi à ses questions. Pour t'aider, utilise le tableau.

- Regardes-tu souvent la télévision ?
- Qu'est-ce que tu aimes / n'aimes pas comme émission ?
- Quelle est ton émission préférée ? Pourquoi ?
- Avec qui est-ce que tu regardes la télévision d'habitude ?
- Qu'est-ce qu'aime regarder ta famille ?

Moi, je regarde	souvent / rarement la télé. la télé le soir / le weekend. si je n'ai pas trop de devoirs.	
J'adore / Je déteste Ma famille aime / n'aime pas J'ai horreur de Je préfère Mes parents veulent toujours	regarder des feuilletons les informations des séries des jeux télévisés des émissions sportives / musicales des dessins animés des documentaires	parce que… c'est passionnant. c'est génial. c'est intéressant. c'est marrant. ça me relaxe. c'est ennuyeux. c'est bête.
D'habitude, je regarde la télé…	seule avec des copains / ma famille	parce que / qu'… ils aiment les mêmes émissions que moi. ils adorent les documentaires aussi. mon frère zappe tout le temps.

6 Maintenant, écris un paragraphe en français pour décrire ce que tu regardes à la télévision d'habitude, quand et avec qui.

1E.2 Je suis fana de films

Décollage

★ **Décrire où et comment les jeunes regardent-ils des films**
★ **Le présent des verbes comme préférer**

Les ados français et les films

Regarder des films reste un passe-temps populaire parmi les jeunes en France. Alors, quels sont, aujourd'hui, les films préférés des jeunes Français et où préfèrent-ils les voir ?

Claire, 15 ans, adore voir des films. Et les films qu'elle préfère ? Les comédies romantiques. Comme beaucoup de ses amis, elle regarde souvent des films sur l'ordinateur car c'est pratique et pas cher. Cependant, le weekend prochain, elle célèbre son anniversaire et elle espère aller au cinéma en ville avec quelques amis.

Xavier et Lucas, des jumeaux de 17 ans, adorent aussi les films. Leurs gouts diffèrent de ceux de Claire car eux, ils préfèrent les films d'action. Par contre, ils ne vont pas au cinéma. Selon Xavier ça coute trop cher et le cinéma est loin de la maison. « Nous préférons regarder des films à la télé. » précise-t-il. Lucas répète ce que dit Xavier et ajoute « On est plus confortable à la maison. »

Sandrine, elle, aime plutôt les films d'horreur et les télécharge pour les regarder sur son ordinateur. Ses parents, eux, préfèrent les films d'aventure. Elle aime aussi aller au cinéma et y va une fois par mois avec ses copains. Elle achète les billets en ligne.

1 a Lis l'article. Ensuite lis les affirmations et choisis les quatre phrases vraies.

Exemple : 2, …

1 Aujourd'hui, peu de jeunes en France regardent des films.
2 Claire aime les films qui la font rire.
3 Claire aime aller au cinéma.
4 Xavier va rarement au cinéma.

5 Xavier dit que regarder des films à la télé coute moins cher.
6 Lucas préfère regarder des films chez lui.
7 Sandrine a horreur des films.
8 Sandrine aime aller seule au cinéma.

1 b Maintenant, corrige les quatre phrases qui sont fausses.

2 a Les films. Écoute sept jeunes qui parlent des films. L'opinion est positive, négative ou positive et négative ? Écris P, N ou PN pour chaque personne.

Exemple : 1 PN

| **1** Paul | **3** Martin | **5** David | **7** Gaspard |
| **2** Marion | **4** Fatima | **6** Élodie | |

2 b Réécoute les jeunes qui parlent des films. Fais une liste de tous les genres de film que tu entends.

Exemple : les films d'action

3 a Le présent des verbes comme *préférer*. Regarde d'abord la section grammaire K2. Modifie les mots (a) à (j). Ils doivent respecter le sens correct de la phrase. Attention ! il n'est pas toujours nécessaire de changer les mots.

Exemple : 1 préférons

Moi, j'adore regarder des films. J'invite souvent des amis pour regarder des DVD chez moi parce qu'on a un grand écran. C'est super. On mange des popcorns et on boit du coca. Cependant mes amis et moi, nous (a)………. (*préférer*) tout de même aller au cinéma. C'est (b)………. (*génial*). On (c)………. (*acheter*) des billets en ligne et on y (d)………. (*aller*) en bus. Personnellement, je (e)………. (*préférer*) les films d'aventure mais mes amis (f)………. (*suggérer*) toujours de voir une comédie ou un film d'amour. Je déteste les films d'amour ; je les (g)………. (*considérer*) comme bêtes. Les acteurs (h)………. (*répéter*) toujours les mêmes phrases stupides. Par contre, j'aime assez les comédies, surtout les comédies (i)………. (*français*). Elles sont (j)………. (*meilleur*) que les comédies américaines.

3 b Maintenant relis l'article de l'exercice 1a. Trouve trois phrases qui contiennent les verbes suivants au présent : *préférer, espérer, répéter*. Traduis-les dans ta langue.

4 Travaillez à deux. Regardez la photo. A pose des questions et B répond. Ensuite changez de rôle.

1 Parle-moi de la photo.
- Combien de personnes est-ce qu'il y a sur la photo et comment sont-elles ?
- Elles ont environ quel âge ?
- Où sont-elles ?
- Qu'est-ce qu'elles mangent ?
2 Qu'est-ce que c'est comme film, à ton avis ?
3 Qu'est-ce que tu aimes comme films ?
4 Où regardes-tu des films en général ? Pourquoi ?
5 Avec qui regardes-tu des films d'habitude ? Pourquoi ?

5 Les films que j'aime. Écris une réponse de 60 à 75 mots en français au sujet des films que tu aimes. Tu dois mentionner tous les points suivants.

genres de film que j'aime / je n'aime pas

films qu'aime / n'aime pas ma famille

où je regarde les films

qui regarde les films avec moi

| J'adore / Je déteste
Ma famille aime / n'aime pas
J'ai horreur de
Je préfère
Mes parents préfèrent | les films…
d'action, d'amour, d'aventure, de guerre, d'horreur, romantiques

les comédies (romantiques) | parce que…
c'est passionnant.
c'est génial.
ça me fait trop peur.
c'est marrant.
ça me relaxe.
c'est ennuyeux.
c'est bête. |
| D'habitude, je regarde les films… | chez moi
chez mon copain / ma copine
au cinéma
seule
avec des copains / ma famille | parce que…
ça coute moins cher.
j'adore aller au cinéma.
j'ai un grand écran.
ils aiment les mêmes films que moi.
ils adorent aussi aller au cinéma. |

En Vol

1E.3 J'aime regarder…

★ **Parler des émissions et des films que tu aimes regarder**
★ **Les verbes irréguliers au présent**

Salut ! Ici Doria. Moi, j'ai quinze ans et j'adore vraiment regarder des films. En fait, mes amis disent que j'y suis accro. C'est vrai que j'essaie d'aller au cinéma aussi souvent que possible. Cependant on paie assez cher les billets et alors je vois plus souvent des films chez moi ou bien chez un ami. Mes films préférés ? Ce sont sans aucun doute les comédies, surtout les comédies américaines. Je les regarde avec des copains et nous rions beaucoup ensemble. Les films passionnants me plaisent énormément aussi, les policiers et les films d'aventure par exemple, ainsi que les histoires d'amour. Par contre, mes parents m'interdisent de voir des films d'horreur. Ils n'aiment pas ça.

Mon frère, lui, préfère les films de science-fiction mais moi, j'ai horreur de ça. Ça ne m'intéresse pas du tout. On peut toujours deviner ce qui va se passer. Mes parents, eux, n'aiment même pas les films. Ils lisent plutôt des romans. Ça, je ne comprends pas du tout !

En fait, j'aime tant regarder des films que, j'écris souvent des articles sur mon blog où je critique un film récent. J'essaie toujours de dire quelque chose de positif, même si le film ne me plait pas, mais il me faut avouer que c'est difficile des fois.

1 Lis le blog de Doria. Doria parle de son passe-temps préféré. Prends des notes sur le blog de Doria. Note les détails.

Exemple : 1 regarder des films

1 Le passe-temps qu'aime beaucoup Doria :
2 **Deux** détails sur le cinéma : [2]
3 Où elle voit des films d'habitude : [2]
4 D'où viennent les films préférés de Doria :
5 Les films qu'elle ne peut pas voir :
6 Le fana des films de science-fiction :
7 L'avis de Doria au sujet des films préférés de son frère :
8 Le passe-temps qu'aiment ses parents :

2 a J'aime regarder…. Tu vas entendre une interview de Sébastien. Réponds aux questions en français. N'oublie pas de lire les questions avant d'écouter.

Exemple : 1 après le collège

1 Quand Sébastien aime-t-il regarder la télé ?
2 Pourquoi aime-t-il « N'oubliez pas les paroles » ? [2]
3 Pourquoi regarde-t-il peu de documentaires ?
4 Avec qui regarde-t-il des dessins animés de temps en temps ?
5 Pourquoi sa sœur regarde-t-elle souvent TF1 ? [2]
6 Qu'est-ce que Sébastien n'a pas le droit de faire ?
7 Que pensent ses parents des émissions de télé-réalité ?
8 Que pense Sébastien des émissions de télé-réalité ?

2 b Réécoute. Écris le nom des deux chaines de télévision françaises que tu entends.

3 a Les verbes irréguliers au présent. Regarde d'abord la section grammaire K3. Complète les phrases avec la forme correcte d'un verbe de la liste.

Exemple : 1 payons

1 Nous ………. pour avoir plus de chaines de télévision.
2 C'est très drôle, l'émission que vous regardez ? Vous ………. beaucoup.
3 Mes parents me ………. constamment que regarder trop de télé est mauvais pour la santé.
4 J'………. toujours de regarder des documentaires parce qu'ils sont intéressants.
5 Aujourd'hui au collège, nous ………. un paragraphe au sujet de notre émission préférée.
6 La présentatrice est extrêmement souriante. Elle ………. constamment.
7 Tu regardes beaucoup la télé mais est-ce que tu ………. des romans ?
8 Ma mère m'………. de regarder la télé après 21 heures.

essayer	faire	rire	*payer*	prendre
lire	dire	sourire	interdire	écrire

3 b Les verbes irréguliers au présent. Relis le blog de Doria de l'exercice 1. Trouve des exemples de verbes irréguliers au présent. Copie-les et traduis-les dans ta langue.

Exemple : mes amis disent,…

4 Travaillez à deux. A pose des questions au sujet de ses émissions préférées et B répond. Ensuite changez de rôle.

1 Quelles sont tes émissions préférées et qu'est-ce que c'est comme émissions ? Un feuilleton, un téléfilm, un jeu, etc.
2 Quand passent-elles à la télévision et sur quelle chaine ?
3 Pourquoi est-ce que tu les aimes ?
4 Est-ce que ta famille et tes amis aiment les mêmes émissions que toi ?
5 Que faites-vous si vous voulez tous regarder quelque chose de différent ?
6 Où regardes-tu la télé d'habitude et avec qui ?

5 Écris maintenant un blog où tu réponds aux questions de l'exercice 4.

Vocabulaire

1A.1 Là où j'habite

l'adresse (f)
affreux (affreuse)
ancien(ne)
l'appartement (m)
la banlieue
beau (belle)
le bord de la mer (au bord de la mer)
la campagne (à la campagne)
le centre commercial
le centre-ville
la cité
le désert
le domicile
la ferme
habiter
individuel(le)
industriel(le)
jumelé(e)
le magasin
la maison
moderne
la montagne (à la montagne)
le quartier
la région
se situer
touristique
typique
typiquement
la ville
le village

1A.2 C'est comment chez toi ?

le balcon
le bureau
la cave
la chambre
charmant(e)
clair(e)
le confort
confortable
la cuisine
derrière
donner sur
énorme
équipé(e)
l'escalier (m)
l'étage (à l'étage) (m)
le garage
le grenier
horrible
le jardin
joli(e)
laid(e)
magnifique
la pièce
la piscine
le rez-de-chaussée
la salle à manger
la salle de bains
le séjour
sombre
la vue

1A.3 Chez moi, je...

bavarder
discuter
le DVD
écouter de la musique
ensemble
envoyer des e-mails
envoyer des SMS
faire les devoirs
faire la vaisselle
jouer à des jeux vidéo
jouer de la guitare
parler à quelqu'un
le piano
pratique
préparer le diner
le pyjama
manger
mitoyen(ne)
rarement
regarder la télé
se relaxer
réparer
se reposer
se servir de
seul(e)
surfer sur Internet
sympa
télécharger de la musique
téléphoner à des copains
la télévision

1A.4 Ma pièce préférée, c'est...

l'armoire (f)
à côté de
bien rangé(e)
la couverture
dans le coin
en face de
la fenêtre
le four
le four à micro-ondes
la chaise
la commode
le coussin
en désordre
devant
derrière
entre
l'étagère (f)
le fauteuil
le frigidaire / frigo
l'horloge (f)
la lampe
le lavabo
le lit
la machine à laver
le meuble
le mur
l'ordinateur (m)
le placard
le plancher
la poubelle
le rideau
sous
sur
la table de toilette
le tapis

1B.1 À dix heures j'ai maths

l'allemand (m)
l'anglais (m)
l'art (m)
la bibliothèque
la biologie
commencer
un cours
le déjeuner
le dessin
le dimanche
éducatif (éducative)
l'éducation (f) physique et sportive (EPS)
encourager
l'espagnol (m)
étudier
finir
le français
l'histoire-géo (f)
l'informatique (f)
le jeudi
les langues (f) vivantes
le lundi
le mardi
les maths (f)
le mercredi
la permanence
la physique-chimie
le programme
la récréation
la religion
le samedi
les sciences (f)
la technologie
le vendredi

1B.2 Ma journée à l'école

d'abord	deuxième	la journée	quitter
alors	dormir	la leçon	scolaire
après	durer	le lit	septième
bavarder	l'école (f)	long(ue)	sixième
cinquième	enfin	longtemps	troisième
commencer	ensuite	le matin	vers
le cours	finir	premier / première	
la demi-heure	l'heure (f)	puis	
dépendre	le jour	quatrième	

1B.3 Mon école

le bâtiment	*la disposition*	le gymnase	*le réfectoire*
le bourg	à droite de	*s'informer*	la salle de classe
le Centre de Documentation et d'Information (CDI)	entre	le laboratoire	la salle d'informatique
	l'entrée (f)	mixte	la salle de professeurs
le centre sportif	(bien) équipé(e)	moderne	la salle de réunion
clair(e)	les équipements (m)	la piscine	le terrain de sport
le couloir	en face de	près de	les toilettes
la cour	au fond de	profiter	tout droit
le directeur/la directrice	à gauche de	la réception	

1B.4 La vie au collège

un atelier (théâtre)	descendre	le métro	le sport
attendre	l'élève (m/f)	pénible	*le surveillant*
bavarder	l'examen (m)	se rendre	terminer
cadet(te)	l'exemple (m)	la responsabilité	la troisième
la cinquième	se fatiguer	en retard	l'uniforme (m)
se défouler	la matière	la sixième	

1C.1 Les repas

la baguette	l'escargot (m)	la mousse au chocolat	sain(e)
boire	les fruits (m)	le petit déjeuner	la salade
le café	le gouter	*le pique-nique*	salé(e)
le chocolat chaud	le jus d'orange	*le plat à emporter*	le saumon
le déjeuner	le lait	le plat principal	sucré(e)
délicieux (délicieuse)	les légumes (m)	le poisson	les tartines (f)
le diner	*les lasagnes (f)*	le poulet	le thé
l'eau (f)	manger	le riz	le yaourt

1C.2 La nourriture d'ici et d'ailleurs

la boisson	…indienne	le fruit	les pâtes (f)
bon(ne)	…italienne	*gouteux (-euse)*	*piquant(e)*
le couscous	…mexicaine	*gras(se)*	*la pizza*
comparable	…thaïe	international(e)	le plat
la cuisine…	*le curry au poulet*	les légumes (m)	la salade
…américaine	*épicé(e)*	la nourriture	savoureux (-euse)
…chinoise	étranger / étrangère	nouveau / nouvelle	trouver
…européenne	les frites (f)	l'omelette (f)	végétarien(ne)
…française	frais / fraiche	original(e)	

1C.3 Manger équilibré

adopter
l'alimentation équilibrée
avoir faim
le beurre
le bonbon
les chips (f)
le choix
la crème
cru(e)

cuit(e)
différent(e)
éviter
la faim
le fastfood
le hamburger
les haricots (m) verts
l'huile (f)
l'idéal (m)

maigrir
les matières grasses (f)
le minimum
le pain
les pâtes (f)
le produit laitier
recommander
le régime
régulier / régulière

le riz
la santé
varié(e)
végétal(e)
la vinaigrette
le yaourt

1D.1 Aïe, j'ai mal

aller mieux
avoir chaud
avoir envie (de vomir)
avoir faim
avoir froid
avoir mal
avoir soif
avoir sommeil

en bonne forme
le bras
la dent
le/la dentiste
le docteur/la docteure
le dos
enrhumé(e)
l'estomac (m)

la fatigue
fatigué(e)
la fièvre
la forme
la gorge
la jambe
la grippe
malade

la maladie
mal au cœur
le médecin
se plaindre
la tête
le ventre

1D.2 Ça ne va pas

combien
comment
le comprimé
le coup de soleil
depuis
le dentiste
enrhumé(e)
la fièvre
le genou

grave
la grippe
guérir
mal…
…au bras
…aux dents
…au dos
…aux jambes
…à la gorge

…à l'oreille
…à la tête
le médecin
le médicament
la nausée
l'œil (m)
où
partout
la piqûre (d'insecte)

pourquoi
quand
qu'est-ce que
qui
se reposer
souffrir
tousser

1D.3 Comment rester en forme

actif / active
l'activité (f)
l'ascenseur (m)
assez
beaucoup
bouger
couter
danser
les escaliers (m)

l'escalier roulant (m)
excessivement
extrêmement
l'exercice (m)
fatigant(e)
le foot
la forme
le guide
la gym

le jogging
marcher
montrer
la natation
le parc
paresseux (-euse)
peu
physique
pratiquer

se promener
régulier / réguliére
le rugby
sportif / sportive
le tennis
le trait caractéristique
très
trop

1D.4 Une vie saine

alimentaire
l'alimentation (f)
l'athlète (m/f)
l'attention (f)
l'avis (m)
avoir bonne mine
comprendre

courir
la course à pied
le cyclisme
la détente
d'habitude
l'entrainement (m)
s'entrainer

la fois (…fois par semaine)
fumer
l'habitude (f)
se muscler
la musculation
participer
le/la participant(e)

la piste
quotidien(ne)
représenter
la routine
le/la triathlète

1E.1 Ce soir à la télé

la chaîne (de télévision)
la comédie de situation
le dessin animé
le documentaire
le petit écran
l'émission *(f)*
l'émission *(f)* musicale

l'émission *(f)* sportive
l'émission *(f)* de télé-réalité
le feuilleton
les informations *(f)*
le jeu télévisé
le journal télévisé
la personnalité

le poste de télévision
préférer
le présentateur/la présentatrice
la pub(licité)
le reportage
la série

le spot publicitaire
la télé
la télécommande
le téléviseur
zapper

1E.2 Je suis fana de films

acheter
le billet
(pas) cher
le ciné-club
le cinéma
la comédie (romantique)
doublé(e)
le DVD

l'écran *(m)*
effets spéciaux
ennuyeux (-euse)
émouvant(e)
fana
fanatique de
le film
le film d'action

le film d'amour
le film d'aventure
le film de guerre
le film d'horreur
le film policier
marrant(e)
nul(le)
(avoir) peur

la place
pratique
préférer
sous-titré(e)
le téléfilm
regarder
relaxer
voir (un film)

1E.3 J'aime regarder…

accro
l'acteur (m) / l'actrice (f)
américain(e)
en anglais
bête
le comédien / la comédienne
comme
diffuser
drôle

essayer
la fin
français(e)
en français
France 2 (une chaine de télé française)
le genre
l'histoire *(f)*
interdire de

intéressant(e)
passer
passionnant(e)
payer
les personnages
préféré(e)
rarement
reposer
ridicule

rire
TF1 (une chaine de télé française)
triste

Bienvenue chez... Mamadou

Salut ! Moi, je m'appelle Mamadou et je suis collégien dans un petit village au Sénégal. On est huit dans ma famille et nous habitons tous dans une petite maison.

Chaque matin, je me lève à six heures et demie, je me lave et je m'habille tranquillement. Ensuite, vers sept heures et demie, je prends le petit déjeuner. D'habitude, je prends du pain. Mon école se trouve à cinq minutes de chez moi, et alors j'y vais à pied. Ici, les cours ne commencent pas à une heure fixe car certains élèves habitent beaucoup plus loin et on les attend. À l'école, on parle tous le français, mais chez nous, on parle un dialecte qui s'appelle le wolof.

On a quatre cours par jour qui durent tous deux heures. Moi, j'étudie les maths, les sciences, le français, l'histoire, la géographie, l'EPS et l'art. Ma matière préférée c'est les sciences car plus tard, j'aimerais être médecin. Dans ma classe, il y a cinquante élèves. C'est beaucoup mais il y a assez de place. Les cours finissent à environ dix-sept heures et après je rentre chez moi. Avant de manger, je joue un peu au basketball avec mes amis ou bien on fait de la musique. C'est ma mère et ma grand-mère qui préparent à manger, d'habitude du riz et de la viande ou du poisson. Mon plat préféré, c'est le thiéboudienne, du poisson avec des herbes, du riz et des légumes. On mange toujours par terre et on partage tous un plat.

Souvent, j'ai des devoirs à faire le soir. Mon frère, Moustapha, est plus jeune et va toujours à l'école primaire qui se situe aussi tout près de chez nous. Lui, il a cours tous les matins mais seulement deux après-midi par semaine. Il a donc plus de temps libre que moi et va souvent à la pêche l'après-midi, ou bien il joue au foot avec ses copains.

1 Lis l'article puis réponds aux questions en écrivant VRAI ou FAUX. Corrige les cinq affirmations qui sont fausses.

1 Mamadou va à un lycée au Sénégal.

2 Il doit se dépêcher le matin.

3 Les autres élèves du collège viennent tous du village aussi.

4 Mamadou est bilingue.

5 Mamadou sait déjà ce qu'il veut faire à l'avenir.

6 Après être rentré, il aide souvent sa mère à cuisiner.

7 La famille mange ensemble autour de la grande table.

8 Ils habitent près de l'eau.

2 Voici des informations sur le musicien sénégalais Youssou N'Dour. À toi de les mettre en ordre chronologique !

1 *Le Super Étoile* connait du succès et à l'âge de 35 ans, N'Dour a déjà son propre studio d'enregistrement.

2 En 1994, il chante avec la chanteuse suédoise, Neneh Cherry. Leur chanson *7 seconds* est très populaire.

3 Youssou N'Dour nait en 1956 à Dakar au Sénégal.

4 Huit ans après la Coupe du Monde, N'Dour joue le rôle d'un esclave dans le film *Amazing Grace*.

5 À l'âge de onze ans il commence à chanter et fait bientôt partie du groupe *Star Band*.

6 Aujourd'hui, c'est un homme d'affaires très bien respecté et l'un des musiciens les plus célèbres du Sénégal.

7 Il quitte *Star Band* et crée son propre groupe, *Étoile de Dakar,* et trois ans plus tard *Le Super Étoile*.

8 Quatre ans après le succès de *7 seconds*, il compose l'hymne de la Coupe du Monde de football, *La Cour des Grands*. Il la chante avec la Belge Axelle Red.

3 Lis les informations sur le Sénégal. Relie les titres (A-D) aux paragraphes (1-4).

Fiche info ✓

Le Sénégal

1 Le Sénégal, un pays d'environ 13,7 millions d'habitants, se trouve dans l'ouest de l'Afrique. En fait sa capitale, Dakar, est la ville la plus à l'ouest de l'Afrique. Voici un pays vraiment ensoleillé avec plus de 3 000 heures de soleil par an !

Le paysage sénégalais est varié, du désert dans le nord aux forêts denses dans le sud-ouest, où le climat est tropical, sans oublier bien sûr les lacs salés dans la savane. Il y a quatre fleuves qui traversent ce pays : le fleuve Sénégal dans le nord, le fleuve Casamance dans le sud, le Gambie et le Saloum.

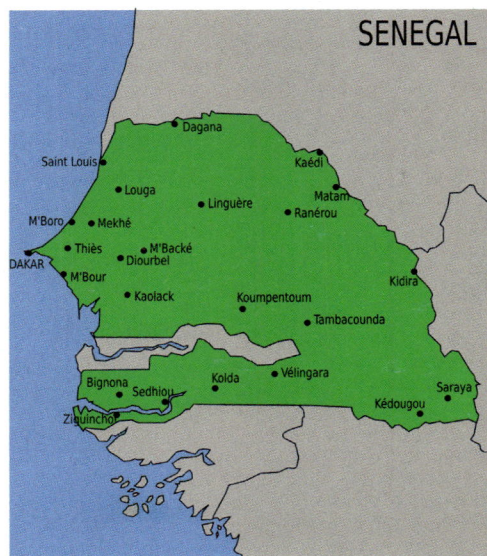

2 La langue officielle du Sénégal, c'est le français. Et c'est cette langue que parlent les élèves à l'école. Il y a aussi six langues nationales : le wolof, le pulaar, le sérère, le mandingue, le soninké et le diola.

3 Les Sénégalais sont vraiment accueillants et respectueux. Ils disent bonjour à tout le monde, même les gens qu'ils ne connaissent pas. Saviez-vous qu'en plus de la musique, ils adorent la lutte sénégalaise, sport où il faut faire tomber son adversaire ? Ce sport est aussi populaire au Sénégal que le foot.

4 Les Sénégalais mangent par terre. Ils utilisent leur main droite et partagent tous un plat commun Un repas typique ? Du riz avec des légumes et de la viande ou du poisson.

A les langues   **C** la géographie

B les gens   **D** les repas

Qu'on mange bien en Bretagne !

Située dans le nord-ouest de la France, la Bretagne est connue pour ses belles plages sauvages, ses petits villages fleuris et la langue bretonne. Cependant si vous visitez ce coin de la France, il faut absolument essayer les spécialités gastronomiques qu'il a à offrir.

Vous aimez manger sain ? Dirigez-vous vers un restaurant de fruits de mer. Bon nombre de villes et villages bretons sont au bord de la mer. Vous allez donc y trouver des fruits de mer et du poisson très frais. Du crabe, des crevettes, le homard… vous pouvez tout gouter et c'est délicieux. Les moules et les huitres sont particulièrement populaires en Bretagne, de la baie du Mont-Saint-Michel au golfe du Morbihan. Les moules marinières sont proposées par tous les restaurants en été. Sinon, il y a des coquilles Saint-Jacques qui, elles aussi sont à gouter.

Si vous êtes en vacances et vous ne voulez pas manger trop sain, il y a bon nombre de spécialités bretonnes qui vont vous intéresser. Les crêpes et les galettes sont peut-être les spécialités les plus connues de Bretagne. Rares sont les gens qui passent du temps là-bas sans manger dans une des nombreuses crêperies. D'habitude on prend une galette pour le plat principal suivie d'une crêpe en dessert. Pas aussi saines que les fruits de mer, elles sont tout de même délicieuses.

N'oubliez surtout pas de gouter le célèbre far breton aux pruneaux. Très sucré et plein de beurre, ce n'est pas sain… du tout. Mais en manger un peu de temps en temps, ça va. Le Kouign aman, une sorte de gâteau breton qui vient de Douarnenez, ville du Finistère est, lui aussi, fait avec de la farine, du beurre et du sucre. Comme le far breton, il n'est pas bon pour la santé, mais il faut vraiment le gouter !

En ce qui concerne les boissons, la Bretagne a, depuis 2002, son propre cola, le Breizh Cola qui devient de plus en plus populaire chez les Bretons.

Alors, si jamais vous vous trouvez en Bretagne, prenez le temps d'essayer ces spécialités.

1 Lis l'article et réponds aux questions en français.

1 Pourquoi les fruits de mers en Bretagne sont-ils bons ?

2 Quel plat es-tu sûr(e) de trouver dans les restaurants bretons en été ?

3 Pourquoi les visiteurs en Bretagne mangent-ils dans les crêperies ?

4 Quel est un désavantage de manger des crêpes ?

5 Quels sont deux des ingrédients du far breton aux pruneaux ?

6 En quoi le Kouign amann ressemble-t-il au far breton ?

7 De quelle ville bretonne vient le Kouign amann ?

8 Pourquoi les Bretons boivent-ils maintenant moins de cola américain ?

On va aller en Bretagne ?

parisienne01 Coucou ! Moi, j'ai 16 ans et ma famille et moi ne pouvons pas décider où partir en vacances cette année. Mon père veut rester dans un gite près de Quimper en Bretagne. Dites-moi, peut-on passer de bonnes vacances en Bretagne ?

Sportif_700 Tout à fait, il y a beaucoup de choses à faire en Bretagne, surtout près de Quimper, au bord de la mer. Si vous aimez les sports extrêmes, comme moi, pourquoi ne pas faire du parapente ou du jet ski ? Ça ne vous intéresse pas ? Amusez-vous donc sur la plage ou profitez des magasins et des cafés.

accrodushopping Ça dépend. Si vous aimez la nature, les plages sauvages et faire des randonnées, c'est parfait. La cuisine est super aussi. Cependant, si vous préférez les grandes villes très branchées, vous allez peut-être être déçue.

Belge2000 Pour moi, Quimper est un peu trop tranquille. Restez plutôt dans une ville bretonne plus animée comme Rennes. Vous y trouverez de grands magasins, de petites boutiques originales et une grande variété de cafés.

gourmande123 Moi, je dirais que non. Il n'y a pas grand-chose à faire pour les jeunes. En plus, il ne fait pas toujours très beau en Bretagne. À mon avis, il vaut mieux aller dans le sud de la France où il fait toujours très beau.

2 Mets-toi au défi. Peux-tu relier chaque sujet breton à la bonne définition ?

1 Mam Goz
2 Gwen ha du
3 Les gwerziou
4 Les fest-noz
5 Les Tonnerres de Brest
6 Le gallo
7 Le gouren
8 Mat en traoù ?

A C'est le drapeau breton qui a été créé en 1925 par le Breton Morvan Marchal.

B C'est un personnage célèbre dans toute la Bretagne qui ressemble à une grand-mère bretonne et qui fait rire.

C C'est la langue parlée dans l'est de la Bretagne.

D Cet évènement où des bateaux traditionnels et plus modernes se rassemblent à Brest est important dans le monde de la mer. Il a lieu tous les quatre ans et attire de nombreux visiteurs.

E C'est « Comment ça va ? » en breton.

F Voici des chansons bretonnes qui racontent des histoires tristes ou historiques.

G C'est un sport pratiqué entre deux lutteurs. Le but ? Faire tomber votre adversaire.

H Ce sont des fêtes qui ont lieu la nuit et qui sont devenues de plus en plus populaires en Bretagne. Elles attirent des milliers de danseurs, y compris des jeunes.

Magazine

Coin examen 1.1

Introduction à l'examen d'écoute

Des informations importantes

Les exercices et les enregistrements de cette section vont te familiariser avec le format de l'examen. Tu vas entendre trois enregistrements :

- trois adolescents qui parlent de là où ils habitent
- un adolescent qui parle de son collège
- six personnes qui parlent de ce qu'elles aiment et n'aiment pas manger.

Comme exercices tu dois :

- choisir les bonnes images
- noter des détails
- choisir la bonne option.

Stratégies générales pour l'écoute

➜ Lis les questions avant d'écouter.
➜ Prends des notes pendant que tu écoutes.
➜ Ne panique pas ! Tu entendras l'enregistrement deux fois.

Choisis les bonnes images

➜ Fais attention ! Il y aura peut-être des phrases négatives.
➜ Vérifie que tu as mis six croix en tout.

---

1 a Travaillez à deux. Avant d'écouter, dites une phrase au sujet d'une des images à tour de rôle.

Exemple : Partenaire A : E C'est une belle ville animée avec beaucoup de cafés et des arbres.

1   b   Écoute. Que disent les adolescents au sujet de là où ils habitent ? Coche les 6 bonnes cases.

	Julie	Kévin	Miryam
A	[ ]	[ ]	[ ]
B	[ ]	[ ]	[ ]
C	[ ]	[ ]	[ ]
D	[ ]	[ ]	[ ]
E	[ ]	[ ]	[ ]
F	[x]	[ ]	[ ]

[Total : 6]

Note des détails

→ Ne panique pas si tu ne comprends pas tout !
→ Pense aux détails qu'il faut trouver et écoute attentivement.

2   a   Avant d'écouter Xavier, regarde les blancs ci-dessous et décide quel genre de mot il faut chaque fois : un nom, un adjectif, un verbe ou un chiffre.

Exemple : d un nom

2   b   Écoute Xavier parler de son collège. Note les détails en français.

Exemple : Nom : Xavier

a   Année d'école : ……….   [1]

b   Heure à laquelle il se lève : ……….   [1]

c   Ensuite : se lave, ………. et ……….   [2]

d   Ce qu'il a après deux cours : ……….   [1]

e   Ce qu'il fait après s'être détendu et avant de se coucher : ……….   [1]

[Total : 6]

Choisis la bonne option

→ Écoute les voix des gens : expriment-ils une émotion / attitude positive ou négative ?
→ Fais attention au mot *mais* qui peut indiquer deux points de vue.

3   Écoute. L'opinion est positive, négative ou positive et négative ? Mets une seule croix par personne.

	 😃	 😟	  😃 😟
Exemple : Claire	[x]	[ ]	[ ]
(a) Hanif	[ ]	[ ]	[ ]
(b) Fabienne	[ ]	[ ]	[ ]
(c) David	[ ]	[ ]	[ ]
(d) Orane	[ ]	[ ]	[ ]
(e) Léo	[ ]	[ ]	[ ]
(f) Audrey	[ ]	[ ]	[ ]

[Total : 6]

Coin examen 1.2

Introduction à l'examen de lecture (1)

Introduction

Les exercices et les textes de cette section vont te familiariser avec le format de l'examen. Il y a trois textes :

- un blog au sujet de comment rester en forme
- un article au sujet des films
- des opinions au sujet de là où on habite

Comme exercices tu dois :

- compléter les phrases
- remplir les blancs
- choisir la bonne personne pour chaque affirmation

Stratégies générales pour la lecture

→ D'abord, lis attentivement les instructions et le titre.
→ S'il y a une photo, regarde-la aussi.
→ Pense au genre du texte. Est-ce que c'est un dépliant, une lettre, un blog… ?
→ D'abord, lis rapidement le texte pour comprendre l'essentiel.

Choisis la bonne option pour compléter les phrases

→ N'oublie pas que les phrases a-f suivent, en général, l'ordre du texte.
→ Pense aux expressions synonymes.
→ Choisis l'option la plus probable si vraiment tu n'es pas sûr(e) de la réponse.

Je veux être en forme

Coucou, c'est Margot. Alors, comme vous le savez tous, j'essaie depuis quelques semaines d'être en meilleure forme. Au lieu de rester assise devant la télé ou de surfer sur Internet, je vais maintenant régulièrement au parc pour jouer au tennis avec des amis. C'est super marrant, même si je suis nulle ! En plus, je vais au collège à pied depuis une semaine, au lieu de prendre le bus. Je dois, bien sûr, manger plus sain aussi, ce qui est difficile mais j'y arrive. Je ne mange plus de fastfood ou de sucreries… enfin, je mange rarement des sucreries. Maintenant, je mange plutôt trois repas équilibrés par jour. Ce qui est sûr, c'est que j'ai beaucoup plus d'énergie.

À bientôt,

Margot

1 a Lis le blog. Ensuite trouve des synonymes dans le blog pour les mots et les phrases ci-dessous.

1 être plus en bonne santé

5 je ne mange pas souvent

2 Vraiment, c'est amusant.

6 des bonbons, des petits gâteaux…

3 Je ne suis pas très douée.

7 des plats sains

4 c'est dur

8 je suis moins fatiguée

1 b Coche la bonne case.

Exemple : Les gens qui lisent le blog de Margot

A		veulent retrouver la forme.
B	X	savent déjà qu'elle veut être en meilleure santé
C		sont déjà en forme.
D		sont accros à la télé. [1]

(a) Margot

A		fait du sport une fois par semaine maintenant.
B		fait du sport tous les jours maintenant.
C		fait plus de sport maintenant.
D		passe toujours trop de temps à regarder ses émissions préférées. [1]

(b) Margot

A		n'aime pas trop le tennis.
B		est bonne joueuse de tennis.
C		aime jouer au tennis.
D		joue au tennis au centre sportif. [1]

(c) Elle va à l'école

A		en bus.
B		à pied.
C		en voiture.
D		en train. [1]

(d) Margot

A		trouve que manger sain, c'est facile.
B		ne va pas manger sain.
C		trouve que manger sain, ce n'est pas facile.
D		ne mange plus qu'un repas par jour. [1]

(e) Margot

A		n'aime plus manger de sucreries.
B		mange toujours beaucoup de bonbons.
C		ne mange pas certains aliments, comme des pizzas, maintenant.
D		n'arrive pas à manger moins de fastfood. [1]

(f) Maintenant, Margot se sent

A		bien.
B		fatiguée.
C		malade.
D		irritée. [1]

[Total : 6]

✈ Coin examen 1.3

Introduction à l'examen de lecture (2)

Remplis les blancs

> → N'oublie pas qu'il ne faut pas utiliser tous les mots.
> → Pense au genre de mot qu'il faut pour compléter les phrases : un nom, un adjectif…
> → Ne laisse pas de blancs. Si tu n'es pas sûr(e), essaie de deviner.

1 a Avant de lire l'article, regarde les phrases de l'exercice 1b. Pour chaque blanc, note quel genre de mot il faut : un nom, un adjectif, un verbe ou un adverbe.

Exemple : adjectif

1 b Lis l'article et mets une lettre dans chaque case.

Un ciné-club à succès

Il n'existe que depuis six mois, mais le ciné-club du collège Jean Racine est déjà extrêmement populaire. « Faire partie d'un ciné-club coute beaucoup moins cher qu'aller au cinéma toutes les semaines, » explique Jérôme, 15 ans, accro aux films d'action. « On voit en moyenne, six films par mois. Moi, je préfère les films d'action que je trouve passionnants ou bien les films de guerre, mais on regarde toutes sortes de films : des comédies, des films d'amour, même les films en noir et blanc » Élise, 16 ans, ne fait pas partie de ce club. « Personnellement, j'adore aller au cinéma » précise-t-elle. « C'est vrai que ça coute plus cher, mais je peux voir les films récents et, en plus, je peux choisir ce que je veux voir. J'ai horreur des films d'aventure ou d'action, ils m'ennuient. »

A aimer	B aime	C chers	D variété
E scolaire	F aimé	G toujours	H choix
I mieux	J meilleur	K environ	L cher
M genre			

Exemple : Dans cet article, on présente un club …	E
a Le club est bien …	
b Regarder des films au cinéma coute plus …	
c Là, ils regardent … six films par mois.	
d C'est une façon de regarder une grande … de films.	
e Élise aime … aller au cinéma.	
f Elle n'… pas les films d'action.	

Choisis la bonne personne

> → Pense aux expressions synonymes.
> → N'oublie pas qu'une phrase ou une personne peut avoir plus d'une croix ou pas de croix du tout.
> → Fais attention à la négation.

2 a Travaillez à deux. Lisez les phrases A à G. Pensez à une autre façon d'exprimer ces mots et ces expressions. Ensuite lisez les textes et faites l'exercice 2b.

Exemple : un endroit très animé – un quartier extrêmement dynamique

A un endroit très animé

B qui ne me plait pas

C un quartier horrible

D les activités changent selon la saison

E un endroit qu'aiment les touristes

F en Bretagne

G tranquille

2 b Mets une [X] dans les 8 cases appropriées. Attention ! une phrase ou une personne peut avoir plus d'une croix ou pas de croix du tout.

Chez moi

Amel :

Moi, j'habite avec ma mère à Lyon, une grande ville dynamique dans le sud-est de la France. J'adore habiter en ville. Notre appartement est dans un quartier touristique et j'aime beaucoup l'ambiance. En plus, il y a beaucoup de distractions – des cafés, des cinémas…

Christine :

Alors, moi, j'habite dans l'est de la France à la montagne avec mes parents dans une petite maison traditionnelle que je déteste. Elle est vraiment très petite et plutôt moche. En général, vivre à la montagne me plait. C'est calme. En hiver on fait du ski et, en été, de la randonnée.

Paul :

J'habite avec ma mère et ma sœur ainée dans un petit village breton qui se trouve au bord de la mer. En été, c'est gé-nial ! On fait du surf, on se fait bronzer sur la plage, on bavarde avec des touristes. En hiver, il y a moins de choses à faire. Je retrouve donc mes copains au café.

J'habite…	Amel	Christine	Paul
Exemple : dans le sud de la France.	[X]	[ ]	[ ]
A dans un endroit très animé.	[ ]	[ ]	[ ]
B dans un logement qui ne me plait pas.	[ ]	[ ]	[ ]
C dans un quartier horrible.	[ ]	[ ]	[ ]
D dans un endroit où les activités changent selon la saison.	[ ]	[ ]	[ ]
E dans un endroit qu'aiment les touristes.	[ ]	[ ]	[ ]
F en Bretagne.	[ ]	[ ]	[ ]
G dans un endroit très tranquille.	[ ]	[ ]	[ ]

2A Relationships with family and friends

Embarquement

2A.1 Ma famille

★ **Décrire sa famille**
★ **Nom et âge**

1 a Quelles sont les personnes de sexe masculin et les personnes de sexe féminin ?

père	oncle	sœur	fils	fille
frère	tante	grand-mère	petite-fille	petit-fils
mère	grand-père	cousin	cousine	

1 b Regarde l'arbre généalogique de la famille Dupont et les images A-F. Comment s'appelle la personne concernée ? Il/Elle préfère quel animal ?

Exemple : 1 Elle s'appelle Lucie, A

1 La mère de Liam a un chat.
2 La cousine de Liam aime les animaux. Elle a un lapin.
3 L'oncle de Lorraine a un cheval.
4 La fille de Marie adore les souris.
5 Le grand-père de Liam a des poissons rouges.
6 Le fils de Lucie a un serpent chez lui.
7 La sœur d'Henri a deux chats.
8 Le demi-frère de Liam a deux lapins.

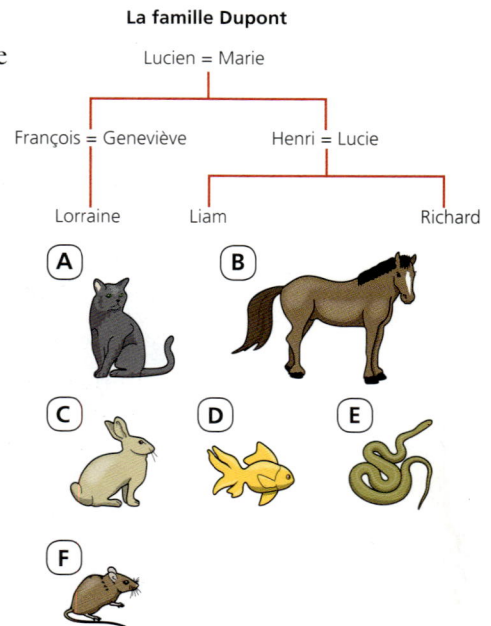

La famille Dupont

Lucien = Marie

François = Geneviève   Henri = Lucie

Lorraine   Liam   Richard

2 a Écoute Louise qui nous parle de sa famille. Copie la grille et complète-la.

Lien de parenté	Âge	Animaux domestiques
1 Arthur – *demi-frère*	*15 ans*	*un lapin*
2 Emma –		
3 Christine –		
4 Lucas –		
5 Jackie –		
6 Nicole –		
7 Eliane –		
8 Stéphanie –		

2 b Ajoute les mots que tu as appris à ta liste de vocabulaire et apprends-les.

G

3 Nom et âge. Regarde d'abord les sections grammaire K14 et K21. Copie et complète les phrases avec la forme correcte des verbes *s'appeler* et *avoir*.

Exemple : 1 Comment t'appelles-tu ? Quel âge as-tu ?

1 Comment ....-tu ? Quel âge ....-tu ?
2 Il .... Nathan. Il .... dix-neuf ans.
3 Moi, j'.......... quinze ans.
4 Je .... Henri.
5 J'.......... un frère jumeau qui .... Max.
6 J'.......... seize ans.
7 Mon meilleur copain .... Jules. Il .... quatorze ans, comme moi.
8 Comment .... ta meilleure copine ?

4 Voici la famille Tacussel. Ils ont tous des animaux domestiques différents. Invente leurs noms, leurs âges et leurs animaux préférés. Pose des questions à ton / ta partenaire. Réponds aux questions d'une manière inventive.

La famille Tacussel

Exemple : Comment s'appelle le grand-père ? Il s'appelle Fred.

Quel âge a-t-il ? Il a quatre-vingts ans.

Quels sont ses animaux préférés ? Il aime les tortues.

5 Écris un paragraphe pour décrire ta famille (le nom de chaque personne, les liens de parenté, l'âge de chacun, leurs animaux préférés). Si tu préfères, tu peux décrire une famille imaginaire. Pour t'aider :

Mon	père frère grand-père demi-frère	s'appelle…
Ma	sœur mère grand-mère demi-sœur	
Il / Elle	a …. ans.	
Il / Elle	adore	les chiens / les chats / les chevaux / les poissons / les lapins.

6 *Ch* comme *Charles a un chat*. Écoute cette phrase et sépare les mots. Répète-la trois fois. Attention à la prononciation. Réécoute pour vérifier. Refais l'exercice. Traduis la phrase dans ta langue. Apprends la phrase par cœur.

ChezluiCharlesaunchatetunchienquiestméchantmaissasœurCharlotteauncheval.

2A.2 Comment sont-ils physiquement ?

Décollage

★ **Décrire une personne physiquement**
★ **Des adjectifs possessifs (*mon, ton, son,*…) ; comment poser des questions**

Salut,

Comment ça va ? Moi, ça va bien.

Je t'envoie une photo de ma famille. Comme tu vois, on est cinq. À gauche, il y a mon père. Il s'appelle Gabriel. Il est assez grand et il porte des lunettes. C'est difficile à croire, mais il a cinquante ans maintenant. Il a les cheveux gris et il commence à les perdre. Il a cinq ans de plus que ma mère. Elle, elle est de taille moyenne et elle est mince. Son nom est Alice.

Ma sœur Emma est à côté de moi. Elle a quatorze ans et a de longs cheveux châtains. Elle a deux ans de moins que moi. On s'entend très bien tous les deux.

Enfin, il y a ma petite sœur qui s'appelle Juliette. Elle est la plus jeune de la famille. Elle va bientôt avoir neuf ans. Elle est sympa et très souriante.

Et toi, comment est ta famille ? Combien de frères et de sœurs as-tu ? Est-ce qu'ils sont plus jeunes ou plus âgés que toi ? Tu t'entends bien avec eux ?

Henri

1 Lis la lettre d'Henri à son ami français. Regarde bien la photo et réponds aux questions 1 à 8 en français.

Exemple : 1 Henri va bien.

   1 Comment va Henri ?
   2 Nomme chaque personne de la photo (de gauche à droite).
   3 Quel est l'âge de chacune de ces cinq personnes ?
   4 De quelle couleur sont les cheveux d'Emma ?
   5 Fais la description physique du père d'Henri. [2]
   6 Fais celle de sa mère. [2]
   7 Qui s'entend particulièrement bien ?
   8 Quel aspect physique de Juliette la rend agréable ?

2 Écoute Mathis et Romane parler de leurs copains et copines (Lucie, Zoé, Alice, Jules, Enzo, Sarah). Comment s'appellent les personnes A-F ?

Exemple : A Lucie

3 a Les adjectifs possessifs. Regarde d'abord la section grammaire B9. Copie et complète les huit phrases en choisissant l'adjectif possessif correct entre parenthèses.

Exemple : 1 Ma petite sœur ressemble beaucoup à mon père.

1 .... petite sœur ressemble beaucoup à .... père. (*mon*, *ma*, *mes*)
2 .... meilleures copines s'appellent Chloé et Lola. (*mon*, *ma*, *mes*)
3 .... sœur est plus grande que .... frère. (*son*, *sa*, *ses*)
4 Elle aime beaucoup .... amie Emma. (*son*, *sa*, *ses*)
5 .... copains sont vraiment sympas. (*ton*, *ta*, *tes*)
6 Comment sont .... amies ? (*son*, *sa*, *ses*)
7 Est-ce que .... parents sont sympas ou sévères ? (*ton*, *ta*, *tes*)
8 Je me confie toujours à .... mère. (*mon*, *ma*, *mes*)

3 b Comment poser des questions. Regarde d'abord la section grammaire E. Traduis les questions à la fin de la lettre d'Henri dans ta langue. Réfère-toi à l'exercice 1.

4 Écris des phrases qui décrivent une personne que tu connais bien, par exemple une célébrité, un acteur, une chanteuse. Donne des détails sur cette personne (son nom, son âge, son animal préféré, sa description physique – la couleur de ses yeux et de ses cheveux…).

Exemple : Mon acteur préféré s'appelle Leonardo. Il est très beau…

5 a Écris des fiches aide-mémoire sur la personne que tu as choisie.

Exemple : Sa description physique

Ses yeux et ses cheveux

Sa taille

Sa barbe et sa moustache

Mince et athlétique

Très beau

5 b Travaillez à deux. Utilisez vos fiches aide-mémoire pour faire une présentation d'une minute de la personne que vous avez choisie à votre partenaire. Concentrez-vous sur la prononciation. Apprenez les détails de cette personne par cœur. Puis, refaites vos présentations sans l'aide de vos fiches.

2A.3 Comment sont-ils de caractère ?

Décollage

★ **Décrire le caractère de quelqu'un**
★ **Les adjectifs irréguliers**

Nous, on est optimistes et heureux.

Une attitude plutôt négative !

Lilou23	J'ai un petit frère qui n'est pas toujours agréable. Il ne pense qu'à lui. Il passe tout son temps à jouer à des jeux électroniques. Tout le monde le trouve un peu égoïste.
Camille007	J'aime bien mes parents. Ils ont toujours été gentils avec moi. Ma mère est particulièrement généreuse. Mon beau-père ? Avec lui, c'est un peu pareil. Il fait tout pour me faire plaisir.
Manonderêve	Ma petite sœur est super mignonne. Évidemment, comme elle est petite, de temps en temps, elle fait des bêtises mais rien de grave. Mon père trouve qu'elle est bruyante mais après tout, elle a seulement trois ans !
Clémentine	Mon grand frère pense que je suis paresseuse, jalouse, désagréable, méchante parfois. En un mot, complètement stupide. J'ai mes qualités et mes défauts comme tout le monde. Ce que je pense de lui ? Je préfère ne pas le dire !
Léasclave16	Ma grande sœur est peut-être travailleuse, honnête et courageuse mais qu'est-ce qu'elle est casse-pieds ! Elle me dit toujours de faire ceci, de ne pas faire cela. C'est énervant à la fin !

1 Lis ces contributions à un forum de discussion sur les rapports familiaux. Est-ce que leurs rapports sont positifs (P), négatifs (N) ou positifs et négatifs (P+N) ? Tous décrivent un ou plusieurs membres de leur famille. Lesquels ?

Exemple : 1 Lilou23, N, son petit frère

2 a Tu vas entendre, deux fois, Louane, Jade, Théo et Nolan parler de leurs amis. Pendant que tu écoutes, identifie les quatre affirmations qui sont vraies. Étudie les affirmations avant d'écouter.

Exemple : VRAI : 2

   1 Louise est trilingue, travailleuse et intelligente.
   2 Elle vient d'un pays nord-africain.
   3 Francine a un caractère changeant.
   4 Au collège, Francine est sérieuse et travailleuse.
   5 Certains aspects du caractère de Clément sont plutôt négatifs.
   6 Théo est assez paresseux.
   7 Céline est quelqu'un d'optimiste.
   8 Nolan aime Céline d'amour, pas seulement d'amitié.

2 b Réécoute la conversation. Corrige les phrases fausses de l'exercice 2a.

Exemple : 1 Louise est bilingue.

3 a Les adjectifs irréguliers. Regarde d'abord les sections grammaire B1 et B2, puis copie et complète les phrases, en écrivant les adjectifs correctement. Attention à la position de l'adjectif !

Exemple : 1 Alice est ma meilleure copine.

   1 Alice est ma copine (*meilleur*).
   2 Ma sœur est vraiment (*paresseux*).
   3 Son amie est très (*mignon*).
   4 Est-ce que tes parents sont (*gentil*) ?
   5 Ils ont des attitudes envers tout (*négatif*).
   6 Ma mère est une personne (*généreux*).
   7 Sa copine s'appelle Lucie (*nouveau*).
   8 Moi, je la trouve (*jaloux*).

3 b Fais la liste des 15 adjectifs qui décrivent la personnalité dans le forum de discussion (exercice 1) et traduis-les dans ta langue.

4 Travaillez à deux. Pose ces questions à ton / ta partenaire au sujet de ses ami(e)s.
- Comment s'appellent tes copains/copines ?
- Tu as un(e) meilleur(e) ami(e) ?
- Comment est-il/elle physiquement ?
- Et de caractère ?
- Quels sont les aspects de sa personnalité que tu aimes/n'aimes pas ?

Prépare tes réponses aux questions de ton / ta partenaire. Dis-les à haute voix. Corrige la prononciation et les fautes de grammaire de ton / ta partenaire. Apprends tes réponses par cœur.

5 Écris un e-mail pour décrire un membre de ta famille ou un(e) ami(e). Écris 60-75 mots en français. Tu dois employer tous les mots suivants :

ans	opinion	caractère	physiquement

En Vol

2A.4 Les rapports avec les autres

★ **Expliquer si on s'entend avec les autres ou non**
★ **Les verbes *s'entendre avec* et *se disputer* ; *moi, toi, lui, elle***

Salut Ahmed,

Dans ta dernière lettre, tu me demandes si j'ai de bons ou de mauvais rapports avec ma famille. Eh bien, bons avec certains, mais pas avec tous.

Je m'entends en général bien avec mon père parce qu'il comprend nos problèmes d'adolescents. Il faut par exemple réussir nos études et ne pas causer de problèmes à la maison. Je le trouve très compréhensif et gentil. Avec ma mère, ce n'est pas pareil. Mon frère et ma sœur sont plus jeunes que moi donc ils ne demandent pas à sortir le soir ou à passer l'après-midi avec leurs copains ; moi, oui. D'habitude, c'est pour ça que nous nous disputons. Ce n'est pas tous les jours comme ça, évidemment, mais dans l'ensemble, nos rapports sont assez tendus. À mon avis, elle a tendance à être trop sévère.

Ma famille. C'est moi qui ai pris la photo.

Mon frère a douze ans et ma sœur a dix ans. Lui, il est plutôt pénible parce qu'il faut toujours qu'on s'occupe de lui. Il est vraiment égoïste. Je ne m'entends pas bien avec lui à cause de ça.

Avec ma sœur, c'est le contraire. On ne se dispute jamais. Elle, elle aime bien discuter de tout avec moi. Elle est sociable et elle a aussi le sens de l'humour. Moi, ça me plait parce que j'aime bien rigoler.

Voilà, tu vois, c'est pas mal dans l'ensemble.

Dans ta prochaine lettre, parle-moi un peu de tes copains.

À bientôt

Théo

1 a Lis la lettre. Prends des notes et écris les détails en français (ou en chiffres).

Exemple : 1 Théo

1 Auteur de la lettre [1]
2 Ainé(e) de la famille [1]
3 Nombre d'enfants dans la famille [1]
4 Qualité du père [2]

5 Relations avec la mère [1]
6 Raisons des disputes avec la mère [2]
7 Différence d'âge entre le frère et la sœur [1]
8 Description du frère [2]

1 b Lis la lettre encore une fois et recopie le vocabulaire utile pour parler des bons et des mauvais rapports. Fais un tableau avec deux colonnes. Après, apprends le vocabulaire.

2 Tu vas entendre Laurent, Annie, Mathieu et Claire parler de leurs rapports avec les autres. Pendant que tu écoutes, réponds aux questions en français.

Exemple : 1 Il sort quand il veut.

1 Comment sait-on que les parents de l'ami de Laurent lui donnent beaucoup de liberté ?

2 Qu'est-ce qui stresse l'ami de Laurent en particulier ?

3 Quelle est la cause de la dispute entre Annie et Rachel ?

4 Qu'est-ce qu'Annie va faire quand elle va voir Rachel ?

5 Pourquoi Mathieu ne s'entend-il pas avec sa professeure d'anglais ?

6 La professeure d'anglais a trouvé quelle solution à ce problème ?

7 Pourquoi est-ce que Claire se dispute souvent avec sa sœur ?

8 Est-ce que sa sœur est plus jeune ou plus âgée qu'elle ?

3 a Les verbes pronominaux. Regarde d'abord la section grammaire K14. Modifie les mots (a) à (j). Ils doivent respecter le sens de la phrase. Attention ! il n'est pas toujours nécessaire de changer les mots.

Exemple : a m'entends

En général je (a)………. (*s'entendre*) bien avec tous les membres de (b)………. (*mon*) famille. Bien sûr, nous (c)………. (*se disputer*) quelquefois, comme tout le monde. Ma sœur et moi, on (d)………. (*se fâcher*) souvent à cause de la télévision. Elle m'énerve car elle est (e)………. (*égoïste*) ; elle veut toujours regarder ses feuilletons (f)………. (*stupide*). Mon frère et mes parents (g)………. (*se disputer*) à propos des sorties; lui, il veut sortir avec (h)………. (*son*) amis tard le soir et mes parents ne sont pas d'accord. Moi, les disputes avec mes parents, c'est parce que mon frère et moi nous (i)………. (*se coucher*) tard et le matin, moi, j'ai tendance à (j)………. (*se lever*) en retard pour le lycée.

3 b Copie tous les verbes pronominaux de la lettre et traduis-les dans ta langue.

4 Travaillez à deux. Regardez la photo dans la lettre en face. A pose des questions et B répond. Ensuite changez de rôle.

1 Décris la photo s'il te plaît.

2 Que fait la fille au milieu ?

3 À ton avis, qu'est-ce que la fille va faire plus tard ?

4 Parle-moi de la dernière fois que tu t'es disputée(e) avec tes parents ou avec tes amis.

5 Pour quelles raisons, à ton avis, est-ce que les parents et les enfants se disputent le plus souvent ?

5 Écris trois paragraphes différents qui décrivent comment tu t'entends avec :

1 l'un de tes parents

2 un autre membre de ta famille

3 l'un(e) de tes ami(e)s

Daily routine and helping at home

Embarquement

2B.1 Mà routine quotidienne

- ★ **Dire ce qu'on fait tous les jours**
- ★ **Les verbes pronominaux**

A

B

C

D

E

F

G

H

1 a Regarde les images. Choisis la bonne lettre (A, B, C, D, E , F, G ou H) pour chaque phrase (1-8).

Exemple : 1 H

1 Mon grand frère se couche très tard. Moi, je me couche à vingt-deux heures.

2 Mes parents se lèvent très tôt le matin.

3 Je me brosse les dents après le petit déjeuner.

4 Je me douche à sept heures, avant mes sœurs.

5 Nous prenons d'habitude des tartines avec du chocolat chaud pour le petit déjeuner.

6 Tu rentres chez toi vers quelle heure ? Moi, je rentre vers dix-sept heures trente.

7 On se réveille tard le weekend.

8 Je m'habille dans ma chambre.

1 b Fais une liste des mots au sujet de ta routine quotidienne. Ensuite traduis-les dans ta langue.

Exemple : je me couche à…

2 Ma routine. Jacob parle de sa routine. Deux options dans les phrases ci-dessous sont vraies ; l'autre est fausse. Lis les phrases et trouve l'intrus chaque fois.

Exemple : 1 B

1 Pendant la semaine, Jacob…
- **A** se réveille de bonne heure.
- **B** reste longtemps au lit.
- **C** n'a pas le temps de rester au lit.

2 Il…
- **A** n'a pas le temps de se laver le matin.
- **B** se lève et alors se lave.
- **C** se lave et puis s'habille.

3 Il…
- **A** prend une boisson chaude et du pain le matin.
- **B** s'habille et puis il prend le petit déjeuner.
- **C** ne mange pas de petit déjeuner.

4 Quand Jacob rentre à la maison, il…
- **A** prend un gouter.
- **B** fait tout de suite ses devoirs.
- **C** a le temps de se relaxer.

5 Le samedi, la famille de Jacob…
 A peut rester plus longtemps au lit.
 B se réveille tôt comme pendant la semaine.
 C mange ensemble le matin.

6 Jacob et sa sœur…
 A vont plus tard au lit le samedi soir.
 B vont en ville ensemble le samedi après-midi.
 C s'amusent bien le samedi après-midi.

G **3** Les verbes pronominaux. Regarde d'abord la section grammaire K14. Complète chaque phrase avec la bonne forme du verbe pronominal entre parenthèses.

Exemple : me réveille

1 Je ………. (*se réveiller*) à six heures pendant la semaine et je ………. (*se lever*) tout de suite.
2 Je ………. (*se doucher*) tous les matins et puis je prends mon petit déjeuner.
3 Le weekend, je ………. (*s'habiller*) tranquillement et je prends un bon petit déjeuner.
4 Mes grandes sœurs ………. (*se coucher*) toujours très tard le soir. Moi je ………. (*se coucher*) à dix heures.

5 J'ai des copains qui ………. (*se lever*) tard le matin et n'ont pas le temps de ………. (*se laver*).
6 Le samedi après-midi je vais souvent en ville avec des amis. On ………. (*s'amuser*) bien ensemble.
7 Mon père travaille tard le soir et ………. (*se coucher*) quelquefois à deux heures du matin.
8 Pendant la semaine on ………. (*se lever*) toujours très tôt chez moi.

4 La prononciation de *s*. Écoute cette phrase et sépare les mots. Répète la phrase trois fois. Attention à la prononciation. Écoute encore un fois pour vérifier. Refais l'exercice. Traduis la phrase dans ta langue. Apprends la phrase par cœur.

lesdanseusesontunepiscinedanslejardinoùellespassentdesheures

5 Pose ces questions à ton / ta partenaire. Réponds aussi à ses questions. Pour t'aider, utilise le tableau.

- À quelle heure te réveilles-tu pendant la semaine et le weekend ? Et ta famille ?
- Tu te lèves tout de suite ? Pourquoi (pas) ?
- Qu'est-ce que tu fais après ?
- Tu te couches à quelle heure pendant la semaine ? Et ta famille / tes amis ?
- Tu te couches à la même heure le weekend ? Pourquoi (pas) ?

Pendant la semaine Le weekend	je me réveille… je me lève… Ensuite… je me lave / je m'habille / je prends mon petit déjeuner… vite / tranquillement… je me brosse les dents… je me couche à…	
Mes parents / Mes copains / Mes copines	se réveillent… se lèvent… se couchent…	à sept / huit / neuf heures et demie. tout de suite / cinq minutes plus tard. dans ma chambre. dans la salle de bains. dans la cuisine.
Mon frère / Ma sœur / Ma mère / Mon père	se lève / se lave / s'habille… se prépare à…	dans la salle à manger. assez / très tôt / tard. avant / après moi. partir au travail / collège.

6 Maintenant, écris un e-mail à ton correspondant pour décrire ta routine quotidienne. Dis ce que tu fais et ce que fait ta famille. Pense à tes réponses aux questions de l'exercice 5.

Exemple : Salut Jennifer,
Tu veux savoir comment c'est, ma routine quotidienne. Alors, pendant la semaine je me réveille à six heures et demie et je me lève cinq minutes plus tard…

Décollage

2B.2 Range ta chambre !

★ **Parler des tâches ménagères**
★ **L'impératif (*tu*)**

Mes parents me font trop travailler

Chère Marthe,

J'en ai vraiment marre ! Je suis une collégienne de seize ans qui a beaucoup de devoirs mais mes parents m'obligent toujours à faire des tâches ménagères. Vraiment, ils sont exigeants. J'entends constamment, « Range ta chambre ! », « Fais la vaisselle ! », « Mets le couvert ! », « Chérie, viens aider ta mère ! », « Fabienne, donne à manger au chat ! », « Remplis le lave-linge ». Ils ne comprennent tout simplement pas que mes devoirs sont importants. En plus, mon frère de quatorze ans ne fait rien et c'est à cause de lui que la maison est en désordre. Il laisse ses affaires partout. Ma petite sœur, elle, a cinq ans et ne peut pas vraiment aider.

Fabienne, 16 ans

Chère Fabienne,

Tes parents sont, en effet, un peu exigeants. Tu fais certainement bon nombre de tâches ménagères ! Cependant, n'oublie pas que les parents aussi ont souvent beaucoup à faire et apprécient donc ton aide. Tes parents doivent tout de même te donner le temps de faire tes devoirs. Explique-leur calmement que tu veux les aider mais que tu dois aussi faire ton travail scolaire et que tu n'as pas le temps de faire autant de tâches ménagères. Sois polie et surtout ne te mets pas en colère. Dis-leur tout simplement que tu peux mettre le couvert mais que tu ne peux pas faire la vaisselle aussi. Range ta chambre régulièrement. Comme ça, elle ne va pas être en désordre. Finalement, demande à tes parents si ton frère aussi peut aider. À l'âge de quatorze ans il peut certainement faire son lit, débarrasser la table ou bien sortir la poubelle...

Bonne chance !

Marthe

1 Lis le message et la réponse. Ensuite lis les affirmations ci-dessous et choisis la bonne personne chaque fois. Écris F pour Fabienne, M pour Marthe, P pour les parents de Fabienne, FR pour son frère et S pour sa sœur.

Exemple : 1 F

Qui...
1 n'a pas assez de temps pour tout faire ?
2 veut faire son travail scolaire ?
3 n'est pas très compréhensif ?
4 peut aider mais n'aide jamais ?

5 est trop jeune pour aider ?
6 est responsable du désordre ?
7 donne des conseils pour résoudre le problème ?
8 doit rester calme et serein ?

2 Des tâches ménagères. Matthieu parle de ce qu'il doit faire pour aider chez lui. Note les détails en français.

Exemple : 1

1 La raison pour laquelle Matthieu doit faire des tâches ménagères :

2 Le nombre de tâches ménagères qu'il doit faire :

3 Ce qu'il y a par terre dans sa chambre :

4 Pourquoi il ne veut pas ranger sa chambre :

5 L'avantage de ranger sa chambre selon sa mère :

6 Les pièces qui sont poussiéreuses : [2]

7 Ce qu'il doit faire dans la cuisine :

8 L'avis de Matthieu :

3 L'impératif (*tu*). Regarde d'abord la section grammaire K10. Lis les phrases ci-dessous et choisis les phrases à l'impératif.

Exemple : 3

1 Faire des tâches ménagères, c'est fatigant.

2 Aides-tu souvent à la maison ?

3 Sois gentil, Sylvain ! Aide ton père !

4 Ne t'inquiète pas, je vais t'aider !

5 Ma sœur n'aime pas faire son lit.

6 Mets le couvert s'il te plait !

7 Tu peux m'aider à changer les draps ?

8 Viens avec moi au supermarché, Paul !

4 Pose ces questions à ton / ta partenaire. Réponds aussi à ses questions.

1 Aides-tu souvent à la maison ? Que fais-tu comme tâches ménagères ?

2 Reçois-tu de l'argent de poche si tu aides tes parents ?

3 Est-ce que ton frère ou sœur doit aussi faire des tâches ménagères ?

4 À ton avis, pourquoi les ados doivent-ils aider à la maison et est-ce que c'est juste ?

5 Tu organises une fête surprise pour un ami. Écris un e-mail pour dire à tes autres copains ce qu'ils doivent faire pour aider. Utilise l'impératif à la deuxième personne.

1 Qui va faire chaque tâche ménagère ? Quand ?

2 Qui va faire le gâteau ?

3 Qui va acheter/apporter le cadeau ?

Exemple : La fête, c'est demain. Isabelle, sois sure d'apporter le cadeau. On doit tous arriver à 15 heures. Ensuite Madeleine, mets la table et range le séjour s'il te plait…

Fais	la vaisselle / les tâches ménagères / le jardinage / les courses / le repassage / la poussière / la lessive / le ménage / le lit.
Mets / Débarrasse	la table.
Remplis / Vide	le lave-vaisselle.
Sors	la poubelle.
Nettoie	la salle de bains.
Achète	des provisions.

En Vol

2B.3 J'aide à la maison

★ **Dire ce que tu fais pour aider à la maison**
★ **L'impératif (*tu* et *vous*)**

- -

La visite de Mamie – scène 1

Personnages : Sandra, Maman, Daniel (le frère de Sandra)

Maman : Écoutez Sandra, Daniel ! Votre grand-mère arrive aujourd'hui et il y a beaucoup à faire. Venez m'aider s'il vous plait !

Sandra : *[un peu énervée]* Oh là ! Maman, arrête ! Ne t'inquiète pas, la maison est propre !

Maman : Sandra, regarde autour de toi ! Il y a des magazines et des journaux partout. Monte et range ta chambre s'il te plait. Et dis à Daniel qu'il doit descendre !

Sandra : D'accord. Mais n'oublie pas que j'ai des devoirs à faire !

[Sandra va dans sa chambre. Daniel descend.]

Daniel : Oui, Maman.

Maman : Passe l'aspirateur s'il te plait ! Ensuite fais la vaisselle ! Moi, je vais faire le repassage.

Daniel : Bon d'accord. Sois tranquille, Maman ! Je vais le faire... mais je vais regarder cette émission d'abord.

Maman : Daniel, ne sois pas paresseux ! N'allume pas la télé !

[Une demi-heure plus tard]

Maman : Sandra, Daniel, écoutez, je vais à la gare chercher Mamie ! Mettez la table s'il vous plait et ensuite promenez le chien mais ne le laissez pas entrer dans le salon après.

Sandra : D'accord Maman.

Maman : Et surtout n'oublie pas, Sandra, que tu as des devoirs à faire.

Sandra : *[exaspérée]* Maman !

- -

1 a Lis la scène. Une mère et ses enfants parlent des tâches ménagères. Note les détails.

Exemple : 1 les tâches ménagères

1 Thème :
2 Deux détails sur Mamie : [2]
3 Ce que demande Maman :
4 Tempérament de Sandra :
5 Ce que va faire Maman :
6 Deux détails sur Daniel : [2]
7 Comment voyage Mamie :
8 Animaux à la maison :

1 b Relis la scène et fais une liste des mots nouveaux. Cherche-les dans un dictionnaire et apprends-les par cœur.

Exemple : l'aspirateur

2 Les tâches ménagères. Écoute trois ados qui parlent des tâches ménagères et choisis la ou les bonnes personnes pour chaque affirmation.

Exemple : 1 Luc

Qui…

1 …a un petit frère ?
2 …n'est pas content(e) ?
3 …trouve que ses parents sont raisonnables ?
4 …pense qu'il / elle fait déjà assez de choses ?

5 …ne s'entend pas avec sa sœur ?
6 …va bientôt passer un examen ?
7 …range sa chambre ?
8 …n'aime pas trop sortir la poubelle ?

G

3 a L'impératif (*tu* et *vous*). Regarde d'abord la section grammaire K10. Modifie les mots (a) à (j). Ils doivent respecter le sens correct de la phrase. Attention ! il n'est pas toujours nécessaire de changer les mots.

Exemple : (a) Fais

Moi, je pense que j'aide beaucoup ma mère mais, elle, elle n'est pas d'accord. Elle me dit toujours « (a)………. (*faire*) ton lit s'il te plait, Martin ! » ou bien « (b)………. (*venir*) m'aider ! » Ce n'est pas juste. Ma sœur ne (c)………. (*faire*) pas son lit – elle est vraiment (d)………. (*paresseux*). Si elle dit, « Maman, je n'ai pas le temps de (e)………. (*faire*) la vaisselle », ma mère répond, « (f)………. (*être*) tranquille, chérie ! Ce n'est pas grave. » C'est la même chose pour mes amis. Le père des jumelles Annie et Camille dit constamment, « Les filles, n'(g)………. (*oublier*) pas de vider le lave-vaisselle! » et « (h)………. (*nettoyer*) la salle de bains s'il vous plait! » Elles ne (i)………. (*se*) entendent pas très bien avec lui. En plus, si leur frère commence à débarrasser la table, leur père dit « Ne t'inquiète pas, assieds-toi et (j)………. (*prendre*) plus à manger, les filles vont le faire. »

3 b Relis la scène de l'exercice 1. Trouve des exemples de l'impératif. Copie-les. Ensuite change la forme de l'impératif.

Exemple : Fais ton lit (Faites votre lit)

4 Travaillez à deux. Regardez la photo. A pose des questions et B répond. Ensuite changez de rôle.

1 Décris-moi la photo.
2 Que dit la mère, à ton avis ?
3 Que répond l'ado ?
4 Est-ce que tu te sens obligé(e) d'aider à la maison ? Pourquoi (pas) ?
5 À ton avis, est-ce que les parents doivent payer leurs enfants s'ils aident à la maison ? Pourquoi (pas) ?

5 Regarde la photo de l'exercice 4 une fois de plus. Écris un article sur ce que peuvent faire les ados pour aider à la maison. Écris entre 130 et 150 mots en français. Tu dois mentionner les points suivants :

- Ce que tu fais pour aider à la maison.
- Ce que font tes amis.
- L'importance d'aider tes parents.
- Si tu gagnes de l'argent quand tu aides à la maison.

2C Hobbies and interests

Embarquement

2C.1 Mon temps libre

★ **Parler des passetemps**
★ *Jouer à ; jouer de*

A
B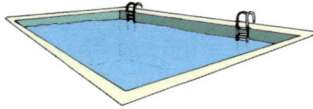
C
D

E
F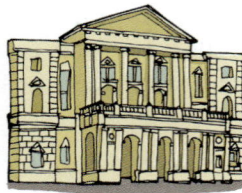
G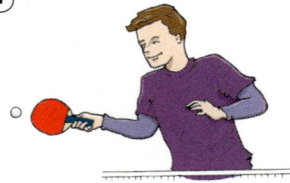
H

1 a Fais correspondre ce que disent ces jeunes (1 à 8) aux images A à H.

Exemple : 1 H

1 Je vais à la patinoire le weekend.
2 Avec mes copines, on va au centre commercial.
3 Je joue de la batterie dans ma chambre.
4 Le samedi soir, je vais au théâtre.

5 Le dimanche, je joue au foot.
6 J'aime beaucoup aller au cinéma.
7 Je fais de la natation régulièrement.
8 À la maison des jeunes, je joue au tennis de table.

1 b Fais la liste des activités mentionnées dans l'exercice 1a. Fais une autre liste d'activités que tu connais ou que tu trouves dans un dictionnaire. Traduis-les dans ta langue et apprends-les.

Exemple : jouer de la batterie

2 a Tu vas entendre huit jeunes parler de leur passetemps. Quels passetemps mentionnent-ils ? Réponds en utilisant les images A à H de l'exercice 1.

Exemple : 1 B

2 b Réécoute les jeunes et réponds aux questions en français.

Exemple : 1 le samedi

1 Quand fait-il cette activité ?
2 Elle parle de qui ?
3 Quand ont-ils un match ?
4 Elle y va avec qui ?

5 Il parle de qui ?
6 Elle parle de qui ?
7 Quand font-ils du sport ?
8 Où font-ils cela ?

G 3 *Jouer à/jouer de.* Regarde d'abord les sections grammaire A5 et K2. Copie et complète ces huit phrases en utilisant la forme correcte du verbe *jouer* et la préposition correcte. Choisis *à la, au, aux, de la, du, de l', des.*

Exemple : 1 Je joue de la guitare.

1 Je .... guitare.
2 Il .... piano.
3 Nous .... handball.
4 Elles .... tennis.

5 Tu .... batterie.
6 Vous .... rugby.
7 Elle .... volley.
8 On .... violon.

4 Travaillez à deux. A pose les questions, B répond. Ensuite changez de rôle. Ajoute ton opinion et un ou deux détails supplémentaires.

Exemple : 1 Oui, j'aime beaucoup la musique rap mais je n'aime pas la musique classique. Je trouve ça ennuyeux.

1 Tu aimes la musique ?
2 Quelle sorte de musique préfères-tu écouter ?
3 Est-ce que tu joues d'un instrument ?
4 Tu fais du sport ?

5 Quel est ton sport préféré ?
6 À part cela, qu'est-ce que tu fais avec tes copains quand tu as du temps libre ?

Je joue Nous jouons		du piano de la guitare	le dimanche. le soir.
		au foot au cricket	
Je	vais	en ville au stade à la patinoire à la bibliothèque	avec mes copains/copines.
	fais	du shopping	
	regarde	la télé	
	téléphone	à mes ami(e)s.	
J'	écoute	de la musique.	

5 Écris une phrase pour chacune de tes activités pendant ton temps libre. Ajoute deux détails supplémentaires et ton opinion.

Exemple : Je joue au foot le samedi avec mes copains au stade. Cela me plaît beaucoup.

6 Les sons *g, ge* et *j* comme par exemple je trouve le golf génial. Écoute cette phrase et sépare les mots. Répète-la trois fois. Attention à la prononciation ! Réécoute pour vérifier. Refais l'exercice. Traduis la phrase dans ta langue. Apprends la phrase par cœur.

JaimejoueraugolfavecmonamiGillesetjejoueaussidelaguitareparcequecestgénial.

2C.2 Tu veux sortir ?

Décollage

★ **Parler des activités de loisir**
★ **Le futur proche ; les verbes suivis de l'infinitif**

Salut Henri,

J'attends ta visite avec plaisir. Je vais aller te chercher à la gare en voiture avec mes parents.

Je vais te dire ce qu'on peut faire ici. S'il fait beau, on peut aller se baigner. Je dois dire que j'y vais souvent avec mes copains. La semaine où tu vas venir, il va y avoir une fête foraine. Ça va se passer sur la place de la mairie.

Si tu préfères visiter la ville, alors, je vais te montrer l'ancien château qui se trouve dans la vieille ville en face de l'office de tourisme. Juste à côté, on peut visiter le musée, si ça t'intéresse.

En ce qui concerne les soirées, on a tout ce qu'il faut ici. Il y a trois cinémas, plein de cafés, une patinoire et bien sûr, on peut retrouver mes copains et faire la fête ensemble. Si tu veux, on peut même aller voir un match de foot.

Dis-moi ce que tu en penses. Je vais en parler à mes copains aussi. Tu vas voir, on va bien s'amuser.

À bientôt,

Max

1 Lis la lettre de Max et choisis les fins de phrases (A à L) qui correspondent aux débuts de phrases (1 à 6).

Exemple : 1 F

1 Henri va arriver
2 Max aime bien
3 S'il pleut, ils vont
4 La fête foraine va avoir lieu
5 Le château est situé
6 Le soir, ils vont peut-être

A faire un match de foot.
B en voiture avec ses parents.
C dans l'ancien château.
D aller à la piscine avec ses amis.
E loin du musée.
F en train.

G voir ses copains.
H faire les magasins.
I en face du syndicat d'initiative.
J sur la place de la mairie.
K aller dans la vieille ville.
L aller voir un film.

2 La semaine d'Henri. Écoute la conversation entre Lucie, Lucas et Max. Que proposent-ils de faire avec Henri ? Choisis les deux bonnes lettres pour chaque personne.

Exemple : Personne 1(Max) : C,...

Personne 1 (Max) :
Personne 2 (Lucie) :
Personne 3 (Lucas) :

A aller faire du patin à glace
B aller au château
C aller voir un film
D aller à la fête d'un copain
E aller à la fête foraine
F aller au lac
G aller au stade
H aller à un concert

3 a Le futur proche. Regarde d'abord la section grammaire K6, puis réécris ces phrases au futur proche. Ensuite traduis-les dans ta langue.

Exemple : 1 Ils vont visiter le château.

1 Ils visitent le château.
2 Il en parle à ses copains.
3 Nous allons au marché.
4 Vous venez chez moi, j'espère.
5 On rencontre nos copains.
6 Je vais au cinéma.
7 Nous visitons le musée.
8 Il est ici mardi.

3 b Verbes suivis d'un infinitif. Relis la lettre de Max (exercice 1) et, à part les exemples du futur proche, note les cinq exemples de verbes suivis d'un infinitif, puis traduis-les dans ta langue.

Exemple : on peut faire

4 Travaillez à deux. A pose les questions et B répond. Ensuite changez de rôle.

1 Qu'est-ce qu'on peut avoir comme loisirs dans ta région quand il fait beau ?
2 Qu'est-ce que tu aimes faire d'habitude avec tes ami(e)s quand tu as du temps libre ? Pourquoi ?
3 Qu'est-ce que tu vas faire comme activités de loisirs samedi prochain, l'après-midi par exemple?
4 Et pendant tes prochaines vacances, qu'est-ce que tu vas faire comme activités ? Utilise les expressions suivantes :

on peut / on ne peut pas	je vais / je ne vais pas (peut-être)
je peux / je peux pas	on va / on ne va pas
il y a / il n'y a pas	s'il fait beau / s'il fait mauvais

5 Écris une réponse pour décrire tes projets pour ta prochaine visite chez ton ami(e) en France. Écris entre 60 et 75 mots en français. Tu dois employer tous les mots suivants.

après-midi	si	visiter	opinion

En Vol

2C.3 Je ne m'ennuierai pas !

★ **Parler de ses heures de loisir**
★ **Le futur**

Le nouveau CENTRE DE LOISIRS ouvrira bientôt

JoJo Vraiment génial ce nouveau centre de loisirs ! J'ai lu sur leur site Internet que pendant les grandes vacances ils organiseront gratuitement des activités en plein air et on pourra même participer à des excursions de deux ou trois jours. Tous les jours il y aura même des ateliers créatifs et artistiques. C'est trop génial ! N'oubliez pas que les inscriptions commenceront demain à 18 heures au centre. Moi je pense que j'irai de bonne heure !

Fluo-Flo J'y serai aussi avant 18 heures parce que je pense que la queue pour les inscriptions sera longue ! Je veux vraiment avoir une place ! Je m'ennuie souvent pendant les vacances ! Ce qui m'intéresse vraiment c'est que je pourrai passer mes journées à faire un tas de sports. C'est formidable pour tous les sportifs comme moi ! Il y aura même des tournois ! Trop cool !

Matt-gik Moi j'ai l'intention d'y être vers 17 heures. Ma cousine fera partie du groupe de volontaires qui superviseront la plupart des activités (sans eux... pas de club !). Ma cousine s'occupera des ateliers créatifs. Elle m'a dit que beaucoup de parents ont déjà contacté le centre pour avoir plus de renseignements, alors ils pensent que beaucoup de jeunes viendront s'inscrire demain !

1 a Qui dit ça ? Pour chaque phrase écris l'initiale qui correspond. Est-ce que c'est F (Fluo-Flo), J (JoJo) ou M (Matt-gik) ?

Exemple : 1 M

Le nouveau centre de loisirs...

1 sera très populaire.
2 donnera l'opportunité aux jeunes de partir pour quelques jours.
3 est génial pour les jeunes qui aiment le sport.
4 emploiera des bénévoles.
5 offre des renseignements en ligne.
6 ne demandera pas de l'argent pour toutes les activités.
7 sera ouvert pendant les congés scolaires.
8 verra du monde demain.

1 b Fais une liste de tous les nouveaux mots que tu as vus dans ce forum. Traduis-les dans ta langue et apprends-les.

2 Écoute Hugo et Clément parler de ce qu'ils feront demain et aussi le weekend prochain. Copie la grille et complète-la en faisant la liste de leurs activités.

Demain	Le weekend prochain
Exemples : tennis de table	*Excursion*
1	*1*
2	*2*
3	*3*

3 a Le futur. Regarde d'abord la section grammaire K5. Modifie les mots (a) à (j). Ils doivent respecter le sens de la phrase. Attention! il n'est pas toujours nécessaire de changer les mots.

Exemple : a ferai

La semaine prochaine, comme c'est les vacances, je (a)………. (*faire*) beaucoup de choses. J'ai l'intention de passer mes journées à faire mes activités (b)………. (*préféré*). Par exemple, lundi, s'il fait beau, (c)………. (*mon*) cousins et moi, nous (d)………. (*être*) au parc pour faire du skate mais s'il pleut on (e)………. (*rester*) chez moi et on jouera à des (f)………. (*jeu*) vidéo. Mardi je pense que j'(g)………. (*aller*) au centre sportif avec mes copains pendant quelques heures. J'ai vraiment hâte d'être à mercredi car au centre-ville il y (h)………. (*avoir*) des concerts et des spectacles (i)………. (*gratuit*) jusqu'à minuit. J'espère que mes parents me (j)………. (*laisser*) y rester jusqu'à la fin.

3 b Lis le forum encore une fois et copie tous les verbes au futur. Pour chaque verbe écris aussi l'infinitif en français.

Exemple : ils organiseront   organiser

4 Pose ces questions à ton / ta partenaire. Réponds aussi à ses questions. Si possible, ajoute des détails supplémentaires. Écris tes réponses et apprends-les par cœur.
  1 Décris la photo s'il te plait.
  2 Quels sont les loisirs de ces jeunes?
  3 À ton avis, qu'est-ce que la fille va faire plus tard ?
  4 Parle-moi des activités que tu as faites récemment.
  5 Est-il important selon toi d'avoir des loisirs ? Pourquoi ? Pourquoi pas ?

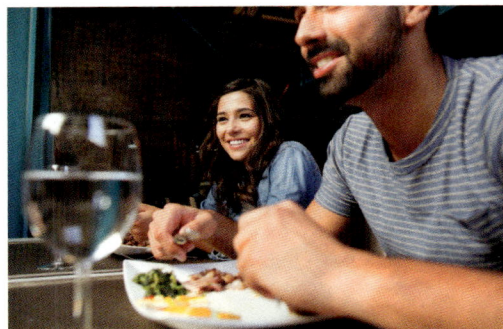

5 Tu dois écrire 130-140 mots en français. Écris une lettre à ton ami(e) français(e) qui décrit les activités que tu as l'intention de faire pendant les grandes vacances.
  1 Décris les activités là où tu iras en vacances et celles que tu veux faire.
  2 Décris ce que tu feras quand tu seras chez toi.
  3 Dis quelles sont tes activités préférées et pourquoi.

Embarquement

2D.1 Jours de fête

★ **Décrire une occasion spéciale**
★ **Le passé composé des verbes réguliers formé avec** *avoir* ; **la date**

Salut Adam,

Le douze avril, j'ai fêté mon anniversaire avec mes copains. D'abord, on a écouté de la musique ensemble et nous avons joué à des jeux électroniques. J'ai bien aimé ça. Puis, une de mes copines a commencé à danser. On a bien rigolé. Plus tard, j'ai entendu mes copains chanter « Joyeux anniversaire ». Après ça, ils m'ont donné des cartes d'anniversaire et aussi des cadeaux. La fête a fini à six heures. Et toi, comment as-tu fêté ton anniversaire ?

Amicalement,

Oscar

---

1 Lis le courriel d'Oscar et complète les huit phrases en choisissant les bons mots dans la case.

Exemple : 1 douze

1 La date de mon anniversaire est le .... avril.
2 J'ai célébré .... avec mes copains.
3 Nous avons écouté de la ....
4 Puis, on a joué à des ....

5 Lucie a commencé à ....
6 Mes copines m'ont chanté ....
7 On m'a donné beaucoup de cartes et de ....
8 On a fini la fête à .... heures.

onze	joyeux anniversaire	*douze*
musique	jeux électroniques	cadeaux
danser	mon anniversaire	six

2 Tu vas entendre quatre personnes qui parlent des occasions spéciales qu'elles ont fêtées. Choisis deux images (A à H) pour chaque personne.

Exemple : 1 A, E

(A)

(B)

(C)

(D)

(E)

(F)

(G)

(H)

G

3 a Le passé composé des verbes réguliers formé avec *avoir*. Regarde d'abord la section grammaire K8. Copie et complète les huit phrases en utilisant les verbes donnés entre parenthèses au passé composé.

Exemple : 1 On a rencontré nos amis.

1 On .... nos amis. (*rencontrer*)
2 Nous .... Noël en famille. (*passer*)
3 Vous .... la fête à quelle heure ? (*finir*)
4 Ils .... de la musique. (*écouter*)
5 Il m'......... ....une carte d'anniversaire. (*donner*)
6 J'......... .... mon anniversaire le douze mars. (*fêter*)
7 Ma sœur et son mari .... toute la soirée. (*danser*)
8 Tu .... tes amis chez toi ? (*attendre*)

3 b La date. Regarde d'abord la section grammaire G2. Mets ces dates dans l'ordre chronologique et écris-les en utilisant des chiffres.

le onze février	le quatorze juillet	le premier avril
le douze aout	*le quinze janvier*	le vingt mars
le vingt-cinq décembre	le deux juin	

Exemple : le quinze janvier, 15/1

4 Travaillez à deux. A pose les questions et B répond. Ensuite changez de rôle. Pour vous aider, utilisez les verbes du tableau. Si possible, ajoutez des détails supplémentaires.

- Quelle est la date de ton anniversaire ?
- Comment as-tu fêté ton anniversaire ?
- Où as-tu fêté ça ?
- Avec qui as-tu fêté ton anniversaire ?
- Qu'est-ce que vous avez mangé ?
- Qu'est-ce que vous avez fait ?
- Qu'est-ce que tu as pensé de la fête ?

Mon anniversaire	est le	dix juin.
Pour fêter mon anniversaire	j'ai joué à j'ai regardé	des jeux vidéo. un film au cinéma.
J'ai fêté ça	chez moi au restaurant	avec des amis. avec ma famille.
Nous avons mangé	un gâteau du poisson	et des glaces / frites.
On a aussi	écouté de la musique	et dansé.
On m'a donné	des cartes	et des cadeaux / de l'argent.
J'ai trouvé que c'était	super.	

5 Comment prononcer la lettre *é*. Écoute cette phrase et sépare les mots. Répète-la trois fois. Attention à la prononciation. Réécoute pour vérifier. Refais l'exercice. Traduis la phrase dans ta langue. Apprends la phrase par cœur.

CetétéZoéafêtélepremieranniversairedeChloésonbébé.

6 Envoie un courriel à ton ami(e) français(e) qui décrit comment tu as fêté ton dernier anniversaire. Commence par donner ton âge et la date de ton anniversaire. Pour t'aider, relis le courriel d'Oscar (exercice 1) et change les phrases qu'il utilise.

2D.2 On fait la fête avec les copains

Décollage

★ **Décrire une fête entre copains**
★ **Le passé composé des verbes irréguliers ; le passé composé formé avec *être***

Léo
C'était vraiment super. Un grand merci à tes parents. Moi, j'ai pris des selfies avec tout le monde. On s'est bien amusés. Quand je suis rentré chez moi, ma mère m'a demandé ce qu'on a fait. Je lui ai dit qu'on a écouté de la musique et qu'on a bien rigolé.

Adèle
Je suis arrivée un peu tard et je suis partie un peu tôt. Excuse-moi mais ce n'était pas de ma faute. Mes parents ont voulu que je rentre avant la nuit. C'est pour ça qu'ils sont venus me chercher à huit heures. Ta fête a été super. J'ai pu voir mes anciennes copines et on a beaucoup parlé ensemble. Encore une fois, bon anniversaire !

Mustafa
Je n'ai pas vu Louis à ta fête. Il est allé en vacances ? Juste un petit mot pour te remercier. C'était extra. Excuse-moi, j'ai oublié... tu as eu 15 ans ou 16 ans ? De toutes façons, c'était super. J'ai dû partir rapidement parce que je suis rentré chez moi en voiture avec mon grand frère ! Ce n'est pas grave. On s'est bien amusés.

1 Lis ces trois messages laissés sur Facebook. Qui dit ça ?

Exemple : 1 Mustafa
   1 Je ne me rappelle plus ton âge.
   2 On ne me permet pas de sortir tard le soir.
   3 J'ai pris de bonnes photos.
   4 J'ai été contente de retrouver toutes mes amies.
   5 Comme j'aime beaucoup la musique, c'était parfait.
   6 Mon frère est venu me chercher un peu tôt, à mon avis.
   7 Un de mes copains n'était pas là.
   8 Mes parents ont voulu savoir ce qu'on a fait.

2 On va faire la fête. Écoute ces jeunes qui parlent des préparations pour leurs fêtes. Note les détails en français ou en chiffres.

Exemple : 1 samedi

    1 La fête va avoir lieu ....
    2 Alice est la .... de Sarah.
    3 Alice et Sarah ont déjà choisi la .... pour la fête.
    4 Henri a acheté les .... pour la fête.
    5 Henri est allé faire les courses ....
    6 Henri a commandé la viande pour ....
    7 Hugo a promis d'arriver chez Manon à .... heures.
    8 Hugo a déjà acheté les ....

3 a Le passé composé des verbes irréguliers et le passé composé formé avec *être*. Regarde d'abord les sections grammaire K8.2, K8.4 et K8.5. Copie et complète les huit phrases en utilisant le verbe entre parenthèses au passé composé. Attention ! il y a quatre phrases au passé composé formé avec *être* et quatre phrases au passé composé formé avec *avoir*. Traduis aussi les huit phrases dans ta langue.

Exemple : 1 Ils sont arrivés à l'heure.

1 Ils .... à l'heure. (*arriver*)
2 Elle .... chez moi hier. (*venir*)
3 Il n'.......... pas .... y aller. (*pouvoir*)
4 Tu .... un taxi ? (*prendre*)
5 Tes copains et toi, vous .... tard ? (*partir*)

6 Elles .... venir avec moi. (*vouloir*)
7 J' .... tous les achats. (*faire*)
8 Mon frère et moi .... à pied. (*rentrer*)

3 b Relis les trois messages de l'exercice 1 et note les vingt exemples de verbes utilisés au passé composé. Écris aussi l'infinitif de chacun de ces verbes.

Exemple : J'ai pris – prendre

4 Travaillez à deux. À tour de rôle, pose ces questions à ton / ta partenaire sur la dernière fête à laquelle il / elle a été invité(e).

- C'était quand ?
- Où ?
- Qui a organisé la fête ?
- C'était à quelle occasion ?
- Tu es arrivé(e) à quelle heure ?
- Qu'est-ce que vous avez fait ?
- C'était comment ?
- Ça a fini tard ?
- Comment es-tu rentré(e) chez toi ?

Réponds aussi aux questions de ton / ta partenaire et ajoute, si possible, des détails supplémentaires.

5 Utilise tes réponses de l'exercice 4 pour écrire environ 100 mots à propos de la dernière fête entre copains à laquelle tu as été invité(e).

Pour t'aider	
Le weekend dernier, je suis allé(e) à	J'ai trouvé que c'était ....
C'était à l'occasion de	Ça a fini vers ....
Ça s'est passé .... (où et quand)	Je suis retourné(e) chez moi .... (transport)
On a / On est .... (activités)	

2D.3 Une occasion spéciale

En Vol

★ **Décrire un évènement**
★ **Les accords à faire au passé composé**

Claire Robert et Hugo Marchand, deux acteurs que nous connaissons bien grâce à leur participation aux films d'Alain Rambert, se sont unis pour la vie samedi après-midi à Caderousse. Ils sont tout d'abord allés à la mairie puis ont pris la direction de l'église catholique pour une cérémonie religieuse.

Claire a voulu garder son nom de famille mais y a ajouté celui de son mari. Les voilà donc mariés et nous leur souhaitons bien entendu beaucoup de bonheur.

Ils se sont connus il y a cinq ans mais ne se sont fiancés que l'année dernière. Ils se connaissent donc bien et leur mariage n'a pas été une décision prise à la légère.

La réception qui a suivi la cérémonie a eu lieu au château de Camaret et la journée des trois cents invités plus la famille de chacun des époux a été des plus agréables. Plus tard, ils ont fait un repas de gala, et après, la soirée dansante a commencé. Les mariés ont bien sûr eu l'honneur d'ouvrir le bal et tout le monde a admiré leur style.

Les gens se sont bien amusés. Vers minuit, les nouveaux mariés sont partis sous une pluie de confettis. Les invités ont continué à danser jusqu'à deux heures du matin, puis de nombreux taxis sont arrivés pour les ramener chez eux. Une journée sensationnelle pour tous, mariés et invités.

Vive les mariés !

1 Lis cet article de magazine sur le mariage de deux acteurs célèbres. Réponds aux questions 1-8.

Exemple : 1 Leur nom, leur profession, leur religion.

1 Que savons-nous des mariés ? [3]
2 Comment s'appelle Claire maintenant ?
3 Combien de temps ont-ils attendu avant de se fiancer ?

4 Combien de personnes ont été présentes à la réception ?

5 Qu'est-ce que les invités ont fait à la réception ?

6 Qui a eu l'honneur de la première danse ?

7 Que s'est-il passé au moment du départ des mariés ?

8 À deux heures du matin, qu'est-ce qui est arrivé ?

2 Tu vas écouter Arthur et Inès parler du mariage de Claire et Hugo. Relie les débuts de phrases (1-8) aux fins de phrases (A-H).

Exemple : 1 D

1 Inès a beaucoup aimé

2 Arthur et Inès ont tous les deux

3 Arthur et Inès pensent que

4 Inès a passé le début de soirée avec

5 Plus tard, elle a

6 Arthur a beaucoup apprécié

7 Le groupe a essayé de plaire à

8 Inès est rentrée chez elle fatiguée mais contente de

A la soirée dansante.

B les nouveaux mariés seront heureux ensemble.

C pris beaucoup de photos.

D la robe de mariée.

E sa journée.

F les parents d'Hugo.

G rencontré des amis des parents d'Hugo.

H tout le monde.

3 a Les accords à faire au passé composé. Regarde d'abord la section grammaire K8. Modifie les mots (a) à (j). Ils doivent respecter le sens de la phrase. Attention! il n'est pas toujours nécessaire de changer les mots.

Exemple : a allés

L'année dernière mes parents et moi, nous sommes (a)………. (*aller*) à la fête de fin d'études (b)………. (*universitaire*) de ma cousine Elsa. Nous nous sommes (c)………. (*rendre*) chez elle de bonne heure parce que nous avons dû aider avec les préparatifs. À dix-huit heures tous les invités sont (d)………. (*arriver*) et la fête a commencé. Vers dix-neuf heures (e)………. (*mon*) tante a servi le repas et tous les invités se sont bien (f)………. (*régaler*). J'ai trouvé la nourriture vraiment (g)………. (*délicieux*). Après, on a joué à des jeux (h)………. (*marrant*) et tout le monde a bien rigolé. La fête s'est (i)………. (*terminer*) vers une heure du matin. Je pense que ma cousine s'est très bien (j)………. (*amuser*).

3 b Lis l'article de l'exercice 1 encore une fois et recopie toutes les verbes avec des accords du participe passé. Puis explique les accords.

Exemple : se sont unis

4 Travaillez à deux. A pose les questions et B répond. Ensuite changez de rôle.

1 Décris la photo s'il te plait.

2 Que fait le garçon à droite ?

3 À ton avis, qu'est-ce que les enfants vont faire plus tard ?

4 Parle-moi de la dernière fois que tu as fêté une occasion spéciale avec ta famille ou tes amis.

5 Est-il important selon toi de célébrer des fêtes en famille ? Pourquoi ? Pourquoi pas ?

5 Écris un e-mail à ton / ta correspondante francophone sur une fête à laquelle tu as récemment été invité(e). Écris entre 130 et 150 mots en français. Tu dois mentionner les points suivants :

● Des détails sur la fête

● Comment tu t'es amusé(e)

● Ton opinion sur les fêtes en famille et entre amis

● Une fête que ta famille va bientôt organiser

Embarquement

2E.1 Quel genre de vacances ?

★ **Parler de différents types de vacances**
★ *Au/en* **suivi d'un pays : *au, à la, à l', aux, à***

A
B
C
D
E
F
G
H

1 a Lis ces commentaires sur les vacances. Quelle est la préférence de chacun ? Choisis une image (A-H).

Exemple : 1 E

1 Avec un camping-car, on peut aller où on veut. Ça, c'est un gros avantage. (*Jade*)

2 Moi, j'aime bien me baigner. J'adore les vacances au bord de la mer. (*Jules*)

3 En général, on va à la campagne. C'est bien pour faire des promenades. (*Lola*)

4 Nous, on prend nos vacances à l'étranger. Cette année, on est allés en Italie. (*Clément*)

5 J'aimerais bien partir en vacances avec mes copains. (*Ali*)

6 Faire des randonnées en été et du ski en hiver, c'est super. C'est pour ça qu'on va toujours à la montagne. (*Enzo*)

7 On part toujours en vacances en famille. (*Farah*)

8 Mes parents ont fait une croisière récemment. Moi, les voyages en bateau, ça me plait aussi. (*Liam*)

1 b Relis les commentaires et note quatre lieux de vacances et quatre activités.

2 Écoute six personnes parler de leurs vacances préférées. Copie la grille et complète-la.

	Type de vacances	Destination	Activités	Raison
1	à la montagne	au Canada	le ski	elle est sportive
2				
3				
4				
5				
6				

3 Regarde d'abord la section grammaire A3. Copie les huit phrases et complète-les en ajoutant les bons mots.

Exemple : 1 Elle a pris des vacances au bord de la mer en Espagne.

1 Elle a pris des vacances ………. bord de la mer ………. Espagne.
2 Il est parti ………. Belgique avec ses copains.
3 Elle est allée ………. Inde avec sa famille.
4 Ils ont passé une semaine ………. campagne ………. Canada.
5 Il va faire une croisière ………. îles Caraïbes.
6 Ils vont rester quelques jours ………. hôtel ………. Australie.
7 Nous allons faire un safari ………. Kenya.
8 On a décidé d'aller ………. Bordeaux, ………. France.

4 Ne prononce pas la lettre *s* à la fin d'un mot. Prononce la lettre *s* comme un *z* si le mot suivant commence par une voyelle (a, e, i, o, u). Écoute cette phrase et sépare les mots. Répète-la trois fois. Attention à la prononciation ! Réécoute pour vérifier. Refais l'exercice. Traduis la phrase dans ta langue. Apprends la phrase par cœur.

NousavonspassédesvacancesagréablesavecnosparentsauxAntilles.

5 Travaillez à deux. À tour de rôle, pose ces questions à ton / ta partenaire. Utilise le tableau pour t'aider à répondre aux questions de ton / ta partenaire. Ajoute des détails supplémentaires si possible.

1 Tu préfères quelle sorte de vacances ?
2 Tu aimes aller au bord de la mer ? Pourquoi (pas) ?
3 Quelle est ta destination préférée pour les vacances ? C'est dans quel pays ?
4 Avec qui aimes-tu aller en vacances ?
5 Qu'est-ce que tu aimes faire en vacances ?

Je préfère J'aime Je n'aime pas	aller partir	au bord de la mer à la campagne à la montagne en Espagne / Italie… en vacances	parce que	j'adore je déteste	nager. faire du vélo / cheval.
			avec	ma famille.	
	jouer	au foot / au volley sur la plage.			
	faire	du ski.			

6 Envoie une carte postale à ton ami(e) français(e). Utilise le tableau de l'exercice 5 pour t'aider. Dis-lui :
● où tu es en vacances
● le genre de vacances que c'est
● ce que tu fais
● ce que tu en penses

2E.2 Qu'est-ce que tu fais en vacances ?

Décollage

★ **Parler de ses vacances**
★ **Les expressions avec le verbe *faire***

Les jeunes et les vacances

Joli-coeur

J'aime être en plein air. D'habitude je fais des randonnées et je fais du sport comme de l'escalade ou du kayak. **En famille** nous faisons souvent du camping. L'année dernière nous avons trouvé un superbe emplacement pour notre tente au bord d'un lac à la montagne ! Un soir on a fait un barbecue sous la pluie ! **L'année prochaine on va louer** un camping-car.

Pirate10

Les vacances au bord de la mer c'est l'idéal. J'adore me faire bronzer. J'aime aussi faire des châteaux de sable avec mes petits frères ! Sur la plage **c'est facile de faire la connaissance d'autres ados**. Mais les vacances à la mer ce n'est pas bien **quand il fait mauvais**.

Roi du Surf

J'aime les vacances actives. Par exemple, l'année dernière, j'ai fait du ski nautique et pendant mes prochaines vacances je ferai de l'alpinisme. **Je n'aime pas faire la grasse matinée ! Aussi, ce que je n'aime pas c'est** faire et défaire ma valise !

1 a Lis le blog. Qui dit ça ? Pour chaque phrase écris l'initiale qui correspond. Est-ce que c'est J (Joli-Coeur), P (Pirate10) ou R (Roi du Surf) ?

Exemple : 1 P

Il / Elle…
1 aime rencontrer de nouvelles personnes.
2 aime le soleil.
3 a vraiment aimé l'endroit de ses dernières vacances.
4 va aller à la montagne pour ses prochaines vacances.
5 n'aime pas quand il ne fait pas beau.
6 n'aime pas se réveiller tard le matin.
7 a passé ses dernières vacances à la montagne.
8 n'aime pas préparer son sac.

1 b Traduis les mots et expressions en gras du blog dans ta langue. Il y en a huit.

2 Mes dernières vacances. L'opinion est positive (P), négative (N) ou positive et négative (PN) ? Pour chaque personne, écris P, N ou PN.

Exemple : 1 N

1 Moassim	4 Nora	7 Hugo
2 Pauline	5 Youssouf	8 Maëlla
3 Raoul	6 Leila	

G

3 a Les expressions avec le verbe *faire*. Regarde d'abord la section grammaire K22. Modifie les mots (a) à (j). Attention ! il n'est pas toujours nécessaire de changer les mots.

Exemple : a fait

L'année dernière en vacances, j'ai (a)………. (*faire*) beaucoup de sport. Nous avons passé notre séjour dans un gite près des montagnes. Il a (b)………. (*faire*) très beau presque tous les jours sauf le (c)………. (*dernier*) jour où il a plu. Un jour, j'ai fait de l'escalade et mon frère (d)………. (*avoir*) aussi fait de l'équitation. J'ai trouvé ça (e)………. (*génial*). Pendant les vacances nous (f)………. (*avoir*) fait beaucoup de selfies ! J'aime bien être actif pendant les vacances mais (g)………. (*mon*) sœur préfère (h)………. (*faire*) du lèche-vitrine avec ma mère. L'année (i)………. (*prochain*) nous y retournerons et j'espère que je (j)………. (*faire*) du parapente.

3 b Maintenant relis le blog et recopie toutes les expressions avec le verbe *faire*. Traduis-les dans ta langue.

Exemple : je fais des randonnées

4 Travaillez à deux. Regardez la photo. A pose les questions et B répond. Ensuite changez de rôle.

1 Fais une description de la photo
2 Parle-moi de l'homme à côté de la tente.
3 Qu'est-ce que les enfants ont fait avant la photo, à ton avis ?
4 Et toi, tu aimes faire du camping ? Pourquoi ? Pourquoi pas ?
5 Quelle(s) activité(s) aimerais-tu faire pendant tes prochaines vacances ?

5 Tu écris un courriel à ton ami(e) français(e) pour parler de tes vacances. Dans ton courriel il faut inclure les détails suivants. Utilise des expressions avec *faire*.

- Parle des activités que tu as faites.
- Donne ton opinion sur les activités.
- Décris le temps qu'il a fait.
- Suggère des activités que tu voudrais faire pendant tes prochaines vacances et dis pourquoi.
- Mentionne des activités que tu ne voudrais pas faire pendant tes prochaines vacances et dis pourquoi.

Je fais / On fait / Nous faisons	la connaissance de nouvelles personnes / la grasse matinée / du lèche-vitrine / du sport / du camping / du vélo / ski nautique / de la voile / du cheval / de la natation.
J'ai fait / On a fait / Nous avons fait	
Je vais faire / On va faire / Nous allons faire	des châteaux de sable / des achats / des randonnées / des promenades.
Je ferai / On fera / Nous ferons	
Je voudrais / J'aimerais faire	
Il fait Il a fait Il va faire Il fera	très / vraiment / un peu… beau / chaud / mauvais / froid.

2E.3 Projets de vacances

En Vol

- ★ **Discuter des prochaines vacances**
- ★ **Les verbes irréguliers au futur : l'adverbe *y***

Vue du pont d'Avignon et du Palais des Papes

A Ville historique

Vous serez surpris par cette ville provençale. Vous y verrez non seulement le fameux pont, bien connu de tous grâce à la célèbre chanson « Sur le pont d'Avignon, on y danse, … » mais aussi le Palais des Papes qui a accueilli les papes au quatorzième siècle. Vous pourrez apprécier les anciens remparts toujours intacts qui entourent la ville.

B Promenades

Il y a bien des manières de visiter la ville. Vous prendrez peut-être le petit train qui passe dans les rues commerçantes de la vieille ville. Après cela, vous irez sans doute vous promener dans le jardin du Rocher des Doms qui domine la ville où vous aurez alors, à vos pieds, toute la vallée du Rhône et sa région. N'oubliez pas de faire une promenade en bateau sur le Rhône, vous ne le regretterez pas.

C Ville européenne de la culture

Nommée ville européenne de la culture en l'an 2000, Avignon reste la ville du spectacle. Chaque été, des dizaines de milliers de visiteurs de tous pays y viennent pour assister au Festival d'Avignon. Vous pourrez assister à des spectacles de danse, d'opéra, de musique classique, des pièces de théâtre. Le festival, quant à lui, vous permettra d'explorer des formes artistiques moins traditionnelles. Tous les jours du festival, vous aurez un choix de spectacles énorme. Que ce soit le cinéma, la chanson, le théâtre, la danse, toutes formes d'expression artistique y sont représentées.

D Accès

Avec son aéroport, sa liaison en Eurostar avec Londres et l'autoroute A7 tout près, notre ville est facile d'accès.

Bienvenue à tous et à toutes. Nous vous souhaitons un agréable séjour.

1 Lis cet extrait d'une brochure touristique sur Avignon, une ville exceptionnelle. Relie les affirmations 1-8 aux quatre paragraphes du texte (A, B, C, D).

Exemple : 1 D

- **1** On peut facilement arriver à Avignon en train, en avion ou en voiture.
- **2** Avignon est une ville bien connue pour ses monuments médiévaux.
- **3** Si vous voulez faire les magasins, prenez-le !
- **4** De cet endroit, on a une vue impressionnante sur la Provence.
- **5** Si vous aimez les soirées spectacle, venez nous voir.

6 Dans l'ancien temps, c'était une manière pour la ville de se protéger contre ses ennemis.

7 Le grand public peut y rencontrer toutes les vedettes de renommée internationale.

8 À part le côté historique, c'est une des raisons pour lesquelles la ville reçoit tant de visiteurs chaque année.

2 Tu vas écouter M. et Mme Perrault qui discutent de leurs prochaines vacances à Avignon, puis la conversation privée de leur fils Luc et de leur fille Emma.

Exemple : 1 Parce qu'il est en plein cœur de la ville et que le prix des chambres est raisonnable.

Première partie
1 Pour quelles raisons est-ce que M. Perrault suggère l'hôtel du Rocher ? [2]
2 De quoi s'inquiète sa femme ?
3 Quels aspects de la ville intéressent M. Perrault ?
4 Quelles activités est-ce qu'il suggère pour les trois autres jours de leur visite ? [3]

Deuxième partie
5 Quelle est l'activité qui intéresse Luc et Emma ?
6 Quelles sortes de magasins plaisent à Luc et à sa sœur ? [2]
7 Pourquoi est-ce que Luc n'est pas tenté par une sortie en boite de nuit ?
8 Pourquoi est-ce qu'Emma a peur de s'ennuyer le soir ?

3 Les verbes irréguliers au futur. Regarde d'abord la section grammaire K5, puis réécris les huit phrases au futur.

Exemple : 1 On verra le Palais des Papes.
1 On va voir le Palais des Papes.
2 Vous avez un choix formidable.
3 Ils peuvent assister à toutes sortes de spectacles.
4 C'est vraiment bien.
5 Tu dois absolument trouver un parking.
6 Du Rocher des Doms, nous voyons toute la vallée du Rhône.
7 On envoie des cartes postales à nos amis.
8 Tu viens avec nous ?

4 Travaillez à deux. À tour de rôle, pose des questions à ton / ta partenaire. Demande à ton / ta partenaire :
- où il/elle ira en vacances l'été prochain
- ce qu'il/elle pense de cette idée et pourquoi
- comment il/elle va y aller et avec qui
- s'il/elle séjournera dans un hôtel
- ce qu'il/elle fera comme activités

5 Écris une lettre de 130-150 mots à ton ami(e) français(e) pour lui expliquer ce que tu as l'intention de faire les prochaines vacances d'été. Mentionne :
1 Où tu iras, avec qui et pourquoi cette destination.
2 Combien de temps tu y resteras. Dates.
3 Ce que tu aimerais y faire pendant la journée et aussi le soir. Pourquoi ?
4 Ce que tu as fait pendant les dernières vacances d'été.

Tourist information and directions

2F.1 On va loger où ?

Embarquement

★ **Parler de logement de vacances**
★ **Prépositions de lieu**

A

B

C

D

E

F

G

H

1 Fais correspondre les images A à H aux phrases des vacanciers (1 à 8).

Exemple : 1 C

1 Nous, on est sous la tente. On aime bien faire du camping.
2 Mes parents ont loué un appartement qui est assez loin du centre.
3 On a réservé un gite à la campagne pour une semaine. C'est bien parce qu'il y a une piscine.
4 Avec le camping-car de mon père, on peut s'arrêter où on veut.
5 J'aime les auberges de jeunesse. On s'y fait de nouveaux copains.
6 En vacances, on reste en chambre d'hôte en général.
7 Notre hôtel est en face de la mairie, à côté du centre-ville.
8 L'année dernière, on a passé nos vacances dans une caravane, tout près de la plage.

2 Écoute ces cinq personnes parler de leur logement de vacances. Copie la grille. Ajoute quatre lignes à la grille et complète-la.

	Type de logement	Où
1	camping	à la campagne

3 Les prépositions de lieu. Regarde d'abord les sections grammaire J et A3.1. Copie et complète les huit phrases en choisissant l'expression correcte. Traduis aussi les huit phrases dans ta langue.

du   de la   de l'   des

Exemple : 1 du

1 L'hôtel est situé près .... lac.

2 L'auberge de jeunesse est à un kilomètre .... ville.

3 Notre caravane est au milieu .... terrain de camping.

4 Le gite qu'on a loué est à côté .... école.

5 Notre appartement est loin .... magasins.

6 Le terrain de camping est en face .... terrain de foot.

7 Notre chambre d'hôte est au bord .... mer.

8 On a laissé notre camping-car dans un parking près .... plage.

4 Travaillez à deux. Demande à ton / ta partenaire de te parler de ses dernières vacances. Pose-lui les quatre questions ci-dessous. Corrige sa prononciation et ses fautes de grammaire. Réponds aussi aux questions de ton / ta partenaire. Utilise le tableau pour t'aider et ajoute des détails supplémentaires.

- Où es-tu allé(e) en vacances ?
- Où as-tu logé ?
- C'était où exactement ?
- C'était comment ?

Je suis allé(e)	au bord de la mer à la campagne à la montagne	au Maroc. en Suisse. en Espagne.
J'ai logé	dans un hôtel dans un gite dans une caravane	au bord de la mer. près d'une rivière. dans une forêt.
L'hôtel / Le camping était	en face à côté loin	de la plage. du lac. du centre-ville.
J'ai pensé que	c'était	très bien. super.

5 Comment prononcer les lettres *o / au / aux / eau / eaux*. Écoute cette phrase et sépare les mots. Répète-la trois fois. Attention à la prononciation ! Réécoute pour vérifier. Refais l'exercice. Traduis la phrase dans ta langue.

JojolebeaufrèredeCocoaachetéunnouveaubateauquiestbeau.

6 Imagine que tu es en vacances en ce moment. Écris un courriel à ton ami(e) français(e). Dis-lui :

- où tu passes tes vacances en ce moment
- le type de logement que tu as
- ce que tu penses de tes vacances

Ajoute des détails supplémentaires.

2F.2 Tu passes de bonnes vacances ?

Décollage

★ **Expliquer ce que tu fais pendant les vacances**
★ **Les adverbes de temps et de lieu, y compris l'adverbe y**

Apolline12

Nous, on est allés à une agence de voyages où on a pris des dépliants qui nous ont donné tous les renseignements qu'on voulait. On a décidé d'aller en Italie et on a voyagé en train. On y est restés une semaine et comme on était au bord de la mer, on a pu se baigner et faire de la voile. Le soir, on a mangé au restaurant de notre hôtel. C'était super.

Mathiswisdom

D'habitude, on passe nos vacances en Provence, dans un petit village qui s'appelle Sarrians. Comme mon père connait maintenant le propriétaire du gite, il lui parle directement et organise donc notre séjour là-bas. Il faut trois heures de route pour y arriver. C'est un coin tranquille, à la campagne, que nous aimons bien. Cette année, on va y aller en septembre. C'est un peu tard, à mon avis.

Juliettereine

Mes parents ont décidé de visiter l'Inde l'année prochaine. Aujourd'hui, ils veulent essayer d'obtenir des visas pour toute la famille. Comme c'est loin, c'est un voyage qui est assez cher, bien sûr. Si tout marche bien, on prendra l'avion pour y aller. Moi, j'attends ça avec plaisir.

On va passer les vacances en Inde

---

1 Complète les phrases. Choisis les mots dans la liste. Attention ! il y a sept mots de trop.

Exemple : 1 dépliants

1 Appoline12 a pris des …
2 Ils sont restés une … en Italie.
3 Mathiswisdom passe ses vacances dans un petit … de Provence.
4 Cette année, il va y aller en …
5 La famille de Juliettereine va obtenir des … pour voyager en Inde.
6 C'est un voyage cher car c'est …

semaine	septembre	loin	dépliants	voiture	aout	vacances
visas	près	campagne	village	avion	train	

2 Tu vas entendre Léo, Marine, Antoine et Éva parler de leurs prochaines vacances. Lis les phrases 1-8. Écris l'initiale du nom de la personne qui dit cela (L, M, A ou E).

Exemple : 1 Léo

1 C'est un pays qui me plaît parce qu'il y fait chaud et qu'il y a beaucoup de monuments historiques à visiter.

2 C'est dommage. Je voudrais bien voir l'Afrique.

3 Mon mari aime bien les sites touristiques. Moi, non.

4 Nous, on va aller faire des promenades en montagne au printemps.

5 Pour leur expliquer ce qu'on a décidé, je leur enverrai un courriel.

6 On va passer huit jours dans un hôtel.

7 Je ferai une réservation pour mes vacances dans une agence de voyages que je connais.

8 Nous, on a réservé nos vacances sur Internet.

3 a Les adverbes de temps et de lieu. Regarde d'abord les sections grammaire C2, C4, D3 et D4. Écris les mots des huit phrases dans le bon ordre. Souligne les adverbes de lieu en rouge et les adverbes de temps en noir. Traduis les huit phrases dans ta langue.

Exemple : 1 On y va rarement.

1 Rarement va y on

2 Est tard il trop

3 Vais aujourd'hui aller je y

4 A montagne il aimé toujours la

5 Allons nous aller demain y

6 Tôt trop c'est

7 Fait il dehors froid

8 Tout viens suite de ici

3 b Relis le texte de l'exercice 1 et note quatre exemples de l'utilisation de *y*. Traduis-les aussi dans ta langue.

4 Pose ces questions à ton / ta partenaire. Réponds aussi à ses questions.

1 Où vas-tu en vacances en général ?

2 Où es-tu allé(e) en vacances l'année dernière et avec qui ?

3 Quelles activités as-tu faites pendant tes dernières vacances ?

5 Écris un e-mail à ton ami(e) francophone où tu décris tes dernières vacances. Tu dois mentionner les points suivants :

- Où tu es allé(e) et pour combien de temps
- Comment tu as voyagé et avec qui
- Tes activités de vacances
- Ce que tu as aimé et ce que tu n'as pas aimé
- Si tu y retourneras l'année prochaine

2F.3 Trouver son chemin

Décollage

- ★ **Demander et comprendre des renseignements ; expliquer où se trouvent les endroits en ville**
- ★ *Pour aller à... ? ; ça / cela / ceci / celle-ci ; se trouver*

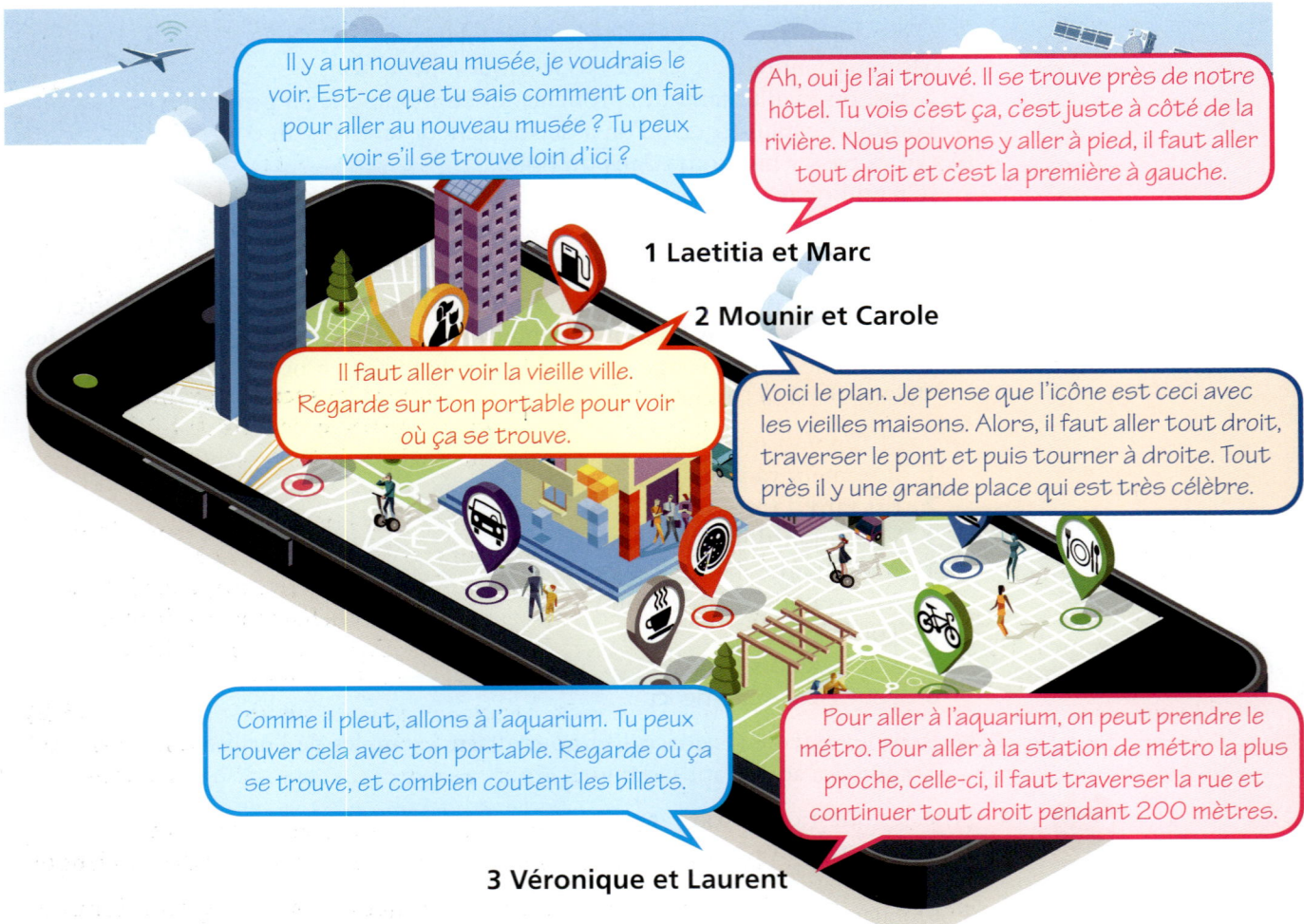

Il y a un nouveau musée, je voudrais le voir. Est-ce que tu sais comment on fait pour aller au nouveau musée ? Tu peux voir s'il se trouve loin d'ici ?

Ah, oui je l'ai trouvé. Il se trouve près de notre hôtel. Tu vois c'est ça, c'est juste à côté de la rivière. Nous pouvons y aller à pied, il faut aller tout droit et c'est la première à gauche.

1 Laetitia et Marc

2 Mounir et Carole

Il faut aller voir la vieille ville. Regarde sur ton portable pour voir où ça se trouve.

Voici le plan. Je pense que l'icône est ceci avec les vieilles maisons. Alors, il faut aller tout droit, traverser le pont et puis tourner à droite. Tout près il y une grande place qui est très célèbre.

Comme il pleut, allons à l'aquarium. Tu peux trouver cela avec ton portable. Regarde où ça se trouve, et combien coutent les billets.

Pour aller à l'aquarium, on peut prendre le métro. Pour aller à la station de métro la plus proche, celle-ci, il faut traverser la rue et continuer tout droit pendant 200 mètres.

3 Véronique et Laurent

1 Lis attentivement les conversations. Complète ces phrases avec les mots qui manquent. Choisis-les dans la liste. Attention ! il y en a trois de trop.

Exemple : 1 près

    1 Le musée est situé .... de l'hôtel.
    2 Le musée se trouve .... de la rivière.
    3 On peut se rendre au musée ....
    4 Il y a une place célèbre à .... de la vieille ville.
    5 Pour se rendre à la vieille ville, il faut traverser le pont et tourner ....
    6 L'aquarium est assez loin, donc il faut y aller ....
    7 Pour arriver à la station de métro, il faut .... 200 mètres.
    8 Pour se rendre à la station de métro, il faut aussi .... la rue.

proximité	marcher	*près*	traverser	en métro	loin de
à côté	tout droit	à pied	à droite	à gauche	

2 Ça se trouve où ? Tu vas entendre trois conversations entre des gens qui discutent où aller et comment trouver leur chemin. Pour chaque dialogue, écris deux lettres. Attention ! il y a une image de trop.

Exemple : 1 D,…

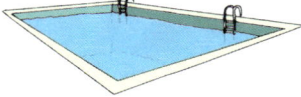

3 a *Se trouver / et les articles définis.* Regarde d'abord les sections grammaire A3.1 et K14. Modifie les mots (a) à (j). Ils doivent respecter le sens de la phrase. Attention! il n'est pas toujours nécessaire de changer les mots.

Exemple : a au

– Bonjour monsieur, je peux vous aider ?
– Oui, pour aller (a)………. (*à le*) stade s'il vous plaît ?
– Le stade (b)………. (*se trouver*) à 1 kilomètre d'ici, direction Paris.
– Merci. Et où (c)………. (*se trouver*) les magasins, s'il vous plaît ?
– Il y a un grand centre commercial (d)………. (*à le*) centre-ville.

– D'accord, merci. Et pour aller (e)………. (*à la*) piscine municipale, s'il vous plaît ?
– La piscine (f)………. (*se trouver*) à côté de la patinoire, dans la prochaine rue à droite.
– Il faut aller jusqu'(g)………. (*à les*) feux ?
– Oui, c'est ça, c'est juste après.
– Et finalement, je voudrais aller (h)………. (*à le*) hôpital ; sur le plan, ça (i)………. (*se trouver*) où ?
– Tournez à droite (j)………. (*à le*) carrefour.

3 b Regarde la section grammaire B6 et trouve les exemples de pronoms démonstratifs dans les conversations de l'exercice 1. Traduis-les dans ta langue.

4 Travaillez à deux. Regardez la photo. A pose des questions et B répond. Ensuite changez de rôle.
  1 Décris cette photo.
  2 À ton avis, qui sont ces gens et qu'est-ce qu'ils font ?
  3 Imagine les questions qu'ils posent et les réponses.
  4 À ton avis, où vont-ils aller après ?
  5 Est-ce qu'il y a des touristes qui viennent dans ta ville ? Qu'est-ce qu'ils veulent savoir ?

5 Écris un e-mail de 60 à 75 mots à ton ami(e) lui expliquant comment venir chez toi de la gare / du lycée / du centre-ville. Utilise les expressions suivantes :
  ● En sortant de la gare / du lycée…
  ● Va tout droit jusqu'à / au / aux…
  ● Prends la 1ère / 2ème à gauche / droite
  ● Ma maison est sur ta gauche / droite

En Vol

2F.4 Pouvez-vous expliquer exactement… ?

★ **Comprendre des instructions plus compliquées**
★ *Cela, ceci, celui / celle ; ci / là*

Numéro 1

— Bonjour, je peux vous aider ?

— Oui, je voudrais un plan de la ville, s'il vous plait.

— Prenez ceci. Je peux vous montrer les endroits à visiter si cela vous va.

— Merci.

— Pour aller au port vous prenez la rue en face et ensuite la première rue à droite. Là vous avez beaucoup de petits restaurants. Est-ce que vous aimez les monuments historiques ?

— Oui, j'aime les églises.

— Alors notre plus belle église est celle-ci. Pour aller à l'église, il faut aller tout droit et monter la côte, pas celle-ci mais celle-là.

Numéro 2

— Excusez-moi, madame, comment aller au musée des beaux-arts ?

— Je vais vous montrer. Vous tournez à gauche en sortant et vous continuez jusqu'au passage pour piétons, pas celui-ci mais celui-là. Après vous tournez à droite dans le passage du musée.

— Merci, cela est très utile.

Numéro 3

— Bonjour, vous voulez des renseignements ?

— Oui, j'aimerais faire une promenade en bateau. Où est-ce qu'il faut aller ?

— Regardez ceci. Là vous avez la route principale, vous la suivez jusqu'au port. Quand vous arrivez au port, vous allez sur ce quai, celui sur la droite, et vous marchez 100 mètres. Là vous avez les bateaux qui font des promenades. Je vous recommande celui-ci, c'est le meilleur et c'est le moins cher.

1 Ces gens demandent des renseignements dans un office de tourisme. Lis les conversations attentivement et réponds aux questions en français.

Exemple : 1 La rue en face de l'office de tourisme.

Numéro 1
1 Quelle rue faut-il prendre pour aller au port ?
2 Le monsieur, quel genre de sites aime-t-il visiter et qu'est-ce qu'il aime en particulier ? [2]
3 Que faut-il faire pour visiter ce monument ?

Numéro 2

4 Où faut-il tourner en sortant ?

5 Le monsieur, où veut-il aller ?

Numéro 3

6 Quelle rue faut-il suivre pour aller au port ?

7 Les bateaux se trouvent sur quel quai ?

8 La dame recommande un bateau. Pourquoi ? [2]

2 Tu vas entendre quatre conversations dans lesquelles les gens donnent des renseignements. Choisis la bonne réponse A-K pour terminer chaque phrase. Attention ! il y a trois réponses de trop.

Exemple : 1 D

Numéro 1

1 Pour arriver à la rue Saint-Jacques, il faut aller jusqu' à ....

2 Après l'hôtel de ville, il faut prendre ....

Numéro 2

3 La jeune femme cherche ....

4 Quand elle sort du magasin, elle doit ....

5 Après 150 mètres, elle doit ....

Numéro 3

6 Le café du Coin se trouve dans ....

7 Pour trouver le café du Coin, il faut continuer ....

Numéro 4

8 Le parking se trouve ....

A la première rue à droite	**D** *l'hôtel de ville*	**G** la rue Garibaldi	**J** traverser la rivière
B la rue Blaise Pascale	**E** jusqu'aux feux	**H** devant le Palais de Justice	**K** tourner à gauche
C tourner à droite	**F** près de la rivière	**I** la rue Victor Hugo	

G

3 Regarde la section grammaire B6. Complète les phrases avec *cela*, *ceci* ou *celui-ci*, *celui-là*, *celle-ci*, *celle-là*.

Exemple : 1 celle-ci

1 « Quelle rue doit-on prendre ? »

« Je pense que c'est ...., devant nous. »

2 « Où veux-tu aller cet après-midi ? »

« Je ne sais pas. .... m'est égal. »

3 « .... est l'endroit que l'on nous a recommandé. »

4 « Quel monument veux-tu visiter, celui-ci ou .... ? »

5 « Quelle est la station la plus proche ? C'est celle-ci ou .... ? »

6 « J'aime aller à la plage. » « Laquelle ? » « .... est la meilleure. »

7 « L'hôtel est très cher, mais ....n'a pas d'importance, c'est ton anniversaire ! »

8 « Tu vois le bâtiment là-bas ? » « Lequel ? .... avec le toit rouge ? »

4 Tu dois écrire 130-150 mots en français.

> Je voulais aller à la plage à pied. Je suis allé(e) à l'office de tourisme pour demander mon chemin. Je n'ai pas écouté tous les renseignements, je n'ai pas trouvé la plage...

Continue l'histoire.

- Donne au moins quatre détails de ta route quand tu es sorti(e) de l'office.
- Après 30 minutes, où étais-tu ? Décris ta situation.
- Comment as-tu retrouvé ton hôtel ?

Vocabulaire

2A.1 Ma famille

l'arbre généalogique (m)	la demi-sœur	le jumeau	le poisson rouge
le chat	la fille	le lapin	la souris
le cheval	le fils	l'oncle (m)	la tante
le chien	la grand-mère	le petit fils	
le demi-frère	le grand-père	la petite fille	

2A.2 Comment sont-ils physiquement ?

âgé(e)	jeune	la moustache	sourire
avoir l'air	joli(e)	moyen(ne)	la taille
la barbe	laid(e)	une oreille	les yeux (m)
les cheveux (m)	les lunettes (f)	petit(e)	
grand(e)	mignon(ne)	ressembler à	
gros(se)	mince	roux (rousse)	

2A.3 Comment sont-ils de caractère ?

agréable	le défaut	la jalousie	pareil(le)
l'apparence physique (f)	désagreable	jaloux (-se)	paresseux (-euse)
avoir un bon sens de l'humour	égoïste	lunatique	pessimiste
la bêtise	énervant(e)	méchant(e)	pire
bruyant(e)	faire plaisir	meilleur(e)	la qualité
le caractère	gentil(le)	menteur (-euse)	le rapport
casse-pieds	grave	mignon(ne)	travailleur (-euse)
changeant(e)	heureux (-euse)	négatif (-ve)	seulement
courageux (-euse)	honnête	optimiste	

2A.4 Les rapports avec les autres

l'amitié (f)	compréhensif /	embêter	pareil(le)
avoir raison	compréhensive	énerver	pénible
avoir tort	complice	énervant(e)	la raison
à cause de	crier	se fâcher	se réconcilier
à propos de	se disputer	fâché(e)	résoudre
au sujet de	s'entendre	la faute	réussir
avoir tendance à	être d'accord	le gout	rigoler
casse-pieds	s'excuser	irritant(e)	rigolo
se chamailler	embêtant(e)	la liberté	tendu(e)

2B.1 Ma routine quotidienne

d'abord	se laver	quotidien(ne)	tôt
s'amuser	se lever	rentrer	tranquillement
l'après-midi (m)	le matin	se reposer	vers
se brosser les dents	prendre le petit déjeuner	rester au lit	vite
se brosser les cheveux	prendre une douche	se réveiller	le weekend
se coucher	prendre un gouter	la routine	
se doucher	puis	le samedi	
ensuite	quelquefois	tard	
s'habiller	quitter (la maison)	tout de suite	

2B.2 Range ta chambre !

aider
balayer
les courses
débarrasser (la table)
dégoutant(e)
en désordre
donner à manger à
le drap

faire (le lit)
garder (un enfant)
hygiénique
la lessive
le ménage
mettre (le couvert)
monter dans sa chambre
le nettoyage

nettoyer
s'occuper de
par terre
passer l'aspirateur
la poussière
préparer à manger
propre
ranger (la chambre)

remplir (le lave-linge)
le repassage
sale
sortir (la poubelle)
la tâche ménagère
tondre (la pelouse)
la vaisselle
le vêtement

2B.3 J'aide à la maison

les affaires (f)
aider
allumer la télé
l'argent de poche (m)
en avoir marre
débarrasser la table
faire les courses
faire le jardinage
faire le lit

faire le ménage
faire le repassage
faire la vaisselle
s'entendre bien avec…
les jumelles (f)
s'inquiéter
laver la voiture
mettre la table
nettoyer (la salle de bains)

s'occuper de…
les ordures (f)
oublier
paresseux (-euse)
passer l'aspirateur
préparer à manger
promener le chien
propre
ranger (la chambre)

rentrer la lessive
sale
sortir la poubelle
les tâches ménagères
tondre la pelouse
vider le lave-vaisselle

2C.1 Mon temps libre

la batterie
la bibliothèque
le centre commercial
le copain (la copine)
l'équipe (f)

faire les magasins
génial(e)
l'instrument (m)
jouer à/de
la maison des jeunes

la natation
le passe temps
passer
le patin à glace
la patinoire

la piscine
préféré(e)
le temps libre
le tennis de table
le théâtre

2C.2 Tu veux sortir ?

l'activité culturelle (f)
ancien(ne)
l'après-midi (m)
arranger
avoir lieu
se baigner
barbant(e)
le cadeau
chercher

devoir
donner un coup de téléphone
emmener
ensemble
espérer
faire la fête
faire les magasins
faire un tour
la fête foraine

le matin
se passer
la patinoire
la place
plaire à
plein de
pouvoir
se rencontrer
rencontrer

la semaine
si
la soirée
sortir
le temps libre
visiter
se voir
vouloir

2C.3 Je ne m'ennuierai pas !

l'ado
s'amuser
avoir envie de
avoir hâte de
avoir l'intention de
l'atelier (m)
le bénévole
la compétition
dehors

en plein air
espérer
se faire de nouveaux amis
formidable
génial
les grandes vacances (f)
gratuitement
l'inscription (f)
s'inscrire

la journée
laisser
l'organisateur (m)
participer à
passer son temps à
le patin à roulettes
la planche à voile
la plongée
profiter

rencontrer de nouvelles
    personnes
le renseignement
le skate
le ski nautique
un tas de
le tournoi
le volontaire
vouloir

2D.1 Jours de fêtes

acheter	la carte	fêter	Noël
Aïd	célébrer	le feu d'artifice	*l'occasion (f)*
un anniversaire	chanter	la journée	le portable
l'argent (m)	danser	le mariage	rencontrer
le cadeau	la fête	*musulman(e)*	la soirée

2D.2 On fait la fête avec les copains

à l'heure	discuter	*s'organiser*	rigoler
l'ambiance (f)	durer	*planifier*	s'inquiéter
s'amuser	envoyer	*se prendre en photo*	se rappeler
attendre avec impatience	être en retard	*prendre des selfies*	remercier
la boisson	la fête	*prendre un taxi*	tard
cuire	l'invitation (f)	préparer	tôt
décorer	l'invité (m)	promettre	la viande
les décorations (f)	la nourriture	*retrouver ses amis*	
dire merci	l'occasion	*se retrouver entre amis*	

2D.3 Une occasion spéciale

l'ambiance (f)	*étonnant(e)*	la mairie	se rendre à
s'amuser	l'évènement (m)	mémorable	le repas
avoir lieu	festif (-ve)	la nourriture	rigoler
le bal	la fête	offrir	sensationnel(le)
le bonheur	fêter	se passer	servir
le cadeau	se fiancer	passer un bon moment	souhaiter
célébrer	heureux (-euse)	*les préparatifs*	se souvenir
chaleureux (-euse)	inoubliable	ramener	suivre
convivial(e)	l'invité(e)	la réception	*s'unir*
épouser	jouer à des jeux	*se régaler*	

2E.1 Quel genre de vacances ?

le bord de la mer	découvrir	explorer	la plage
la campagne	la destination	faire du cheval	la randonnée
le camping-car	éducatif (éducative)	louer	le voyage
le coin	à l'étranger	la montagne	
la croisière	l'endroit (m)	le pays	

2E.2 Qu'est-ce que tu fais en vacances ?

le camping-car	faire du kayak	faire du lèche-vitrine	se faire des amis
l'emplacement (m)	faire du vélo	faire de l'équitation	s'ennuyer
écrire un blog	faire du cyclisme	*faire / prendre des selfies*	profiter
envoyer des textos / des	faire du cheval	faire la connaissance de	le gîte
cartes postales	*faire du camping*	faire du ski nautique	louer
faire des randonnées	*faire un barbecue*	*faire de l'alpinisme*	la location
faire du sport	*faire du parapente*	*faire la grasse matinée*	le plein air
faire de l'escalade	faire des châteaux de sable	faire / défaire sa valise	le séjour
faire de la natation	faire des achats	se faire bronzer	la tente

2E.3 Projets de vacances

accueillir	le choix	la pièce de théâtre	*tenter*
assister	le cœur	plaire	la vedette
l'autoroute (f)	garer	*la renommée*	*la vue*
avoir peur	impressionnant(e)	la rue commerçante	
la boite de nuit	s'inquiéter	séjourner	
la carte postale	passionner	le spectacle	

2F.1 On va loger où ?

l'appartement (*m*)	la campagne	le logement	le terrain de camping
s'arrêter	*le camping-car*	loger	tranquille
au milieu de	la caravane	loin de	*le vacancier*
l'auberge de jeunesse (*f*)	la chambre d'hôte	louer	
le bruit	le gite	la tente	

2F.2 Tu passes de bonnes vacances ?

se baigner	c'est dommage	la location	la réception
au bord de la mer	donner sur	la mer	rencontrer
le balcon	la douche	louer	la réservation
la brochure	l'étranger (m)	partir	réserver
(se faire) bronzer	l'excursion (f)	le passeport	rester
la climatisation	faire du camping	passer	le séjour
complet / complète	faire la connaissance de	le pays	visiter
compris(e)	inclus(e)	la plage	voir
le dépliant	libre	quinze jours	la vue (sur)

2F.3 Trouver son chemin

à côté de	la gendarmerie	le plan de la ville	la route
à droite	l'hôtel (*m*) de ville	le pont	la rue
à gauche	loin (de)	le port	tout droit
à pied	la mairie	Pour aller à… ?	traverser
le carrefour	le musée	la première (rue) à gauche /	se trouver
le centre ville	l'office (*m*) de tourisme	droite	la vieille ville
le château	la patinoire	près de	la zone piétonne
continuer	la piscine	prochain(e)	
en face	la piste cyclable	la rivière	
le feu rouge / les feux	la place (du marché)	le rond-point	

2F.4 Pouvez-vous expliquer exactement… ?

le bâtiment	*indiquer*	le plan (de la ville)	suivre
la colline	là (là bas)	recommander	le toit
ensemble	le monument	les renseignements (*m*)	tourner
les feux (*m*)	le passage pour piétons	retrouver	

✈ *Décollage*

La Martinique, où règnent la nature et la musique

Ma nouvelle vie

La ville de Fort-de-France

Il y a deux mois, je suis arrivée en Martinique pour y **1**......... . Je suis infirmière à l'hôpital de Fort-de-France, la **2**......... de la Martinique.

J'aime bien mon boulot, mais ce que j'**3**......... encore plus, c'est le weekend. Ici, on est entourés par la mer et les plages sont superbes. Comme le climat le permet, on fait des barbecues entre copains et ça me donne aussi l'occasion de **4**......... des gens et de me faire de nouveaux amis.

Je trouve les gens vraiment sympas dans l'ensemble. Le seul problème est que la plupart des locaux **5**......... créole. Je me suis donc inscrite à un cours de langue et je commence à me débrouiller.

La ville de Fort-de-France est jolie et très animée. Il y a des **6**......... de fruits et légumes, d'épices et de poissons.

On peut, bien sûr, faire toutes sortes d'activités nautiques. La cuisine est bien différente de la cuisine française mais très **7**......... . Pour ceux qui aiment sortir le soir, à part les **8**......... il n'y a pas grand-chose. Il y a le théâtre mais pour ce qui est des boites de nuit par exemple, ce n'est pas comme à Paris ! Moi, ça ne me dérange pas. Je préfère avoir une vie **9**......... et être entourée de **10**......... . Quand je ne suis pas au travail, j'en profite beaucoup.

Une plage de rêve

1 Lis le blog d'Anaïs qui nous parle de sa vie en Martinique et complète-le en choisissant les bons mots de liste. Attention ! il y a trois mots de trop.

rencontrer	apprécie	marchés	restaurants	capitale
calme	parlent	bonne	nature	
ile	travailler	est	animée	

Quatre incontournables*

A

À Sainte-Marie, vous découvrirez un endroit original. Vous apprendrez tout sur ce fruit local, de la plantation à la consommation. La visite est guidée et vous serez invité à y gouter. Saviez-vous qu'il en existe plus de soixante variétés ?

B

Partez de bonne heure le matin pour faire une randonnée de cinq heures. Prenez des bouteilles d'eau et un piquenique avec vous. N'oubliez pas l'anti-moustique pour la partie mangrove. Vous aurez de très belles vues de la mer et vous verrez un grand nombre d'espèces végétales et d'oiseaux.

C

Passez la matinée à observer ces animaux de notre bateau. Leur ballet aquatique est impressionnant et chaque fois différent. Après, nous vous invitons à une pause baignade et à prendre une boisson fraiche avec nous.

D

C'est l'endroit idéal pour s'initier à ce sport. L'eau est chaude, la visibilité est excellente. Dans le sud de l'île, il y a des sites en couleurs avec des plateaux de corail. La meilleure saison est de novembre à juin.

* un incontournable – quelque chose de fantastique, à ne pas manquer

2 Lis les détails de ces quatre incontournables, puis fais correspondre les sous-titres (1-4) aux incontournables (A-D).

1 La plongée sous-marine

2 Le parc naturel régional

3 Le musée de la banane

4 Les dauphins

Mets-toi au défi. Voici des informations sur la musique antillaise. À toi de faire correspondre les informations et les images !

En Martinique, la musique semble être toujours présente. Elle comprend différents styles et, comme la musique des autres iles des Caraïbes telles que la Guadeloupe et la Jamaïque, elle est appréciée de tous.

A Le zouk est un genre musical et aussi une danse. C'est le style musical martiniquais le plus connu.

B Le bèlè est une musique traditionnelle qui a pour origine les esclaves africains. Son rythme est donné par un tambour.

C Le créole jazz est un style inspiré du jazz américain.

D Le kako est une musique qui mélange le traditionnel et le moderne, telle que la musique électronique.

E Le chouval bwa est une musique à base de tambour, de flute de bambou, d'accordéon et de kazoo.

En Vol

La Provence : la région que tout le monde veut visiter

1 La Provence est une région qui est située dans le sud-est de la France. C'est une région chargée d'histoire. On y trouve des monuments qui datent de l'époque romaine, tels que le théâtre antique d'Orange que le roi Louis XIV appelait « le plus beau mur de la France ». Il y a aussi des monuments du Moyen-Âge, comme le Palais des Papes en Avignon où les papes ont résidé au quatorzième siècle.

2 Châteauneuf-du-Pape est un village à une vingtaine de kilomètres d'Avignon, bien connu pour ses vignobles et son vin mais aussi pour le château que les papes utilisaient quand ils n'étaient pas à Avignon.

3 C'est une région au climat méditerranéen. Il y fait chaud et sec en été, assez froid en hiver à cause du Mistral, un vent froid qui vient du nord, et plutôt doux pendant le printemps et l'automne. Le climat attire beaucoup de touristes, surtout dans les stations balnéaires.

4 Le festival d'Avignon et les Chorégies d'Orange sont des attractions annuelles et des spectacles de toutes formes d'expression artistique y sont appréciés.

5 C'est aussi une région qui a sa propre langue, le provençal, peu parlée aujourd'hui mais que nos arrière-grands-parents connaissaient bien.

6 Beaucoup de Provençaux ont un accent assez prononcé quand ils parlent français. Il est très différent de l'accent des autres régions mais n'est pas difficile à comprendre.

7 C'est une région variée. Le Mont Ventoux est une montagne dont le sommet est à presque 2000 mètres d'altitude. Il domine la vallée du Rhône et ses routes sont parfois utilisées par la célèbre course cycliste appelée le Tour de France. Plus au sud, en Camargue, c'est complètement différent. C'est une réserve naturelle où vous pouvez voir des flamands roses, des chevaux blancs sauvages et des taureaux. Venez visiter la Provence, vous ne le regretterez pas !

1 Fais correspondre les sept sous-titres (A-G) aux sept paragraphes de l'article (1-7).

A Le temps qu'il y fait

B L'accent provençal

C Sa langue

D Son aspect historique

E Sa variété géographique

F Ses vins

G Les évènements artistiques

Le taureau piscine

Le taureau piscine est un sport pour le grand public. Cela se passe au printemps ou en été aux arènes de Nîmes, d'Arles, ou du Grau-du-Roi par exemple. Au milieu des arènes, on a mis une petite piscine en plastique. Bien que cette occasion s'appelle « taureau piscine », on utilise une petite vache. Les vaches sont moins agressives que les taureaux. Le but est de faire traverser la piscine à la vache. Pour cela, si vous voulez y participer, attirez l'attention de la vache qui va vous courir après, traversez la piscine et la vache vous suivra. Si vous y arrivez, vous gagnerez un prix. Plus c'est difficile, plus le prix est élevé. Bonne chance !

Taureau piscine en action

Vous voulez gagner un prix à un taureau piscine ?
Remettez ces conseils dans le bon ordre. Bonne chance !

1 Vous devez traverser la piscine.
2 Vous devez entrer dans l'arène avec beaucoup de confiance.
3 Vous devez courir dans l'arène en direction de la piscine et la vache doit vous suivre.
4 Vous devez tout d'abord attirer l'attention de la vache.
5 Vous devez vous échapper rapidement de l'arène sans être blessé(e).
6 La vache doit continuer à vous suivre et traverser aussi la piscine.

Le festival d'Avignon

	Que pensent ces jeunes du festival d'Avignon ?
GabyL	Les spectacles auxquels on a assisté étaient super. Cependant, pendant la période du festival, il faut dire que le prix des chambres d'hôtels ou des repas au restaurant sont trop élevés. À part ça, une animation dans la ville extraordinaire et une ambiance de fête.
AnnieTa	Le problème, c'est que les billets pour les spectacles sont devenus trop chers. Pour le festival OFF, par contre, les prix sont plus raisonnables.
HenriX	Vous avez raison, AnnieTa, et les spectacles sont aussi bons sinon meilleurs. Nous, on a fait du camping à l'extérieur de la ville. Comme ça, ça va, on peut rester la semaine.
Enzo32	Si vous voulez voir un grand spectacle, il faut être prêt à payer. Moi, je préfère assister à un seul spectacle mais voir quelque chose d'exceptionnel.
Mathisocial	Ce qui me plait le plus, c'est l'ambiance qu'il y a en ville plutôt que les spectacles. Pendant la saison du festival, il y a énormément de monde qui est là pour se détendre. Je trouve ça vraiment sympa.

2 **Qui dit ça ?**

1 Je n'ai jamais assez d'argent pour les grands spectacles du festival « in ».

2 Moi, je ne suis pas ici pour les spectacles.

3 Pendant cette période, ils profitent des touristes et tout augmente.

4 On n'a pas pu s'offrir une chambre d'hôtel.

5 La qualité du spectacle, ça se paie.

Coin examen 2.1

Apprendre à écrire une petite rédaction

Introduction

Pour l'examen écrit, tu dois écrire deux rédactions. Les exercices de cette section vont te familiariser avec le premier qui doit être de 60 à 75 mots. Un seul sujet de rédaction et quatre mots et expressions te sont offerts. Tu dois utiliser tous ces mots et expressions.

1 a Travaillez à deux. Étudiez cet exemple du genre de travail écrit que vous devez faire dans votre examen.

Ma famille et mes amis

| en général | le weekend | les prochaines vacances | la semaine dernière |

Tu écris un e-mail de 60 à 75 mots en français à ton / ta correspondant(e) pour présenter ta famille et tes amis.

Tu dois employer tous les mots ci-dessus.

1 b Lis la liste de stratégies et classe-les en quatre catégories.

Exemple : A : 2,…

A Utiles pour la préparation avant l'examen

B Utiles avant de commencer à écrire

C Utiles pendant l'écriture de la rédaction

D Utiles une fois la rédaction finie

---

1 Lis les instructions avec soin.

2 Cherche les mots dont tu as besoin dans un dictionnaire, note-les et apprends-les.

3 Assure-toi que tu connais les temps des verbes et leurs terminaisons.

4 Fais attention d'employer tous les mots ou expressions présentés.

5 Écris le titre – ça t'aidera à te concentrer

6 Essaie de donner et justifier ton opinion

7 Écris un paragraphe pour chaque mot ou expression.

8 Relis ce que tu as écrit et vérifie que ton travail ne contient pas de fautes d'orthographe ou de grammaire.

9 Vérifie que tu as inclus une variété d'adjectifs et que tu as fait les accords.

10 Écris entre 60 et 75 mots en français.

11 Écris des phrases complètes. Chaque phrase doit inclure au moins un verbe.

12 Identifie les temps (présent, passé, futur) que tu vas utiliser.

13 Pour écrire des phrases plus intéressantes, utilise des mots comme *et, mais, parce que, car.*

14 Utilise une ou deux formes négatives.

Réponses possibles

2 Lis ces deux réponses à l'exercice 1a. Laquelle est la meilleure ? Réfère-toi à la liste de stratégies pour t'aider à décider.

> Salut,
>
> Dans ma famille on est cinq. Il y a mon frère, ma demi-sœur, ma belle-mère et mon père. En général, on s'entend très bien. Mon meilleur copain s'appelle Henri. Il est vraiment sympa. Pendant les vacances scolaires, on va en famille au bord de la mer. On y reste une semaine. Après ça, je reste à la maison. Et toi ?
>
> Luc

> Salut,
>
> Pour répondre à tes questions, on est cinq dans ma famille. Mes parents, mon frère, ma sœur et moi. En général on s'entend bien.
>
> J'ai beaucoup d'amis mais je m'entends particulièrement bien avec Henri. En fait, on ne se dispute jamais.
>
> Souvent, le weekend, on va au cinéma sauf la semaine dernière où on a joué au foot.
>
> Pendant les prochaines vacances, je vais partir au bord de la mer avec mon père où on fera du camping. Et toi ?
>
> Luc

À toi !

3 a Regarde la question et la réponse ci-dessous. Discutes-en avec ton / ta partenaire. Réfère-toi à la liste de stratégies pour décider comment en écrire une meilleure.

anniversaire	l'année dernière	l'année prochaine	en famille

Tu écris une réponse de 60 à 75 mots en français au sujet de tes fêtes préférées.

Tu dois employer tous les mots ci-dessus.

> Mes fêtes préférées sont mon anniversaire et le Nouvel An. J'aime surtout le Nouvel An. On va chez des voisins. Quelquefois on se retrouve en famille. L'année, dernière, ma tante est venue chez nous. On a mangé. On a fait la fête. À minuit on a regardé des feux d'artifices. L'année prochaine, mes grands-parents viendront chez nous. On va aussi inviter des voisins.

3 b Écris une réponse à l'exercice 3a toi-même.

3 c Compare ton travail à celui de ton / ta partenaire.

3 d Refais l'exercice pour produire une réponse parfaite !

Coin examen 2.2

L'examen de grammaire

Introduction

Les exercices de cette section vont te familiariser avec le format de l'examen. On t'offre des exercices sur l'accord des adjectifs, les verbes au présent et les temps des verbes et les expressions temporelles.

L'accord des adjectifs

> → Trouve le nom que décris l'adjectif.
> → Pense au genre (masculin ou féminin) et au nombre (singulier ou pluriel).
> → N'oublie pas qu'un adjectif masculin singulier ne change pas.

1 a Travaillez à deux. Lisez le paragraphe ci-dessous.

● Trouvez les deux adjectifs qui ne vont pas changer parce qu'ils sont masculins singuliers.

● Trouvez les quatre adjectifs qui vont terminer en 's' parce qu'ils décrivent un nom pluriel.

● Décidez si c'est un garçon ou une fille qui écrit. Comment savez-vous et pourquoi est-il important de savoir si c'est une fille ?

1 b Modifie les mots (a) à (j). Ils doivent respecter le sens de la phrase. Attention ! il n'est pas toujours nécessaire de changer les mots.

Exemple : (a) ménagères

J'en ai vraiment marre ! Je suis une collégienne de seize ans qui a beaucoup de devoirs mais mes parents m'obligent toujours à faire des tâches (a)………. (*ménager*). Je comprends bien qu'ils sont (b)………. (*fatigué*) après le travail et qu'avoir une maison bien (c)………. (*rangé*) est agréable, mais ils sont vraiment (d)………. (*strict*). Ils ne comprennent tout simplement pas que mes devoirs sont (e)………. (*important*). Je suis (f)………. (*épuisé*) à la fin de la journée. En plus, mon frère de quatorze ans est extrêmement (g)………. (*paresseux*) et ne fait rien. Il est complètement (h)………. (*gâté*) à mon avis. C'est à cause de lui que la maison est en désordre. Ma sœur (i)………. (*cadet*), elle, est beaucoup plus (j)………. (*gentil*) mais elle a cinq ans et ne peut pas vraiment aider. Ce n'est pas juste !

Les verbes au présent

> → Apprends les terminaisons des verbes au singulier au présent avant l'examen.
> → Apprends les terminaisons des verbes au pluriel au présent avant l'examen.
> → N'oublie pas que certains verbes comme les verbes modaux (*vouloir, pouvoir, devoir* et *savoir*) sont suivis de l'infinitif.

2 Modifie les mots (a) à (j). Ils doivent respecter le sens de la phrase. Attention ! il n'est pas toujours nécessaire de changer les mots.

Exemple : (a) célèbre

Aujourd'hui, je (a)………. (*célébrer*) mon anniversaire. Moi, j'(b)………. (*adorer*) fêter mon anniversaire. J'invite toujours beaucoup d'amis et on fait la fête à la maison. Chaque année, ma mère (c)………. (*faire*) un grand gâteau d'anniversaire et d'habitude nous (d)………. (*manger*) de la pizza. Cependant, cette année, on (e)………. (*aller*) tous au cinéma en ville. Le seul problème, c'est que mes amis et moi nous (f)………. (*aimer*) des films différents. Claire, par exemple, veut toujours (g)………. (*voir*) une comédie romantique mais Xavier et Lucas, eux, (h)………. (*préférer*) les films d'action. Malheureusement Sandrine ne peut pas (i)………. (*venir*) cet après-midi parce qu'elle (j)………. (*devoir*) rendre visite à sa grand-mère.

➔ Certaines expressions temporelles indiquent le futur.
➔ Certaines expressions temporelles indiquent le passé.
➔ Certaines expressions temporelles indiquent le présent.

Les temps des verbes

➔ N'oublie pas qu'avec le futur proche, le deuxième verbe ne change pas.
➔ Avec le passé composé il y a toujours un participe passé. Pense à l'accord !
➔ Assure-toi que tu sais comment former le futur.

3 a Lis les expressions temporelles ci-dessous. Décide quel temps il faut utiliser avec chaque expression : le futur, le passé ou le présent. Ensuite traduis-les dans ta langue. Attention ! avec certaines expressions temporelles, on peut utiliser plus d'un temps.

Exemple : demain – le futur, le présent

demain	hier	après-demain
à l'avenir	cet après-midi	en ce moment
avant-hier	l'année prochaine	
aujourd'hui	la semaine dernière	

3 b Modifie les mots (a) à (j). Ils doivent respecter le sens correct de la phrase. Attention ! il n'est pas toujours nécessaire de changer les mots.

Salut, ici Karine. Moi, j'(a)………. (*attendre*) avec impatience les vacances de Noël quand ma famille et moi (b)………. (*passer*) deux semaines chez ma tante en Australie. Ce (c)………. (*être*) super. La semaine prochaine je vais (d)………. (*aller*) en ville avec ma mère pour (e)………. (*acheter*) de nouveaux vêtements. L'année dernière on (f)………. (aller) en Écosse. J'y (g)………. (*rencontrer*) plein de gens sympas et le paysage était très beau, mais il (h)………. (*pleuvoir*) tous les jours ! Normalement, en décembre en Australie, il (i)………. (*faire*) super beau. S'il pleut, je (j)………. (*aller*) être vraiment déçue !

Une question de grammaire typique

4 Modifie les mots (a) à (j). Ils doivent respecter le sens de la phrase. Attention ! il n'est pas toujours nécessaire de changer les mots.

En ce moment, j'ai beaucoup d'amis qui (a)………. (*être*) tous très (b)………. (*gentil*) mais complètement différents l'un de l'autre. (c)………. (*Considérer*) par exemple Michel qui est vraiment marrant mais plutôt (d)………. (*paresseux*) pendant que sa sœur Marcelle est extrêmement (e)………. (*courageux*) comme fille. Hier, ils (f)………. (*venir*) chez moi et Marcelle m' (g)………. (*aider*) à préparer à manger mais Michel, lui, (h)………. (*s'asseoir*) devant la télé. J'ai du mal à croire qu'ils sont frère et sœur des fois. Demain, je vais (i)………. (*aller*) en ville avec Annie et Joséphine qui sont gentilles mais très (j)………. (*têtu*).

Coin examen 2.3

Apprendre à décrire une photo

Introduction

Pour cette partie de l'examen oral, tu dois choisir ta propre photo. On te posera cinq questions au sujet de la photo. Il te faudra :

1 décrire la photo d'une manière générale
2 ajouter des détails particuliers
3 parler du passé ou de l'avenir
4 donner ton opinion
5 discuter du thème en question

Voici les stratégies qui t'aideront à choisir une bonne photo.

> → Choisis une photo qui est liée à un des thèmes d'Edexcel que tu as étudiés
> → Choisis une photo qui montre plusieurs personnes
> → Choisis une photo où les gens font quelque chose
> → Choisis un endroit que tu pourras décrire facilement

Regarde la photo ci-contre. À ton avis, elle est liée à quel thème ?

Décrire d'une manière générale la photo

> **Les personnes**
> → Dis qui tu vois – Ce sont des hommes, des femmes, des filles ou des garçons ? Ils ont environ quel âge ?
> **L'endroit**
> → L'endroit. Dis où ils sont ?
> **L'activité**
> → Utilise le présent pour dire ce qu'ils font.

1 Décris-moi la photo. Utilise les couleurs ci-dessus.

Réponse possible : Il y a une petite fille d'environ huit ans et deux adultes, un homme et une femme, je pense. C'est peut-être une mère, un père et leur fille. J'ai l'impression qu'ils sont en vacances mais ce sont les vacances d'hiver car il y a de la neige et ils font tous du ski. À mon avis, ils sont en France, dans les Alpes ou bien dans les Pyrénées.

Ajouter des détails particuliers

> → Décris les vêtements des gens.
> → Donne une description plus détaillée des activités.

Maintenant, ajoute des détails. Décris des vêtements et les activités. Utilise des adjectifs et des adverbes.

2 a Que porte la fille ?

Réponse possible : La fille porte une combinaison de ski bien colorée et pratique – elle est rose et bleue. Elle porte aussi une casquette rose, ce qui est important quand on fait du ski. En fait, ils portent tous des combinaisons de ski bien colorées ainsi qu'une casquette.

2   b   Que fait la personne au pantalon vert ?

Réponse possible : La personne au pantalon vert suit la petite fille. Elle l'encourage peut-être. J'ai impression qu'elle fait du ski depuis longtemps mais que la petite fille apprend seulement et est moins sure d'elle.

Parler du passé ou de l'avenir

→ Sois prêt(e) à donner ton opinion sur ce qui est arrivé avant.
→ Sois prêt(e) à donner ton opinion sur ce qui va se passer après.

3   a   À ton avis, qu'est-ce qui est arrivé juste avant **?**

Réponse possible : Moi, je pense que la fille avait peut-être un peu peur et qu'elle n'a pas voulu partir. Elle est peut-être tombée. Ses parents lui ont peut-être dit de ne pas s'inquiéter et qu'elle skie bien.

3   b   À ton avis, qu'est ce qui va se passer maintenant ?

Réponse possible : Je pense qu'ils seront tous un peu fatigués et iront peut-être au café pour prendre un chocolat chaud et pour bavarder un peu. Ils mangeront aussi. Plus tard, quand ils seront moins fatigués, ils feront peut-être encore du ski.

Donner ton opinion

→ Sois prêt(e) à parler de quelque chose de pareil qui t'est arrivé.
→ Sois prêt(e) à parler de quelque chose dont tu as entendu parler.
→ Sois prêt(e) à parler d'une histoire pareille.

4   As-tu déjà fait du ski ? Ou connais-tu quelqu'un qui a déjà fait du ski ? Décris comment se sont passées ses vacances.

Réponse possible : Il y a vingt ans, mes parents sont partis en Autriche pour faire du ski. Malheureusement, mon père est tombé le premier jour et s'est cassé la jambe. Il a dû passer deux semaines à l'hôtel et n'était pas du tout content. Ma mère, elle, s'est très bien amusée et a passé de très bonnes vacances.

Discuter du thème en question

→ Sois prêt(e) à penser aux aspects positifs et négatifs du sujet.
→ Sois prêt(e) à donner ton avis.

5   Selon toi, quels sont les pour et les contre de faire du ski ?

Réponse possible : D'une part, c'est super marrant et bouger, c'est bien pour la santé. Cependant, d'autre part, ça peut être dangereux. C'est vrai qu'on peut bien s'amuser et apprendre comment faire un nouveau sport mais il faut faire attention. Beaucoup de gens tombent et se cassent la jambe ou bien le bras. En plus, ça coute assez cher et il fait plutôt froid à la montagne en hiver. Personnellement, je préfère aller à la plage en été.

À toi !

6   a   Regarde la photo ci-contre. À ton avis, elle est liée à quel thème ?

6   b   Travaillez à deux. Relisez les questions 1 à 5. Ensuite écrivez des questions au sujet de cette photo.

6   c   Pose des questions de l'exercice 6b. Ton / Ta partenaire répond. Changez de rôle.

3A.1 Je vais en ville

Embarquement

> ★ **Parler des bâtiments et des installations en ville**
> ★ **Les conjonctions**

1 Regarde les images. Complète les phrases avec le bon mot de la liste. Attention ! il y a huit mots de trop.

Exemple : 1 poste

1 Ma mère cherche la .... car elle veut acheter des timbres.
2 Je dois être à la .... à 10 heures parce que mon train part à 10h15.
3 La .... se trouve en face du lycée mais je n'y vais jamais.
4 L'.......... ? C'est un vieux bâtiment en centre-ville. Quand vous arrivez au carrefour, tournez à gauche.
5 Beaucoup d'enfants aiment jouer au .... ou bien aller à la piscine.
6 Mon frère est étudiant, alors il passe beaucoup de temps à la ....
7 Je veux acheter des provisions donc je vais au ....
8 Excusez-moi ! Nous sommes en vacances et ne connaissons pas la région. Où se trouve l'.......... , s'il vous plaît ?

office de tourisme	hôtel de ville	gare	théâtre
piscine	*poste*	supermarché	musée
magasins	bibliothèque	centre sportif	collège
gendarmerie	parc	zoo	cinéma

2 Tu vas entendre quatre conversations dans un office de tourisme. Choisis les deux bons endroits dans la liste pour chaque personne 1-4. Attention ! il y a deux endroits de trop.

Exemple : 1 C, …

A le supermarché	**E** les boutiques	**I** le centre sportif
B les cafés	**F** la boucherie	**J** le musée
C *le château*	**G** le parc	
D les restaurants	**H** l'épicerie	

G

3 a Les conjonctions. Regarde d'abord la section grammaire H. Relie les phrases avec une conjonction choisie dans la liste pour faire des phrases correctes.

Exemple : 1 On peut aller au cinéma *ou* on peut aller à la piscine.

1 On peut aller au cinéma. On peut aller à la piscine.
2 Il y a un cinéma en ville. Il n'y a pas de théâtre.
3 Je n'aime pas le centre sportif. Il est vieux.
4 Nous allons toujours à la petite boulangerie au coin de la rue. Nous sommes en ville.

5 Il fait beau. Ils vont au parc.
6 Mes amis veulent aller au bowling. Moi, je trouve que c'est trop cher.
7 C'est dimanche. Beaucoup de magasins sont fermés.
8 À Paris, vous pouvez faire du shopping. Vous pouvez faire un circuit touristique.

ou	alors	donc	parce que
mais	cependant	car	quand

3 b Relis les phrases de l'exercice 1. Trouve huit exemples de conjonction. Copie-les et traduis-les dans ta langue.

Exemple : Je veux acheter des provisions donc je vais au supermarché.

4 Le son *gn*. Écoute cette phrase et sépare les mots. Répète la phrase trois fois. Attention à la prononciation ! Écoute encore une fois pour vérifier. Répète l'exercice. Traduis la phrase dans ta langue. Apprends la phrase par cœur.

AgnèsquihabiteàAvignonaccompagnesamèrepouracheterdesognonsespagnols.

5 Travaillez à deux pour faire un jeu de rôle. Choisis le rôle A (le/la touriste) ou le rôle B (l'employé(e)) à l'office du tourisme.

A Bonjour. Je suis en vacances. Vous pouvez me dire ce qu'il y a en ville pour les <u>enfants</u>, s'il vous plaît ?
B Il y a <u>l'aquarium et le zoo</u>.
A Et si l'on veut <u>manger</u> ?
B Alors, <u>le petit café en face de la poste est très bien</u>.
A Qu'est-ce qu'il y a comme magasins ?
B Il y a une grande variété de grands magasins et de petites boutiques.
A Et si l'on veut <u>sortir le soir</u> ?
B Pourquoi ne pas aller <u>au théâtre</u> qui se trouve en centre-ville ?
A Pour acheter des provisions ? Qu'est-ce qu'il y a en ville ou bien tout près ?
B Il y a un hypermarché à environ cinq minutes de la ville.

6 Maintenant, écris un paragraphe en français pour décrire ce qu'il y a dans ta ville / ton village. Pour t'aider, utilise le tableau.

Exemple : J'habite à Ambarès, une petite ville en France…

Pour les jeunes / les adultes / les touristes / les sportifs (sportives), il y a	un collège / un supermarché et une banque / une bibliothèque / une cathédrale / une gare (routière) / de beaux magasins mais / cependant il n'y a pas de centre sportif ou d'aéroport.
Et si l'on veut faire du shopping / connaitre la région,	vous pouvez aller au supermarché / à la boulangerie / à l'épicerie / à la boucherie / au centre commercial / au marché / à l'office de tourisme / à l'hôtel de ville / au musée. il y a beaucoup de petites boutiques / de grands magasins / des magasins de vêtements / des magasins de souvenirs.

3A.2 À la campagne et en ville

Décollage

★ **Décrire des endroits différents**
★ **Les quantificateurs [2]**

Aujourd'hui, je visite…

Ruffec, Poitou-Charentes

Les gens qui aiment être à la campagne vont beaucoup aimer Ruffec. Ce village est tout à fait charmant. Il est assez typique de la région avec ses petits magasins, son bistrot très populaire et la grande église si intéressante sur la place d'Armes. Là, on peut aussi admirer l'hôtel de ville fort impressionnant.

Vous aimez les villes beaucoup plus animées ? Vous allez être un peu déçu. Il n'y a pas de grands magasins ou de cinéma ici. Il y a quand même une piscine et des courts de tennis pour les sportifs.

Bruxelles

Bruxelles est une ville très animée, grande, mais pas trop grande. On peut facilement visiter les nombreuses attractions touristiques tellement impressionnantes. Ici, il y a des musées comme le Centre Belge de la Bande Dessinée et le Musée Magritte. Il y a aussi une grande variété de cafés et de restaurants. Si l'on aime bien faire du shopping, il y a beaucoup de magasins.

Quand on est fatigué, on peut se reposer dans un des parcs. Ou bien on peut admirer le Musée d'Art Moderne de Bruxelles de la terrasse d'un café sur la place Royale.

1 Lis la page web au sujet de deux endroits différents. Ensuite réponds aux questions en français.

Exemple : 1 sur la place d'Armes

  1 Où à Ruffec peut-on voir l'église et l'hôtel de ville ?
  2 Que peuvent faire les gens actifs à Ruffec ? [2]
  3 Quel endroit, Ruffec ou Bruxelles, est le meilleur choix pour quelqu'un qui aime le calme ? Pourquoi ? [2]
  4 Pourquoi peut-on visiter Bruxelles en une journée ?
  5 Où peuvent aller les gens qui aiment l'art à Bruxelles ? [2]
  6 Quel endroit, Ruffec ou Bruxelles, offre le plus grand choix de cuisines ?
  7 Où peut-on aller à Bruxelles si l'on est fatigué ?
  8 Qu'est-ce qu'on peut voir si on prend une boisson à un café de la place Royale ?

2 Ma région. Magalie décrit là où elle habite. Note les détails en français.

Exemple : en Auvergne

  1 Région où se situe le village de Magalie : ……….
  2 Comment est son village : ……….
  3 Ce que fait Magalie en été : ……….

4 Ce qu'elle en pense : ....
5 Pourquoi elle ne veut pas habiter en ville : .... [2]
6 Où habite Steve : ....
7 Ce qu'il en pense : ....
8 Ce qu'il peut y faire : .... et .... [2]

G 3 Les quantificateurs [2]. Regarde d'abord la section grammaire C4.2. Choisis le bon quantificateur pour faire des phrases correctes.

Exemple : 1 suffisamment

1 Ma cousine habite à Paris et trouve qu'à la campagne il n'y a pas *suffisamment / peu / trop* de cafés et de magasins.
2 Ma grand-mère aime le calme. Elle déteste la ville mais trouve la campagne *beaucoup plus / beaucoup moins / trop* bruyante.
3 Mon frère est *tout à fait / assez / un peu* paresseux. Il ne fait rien.
4 Les jeunes détestent le village. Ils le trouvent *fort / peu / un peu* ennuyeux.
5 Mes parents aiment *tellement / assez / trop* passer leurs vacances à la montagne car ils aiment faire des randonnées.
6 Il y a un client du café qui parle *peu / excessivement / trop*. Il préfère lire son journal.
7 Les touristes adorent le château *si / peu / assez* impressionnant.
8 Je passe toujours *trop / un peu / beaucoup moins* de temps dans les magasins et je n'ai donc pas le temps de visiter les monuments.

4 Travaillez à deux. Regardez la photo. A pose des questions et B répond. Ensuite changez de rôle.

1 Décris-moi la photo.
2 Tu penses que les gens s'amusent bien ? Pourquoi (pas) ?
3 À ton avis, qu'est-ce qui est arrivé juste avant et que vont-ils faire plus tard ?
4 À ton avis, est-ce qu'il y a beaucoup de choses à y faire pour les jeunes ?
5 Préfères-tu la campagne ou la ville ? Pourquoi ?

5 Maintenant, écris deux paragraphes pour décrire une ville ou un village que tu connais.

- Dis où se trouve la ville / le village.
- Dis ce qu'il y a à voir.
- Dis ce qu'on peut faire là-bas.
- Dis si tu aimes la ville / le village et pourquoi.

Là, il y a Ici, il y a	un musée très intéressant / un château imposant / un centre sportif moderne / un terrain de foot / un petit magasin / un parc. une grande église impressionnante / une bibliothèque / une grande variété de restaurants et de cafés. beaucoup de grands magasins / de beaux monuments / de petites boutiques originales.	
C'est une ville / un village	très / assez / trop / peu	animé(e) / calme / dynamique / intéressant(e) / ennuyeux (-euse).
Il y a Il n'y a pas	beaucoup / peu de choses à faire pour les jeunes / les touristes / les sportifs.	

En Vol

3A.3 Je déteste ma ville

★ **Parler des avantages et des inconvénients d'habiter dans des endroits différents**
★ **Les quantificateurs [3]**

Ghislaine

Je déteste mon village. Ça devient de plus en plus ennuyeux ici. Vraiment, il n'y a pas grand-chose à faire pour les jeunes comme moi. Il y a un seul vieux café, et un petit bistrot. Pour aller au collège, à la bibliothèque ou à l'hôpital, on doit aller en ville. C'est à presque huit kilomètres d'ici. Il y a de moins en moins de transports en commun. On doit donc y aller en voiture.

Mes parents aiment beaucoup plus que moi habiter ici. À leur avis, vivre dans un village est si reposant et meilleur pour la santé que vivre en ville. Ils aiment énormément leur jardin où ils cultivent toutes sortes de légumes.

Moi, par contre, je veux sortir un peu le soir, faire du bowling ou aller au théâtre. C'est vrai qu'ici nous avons le grand lac où on peut faire de la pêche ou des sports nautiques en été. Cependant, en hiver, mes copains et moi, on s'ennuie tout à fait.

Mahmoud

Vivre en ville est super. J'adore tellement le bruit, le monde, les cafés… C'est très animé. En plus, je peux sortir facilement le soir. Tout se trouve tout près de chez moi et les transports en commun sont excellents. Mes parents, eux, s'inquiètent un peu. Ils pensent que vivre en ville peut être dangereux et que la campagne est beaucoup plus sure. Selon eux, la ville est extrêmement polluée. En plus, ma mère aimerait avoir un cheval et faire de l'équitation, ce qui n'est pas possible en ville.

Personnellement, je ne voudrais pas habiter à la campagne. J'aime trop l'ambiance en ville. Il n'y a pas beaucoup à faire pour les jeunes à la campagne, à mon avis.

1 Lis l'article puis relie les débuts et les fins de phrase. Attention ! il y a trois fins de phrases de trop.

Exemple : 1 F

1 Selon Ghislaine, il n'y a pas
2 Ghislaine va au
3 Les parents de Ghislaine
4 Ghislaine comprend
5 Mahmoud
6 Selon ses parents,
7 La mère de Mahmoud
8 Mahmoud veut absolument

A ne veut pas rester en ville.
B a un cheval.
C rester en ville.
D voudrait avoir un animal.
E qu'il y a des avantages à habiter à la campagne.
F beaucoup de distractions dans son village.
G aime la vie urbaine.
H il y a des inconvénients à habiter en ville.
I aiment faire du jardinage.
J collège en voiture.
K adore la pêche.

2 Tu vas entendre quatre jeunes parler d'endroits différents. Écoute d'abord Mireille et Agathe puis Christian et Julien. Dans chaque phrase, il y a un détail qui ne correspond pas à l'extrait. Écris les mots justes en français.

Exemple : 1 au bord de la mer
    1 La cousine d'Agathe habite <u>à la montagne</u>.
    2 Agathe est allée à Royan <u>l'hiver</u> dernier.
    3 Mireille <u>aime beaucoup</u> habiter à la montagne.
    4 Elle pense qu'il y a <u>peu de</u> distractions en ville.
    5 Christian trouve <u>là où il habite</u> trop bruyant.
    6 Plus tard il veut habiter <u>au bord de la mer</u>.
    7 Julien <u>habite</u> au bord de la mer.
    8 Il n'aimerait pas habiter en ville parce qu'il y a trop de <u>monde</u>.

3 a Les quantificateurs. Regarde d'abord la section grammaire C4.2. Complète le paragraphe avec des quantificateurs de la liste.

Exemple : 1 de plus en plus

Moi je deviens **1**.......... aventureux. L'année dernière, par exemple je suis allé aux États-Unis. Le paysage là-bas est **2**.......... impressionnant. Et tout est grand, les voitures **3**.......... les bâtiments. Ici, dans mon village, les bâtiments sont **4**.......... petits, mais aux États-Unis ils sont énormes. Je suis resté au bord de la mer et les plages y sont **5**..........belles. Le seul problème ? En France, je prends **6**.......... la voiture, mais aux États-Unis, **7**.......... des gens vont partout en voiture. En plus, j'aime **8**.......... la nourriture américaine qui est trop grasse à mon avis.

de plus en plus	fort	de moins en moins
peu	comme	extrêmement
la plupart	tellement	

3 b Relis l'article de l'exercice 1. Trouve des exemples de quantificateur. Copie-les et traduis-les dans ta langue. Ensuite apprends-les par cœur.

Exemple : tellement

4 Pose ces questions à ton / ta partenaire. Réponds aussi à ses questions.
    1 Qu'est-ce qu'il y a pour les jeunes, là où tu habites ?
    2 Comment est le paysage ?
    3 Est-ce qu'il y a beaucoup de pollution ou de bruit ? Pourquoi (pas) ?
    4 Veux-tu habiter ici plus tard ? Pourquoi (pas) ?

5 L'année dernière, tu as fait du camping à la campagne près d'une grande ville que tu as visitée aussi. Écris un blog. Écris entre 130 et 150 mots en français. Tu dois mentionner les points suivants :
    ● Comment étaient les deux endroits (la campagne et la ville) et ce qu'il y avait à faire à chaque endroit
    ● Si tu as mieux aimé la campagne ou la grande ville et pourquoi
    ● Si tes parents ont préféré la campagne ou la grande ville et pourquoi
    ● Où tu voudrais partir en vacances à l'avenir et pourquoi

3B.1 Qu'est-ce qu'on achète ?

Embarquement

★ **Aller aux magasins, acheter et payer**
★ **Les nombres cardinaux jusqu'à 100 ; les mots interrogatifs**

1 Quels magasins ? Quels articles ? Voici une liste de magasins. Quelles sont les choses que l'on peut y acheter ? Quelle est la chose que l'on ne peut pas y acheter ? Écris le mot qui ne va pas avec les autres.

Exemple : 1 un sac à main

1 On achète *des gâteaux, des tartes, un sac à main, des croissants* à la pâtisserie.
2 On achète *des livres, des journaux, un croissant, des crayons* à la librairie.
3 On achète *du lait, des œufs, des boites de conserves, une robe* à l'alimentation générale.
4 On achète *des boucles d'oreille, une bouteille de lait, des bracelets, des bagues* à la bijouterie.
5 On achète *une baguette, du porc, du poulet, du steak haché* à la boucherie.
6 On achète *un crayon, des baguettes, du pain de campagne, des pains au chocolat* à la boulangerie.

2 Tu vas entendre six conversations dans différents magasins. Réponds aux questions en écrivant la lettre qui correspond au type de magasin et le prix que tu entends.

Exemple : 1 A, E

1 A boulangerie
B supermarché
C bijouterie
D 3,60 $
E 3,80 $
F 3,16 $

2 A boucherie
B pharmacie
C alimentation générale
D 6,50 $
E 5,70 $
F 7,60 $

3 A charcuterie
B magasin de chaussures
C librairie
D 45,00 $
E 65,00 $
F 50,00 $

4 A pâtisserie
B librairie
C crêperie
D 19,60 $
E 5,60 $
F 9,60 $

5 A parfumerie
B poissonnerie
C pharmacie
D 6,25 $
E 25,12 $
F 20,25 $

6 A magasin de sport
B bijouterie
C tabac
D 19,00 $
E 9,10 $
F 99,00 $

3 Comment prononcer la lettre *c*. Écoute ces phrases et sépare les mots. Répète les phrases trois fois. Attention à la prononciation. Écoute encore une fois pour vérifier. Refais l'exercice. Traduis les phrases dans ta langue. Apprends les phrases par cœur.

Commentçavaçavabienmercicombiencoutecesacencuircelui-cinoncelui-ladanslecoin.

4 a Les nombres cardinaux jusqu'à 100. Regarde la section grammaire I1. Ensuite écris les chiffres en lettres.

Exemple : 1 quatre dollars cinquante

1 Elodie va à la boulangerie. Elle paie .... (*4,50 $*).
2 Jean-François va à la poissonnerie. Il paie .... (*12,70 $*).
3 Dominique va à la librairie. Elle paie .... (*14,95 $*).
4 Fabienne va au supermarché. Elle paie .... (*99,00 $*)
5 Giles va à la pharmacie. Il paie .... (*10,72 $*).
6 Soraya va à la crêperie. Elle paie .... (*3,45 $*).

4 b Les mots interrogatifs. Regarde la section grammaire E3. Ensuite écris les quatre exemples de phrase avec des mots interrogatifs que tu vois dans le titre et les instructions de l'exercice 1. Traduis-les dans ta langue.

5 a Travaillez à deux pour faire un jeu de rôle à la librairie. Choisis le rôle A (l'employé(e)) ou le rôle B (le/la client(e)).

A   Bonjour, je peux vous aider ?
B   Bonjour, je voudrais <u>ce journal et ce livre</u>, s'il vous plait.
A   Voilà. Vous <u>désirez autre chose</u> ?
B   C'est combien <u>le grand paquet de crayons</u>, s'il vous plait ?
A   <u>Il est à 6 $</u>.
B   Et <u>le petit</u> paquet, il coute combien ?
A   <u>Il coute 4 $</u>.
B   OK, je vais prendre <u>le petit paquet de crayons</u> aussi.
A   Bon, ça vous fait <u>7,30 $</u>, s'il vous plait. Merci. Au revoir.
B   Au revoir.

5 b Maintenant changez de rôle et faites le dialogue une deuxième fois. Vous êtes à la pharmacie. Changez les expressions soulignées en choisissant des expressions dans le tableau.

Je voudrais	un tube de dentifrice / de la crème solaire / des pastilles pour la gorge.
C'est combien	la trousse de toilette / le savon / le parfum ?
Il / Elle est à	?? $
Et	la brosse à dents / le peigne / les lunettes de soleil ?
Il(s) / Elle(s) coute(nt)	?? $
OK, je vais prendre	la brosse à dents / le peigne / les lunettes de soleil
Bon, ça vous fait	?? $

3B.2 Faisons les courses

Décollage

★ Acheter de la nourriture au supermarché, aux petits magasins, au marché
★ Les quantités ; les démonstratifs – les adjectifs et les pronoms

Au marché

Au supermarché

Mehdi Salut, je m'appelle Mehdi et j'habite loin d'un supermarché. Nous avons des magasins au village et j'aime bien ces magasins. Il y a aussi le marché sur la place du village tous les jours. On y va deux fois par semaine pour acheter du poisson frais, des fruits et des paquets d'épices.

Noor Je m'appelle Noor et j'habite à Bruxelles. Nous allons à l'hypermarché quand nous voulons acheter de l'électroménager. Un frigo par exemple. Mais d'habitude nous faisons nos courses au supermarché. Dans le chariot nous mettons des bouteilles d'eau minérale et des produits d'entretien pour la maison et de la nourriture bien sûr !

Nathan Bonjour, je suis Nathan et j'habite une petite ville dans le centre de la France. Il y a un supermarché et un petit libre-service. Mais ce que nous aimons faire le mieux, c'est d'aller au marché le samedi matin pour acheter des produits locaux de très bonne qualité comme des kilos de fruits et de légumes.

Denise Moi, je suis Denise, bonjour. Ma grand-mère n'aime pas les supermarchés. Elle préfère aller au marché couvert. Elle sait exactement chez qui elle veut aller… Elle me dit « Non, je ne veux pas aller chez ce marchand de poisson. Je préfère celui-ci. Son poisson est plus frais. Cette boulangerie est trop chère, celle-là est moins chère. »

1 Ces quatre personnes parlent de leurs courses. Copie les phrases et complète-les avec des mots choisis dans la liste entre parenthèses.

Exemple : 1 Mehdi va au marché deux fois par semaine.

1 Mehdi va au marché (*une fois par semaine / tous les jours / deux fois par semaine*).
2 Mehdi fait ses courses (*au supermarché / en ville / au village*).
3 Mehdi achète du poisson (*tous les jours / deux fois par semaine / une fois par semaine*).
4 Noor va régulièrement (*au supermarché / au magasin d'électroménager / à l'hypermarché*).

    5 Noor achète de la nourriture (*au marché / au supermarché / à l'hypermarché*).

    6 Nathan habite (*une grande ville / un petit village / au centre de la France*).

    7 Nathan aime mieux aller (*en grande surface / au libre-service / au marché*).

    8 La grand-mère de Denise va (*au supermarché / au marché / au marché couvert*).

2 Aux magasins. Où achètent-ils leurs provisions ? À l'épicerie, au supermarché ou au marché ?

Exemple : 1 de l'eau minérale – épicerie

    1 de l'eau minérale
    2 des yaourts
    3 du fromage
    4 des pommes de terre
    5 du bœuf
    6 du sucre
    7 du dentifrice
    8 un citron

3 Les démonstratifs. Regarde d'abord les sections grammaire B5 et B6. Modifie les mots (a) à (j). Ils doivent respecter le sens correct de la phrase. Attention ! il n'est pas toujours nécessaire de changer les mots.

Exemple : (a) quel

Je dois aller faire des courses. Dans (a)………. (*quel*) magasin est-ce que je vais aller ? J'ai besoin de légumes et de fruits donc je vais d'abord aller au marché. La vendeuse me demande (b)………. (*quel*) pommes je préfère et je choisis (c)………. (*celui-ci*). Puis, j'achète (d)………. (*ce*) belles fraises et (e)………. (*ce*) beau fromage. Maintenant je dois aller à l'épicerie pour acheter de la confiture, du sucre et une boisson. (f)………. (*quel*) sorte de confiture? (g)………. (*celui-ci*) à la fraise ou (h)………. (*celui-là*) ? Et pour finir, je vais prendre (i)………. (*quel*) boisson ? (j)………. (*ce*) limonade est très bonne.

4 Travaillez à deux. A pose les questions et B répond. Ensuite changez de rôle.
    1 Dans quels magasins fais-tu les courses en général ? Pourquoi ?
    2 Tu préfères aller au marché ou au supermarché ? Pourquoi ?
    3 Qu'est-ce que tu as acheté récemment au supermarché ?
    4 Où vas-tu faire des courses ce weekend ?

5 Écris un article pour un blog qui décrit tes habitudes et celles de ta famille aux magasins. Écris entre 60 et 75 mots en français. Tu dois employer tous les mots suivants.

courses	préférons	opinion	supermarché

3B.3 Mon argent de poche

En Vol

★ **Parler de l'argent de poche et des dépenses des jeunes**
★ **Les pronoms interrogatifs *qui, que, quoi* et *lequel***

Un sondage auprès d'adolescents francophones nous révèle leurs habitudes quant à l'argent de poche. Les questions posées sont: Qui vous le donne ? Que faites-vous avec cet argent ? Avez-vous un petit boulot ? Lequel ? Faites-vous des économies ? Vous achèterez quoi avec l'argent ?

La plupart des jeunes ont dit recevoir une somme d'argent chaque semaine de leurs parents et occasionnellement de leurs grands-parents. Un petit nombre d'adolescents ont en plus un petit boulot le weekend (vendeur, serveur, …). Ceux-là réussissent en général à faire des économies chaque mois. Sinon, les jeunes dépensent leur argent en sorties majoritairement (cinéma, concerts, transport) et en vêtements en solde, maquillage, chaussures bon marché. Quelques-uns préfèrent s'acheter des vêtements de marque et laissent leurs parents payer pour les articles essentiels tels que les vêtements de tous les jours et les fournitures scolaires. Ceux qui économisent s'offriront un voyage ou une voiture.

1 Lis l'article. Ensuite réponds aux questions suivantes en français.

Exemple : 1 Sur leurs habitudes quant à l'argent de poche.
   1 Sur quoi les adolescents ont-ils répondu à des questions ? (1)
   2 Avec quelle fréquence reçoivent-ils leur argent de poche ? (2)
   3 Qui leur donne leur argent en général ? (2)
   4 Est-ce que les jeunes travaillent pour gagner de l'argent ? (1)
   5 Que font les jeunes de leur argent ? (4)
   6 Est-ce qu'ils achètent leurs vêtements eux-mêmes ? (2)
   7 Quels jeunes réussissent à faire des économies ? (1)
   8 Que s'offriront-ils avec leurs économies ? (2)

2 L'argent de poche. Qui dit cela ? Simon (S), Chloé (C), Marc (M) ou Lucie (L) ?

Exemple : 1 C

1 J'achète du maquillage une fois par mois.
2 Je ne paie pas les fournitures scolaires avec mon argent de poche.
3 Je fais des économies pour un voyage.
4 Je vais chez mes grands-parents régulièrement.
5 Je travaille tous les samedis pour gagner plus d'argent.
6 J'utilise mon argent pour les sorties.
7 J'aime acheter des vêtements de marque de temps en temps.
8 Je garde des enfants régulièrement.

3 a Les pronoms interrogatifs *qui, que, quoi* et *lequel*. Regarde d'abord la section grammaire E. Complète ces phrases avec le bon pronom interrogatif.

Exemple : Qui

1 ………. te donne ton argent de poche en général ?
2 As-tu un petit job le weekend ? ………. ?
3 ………. penses-tu faire avec tes économies ?
4 Avec ………. pensais-tu acheter cette paire de baskets ?
5 ………. penses-tu de cette jupe ?
6 Tu as vu ………. travaille au bar ?
7 J'aime bien ces deux pulls. ………. préfères-tu ?
8 ………. ? Tu vas t'acheter une voiture ?

3 b Maintenant relis l'article de l'exercice 1 et trouve les quatre questions qui contiennent un pronom interrogatif. Traduis-les dans ta langue.

4 Travaillez à deux. Regardez la photo. A pose les questions et B répond. Ensuite changez de rôle.

1 Décris cette photo photo ? Qui sont ces jeunes filles ?
2 À ton avis, qui est la personne à gauche de la photo ?
3 Imagine ce que la vendeuse fera avec l'argent gagné.
4 As-tu un petit boulot ?
5 Comment as-tu dépensé ton argent récemment ?

5 Réponds à la question 5 de l'exercice 4 en donnant des détails sur ton argent et tes dépenses.

3C.1 Parlons de l'argent

Embarquement

★ **Changer ou retirer de l'argent à la banque**
★ **Les nombres cardinaux au-dessus de 100**

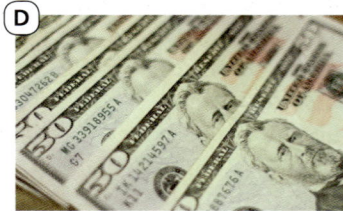

1 Regarde les images au sujet de l'argent et la banque et lis les questions. Écris la bonne lettre (A-F) pour chaque question.

Exemple : 1 B

1 Excusez-moi, où est la banque s'il vous plait ?
2 Pouvez-vous me donner des pièces et des billets de cinquante et cent dollars, s'il vous plait ?
3 Avez-vous des billets de cinquante dollars s'il vous plait ?
4 Est-ce que je peux changer ces pièces, s'il vous plait ?
5 Est-ce que je peux utiliser ma carte bancaire ?
6 Où est le distributeur automatique de billets, s'il vous plait ?

2 Comment prononcer la lettre *l*. Écoute ces phrases et sépare les mots. Répète les phrases trois fois. Attention à la prononciation ! Réécoute pour vérifier. Refais l'exercice. Traduis les phrases dans ta langue. Apprends les phrases par cœur.

Danssonsommeililrêvequilestsuruneileoùiltrouveunebouteilleetdanslabouteilleilyaun billetlebilletestdéchirépauvreGilles !

3 Tu vas entendre six conversations à la banque. Regarde la grille à la page 125. Pour chaque conversation, choisis et écris la somme d'argent mentionnée et la chose qui est mentionnée.

Exemple : 1 : 900, son passeport

	La somme d'argent	La chose
1	200, 900, 600 $	Elle demande : son passeport, son carnet de chèques, sa pièce d'identité
2	550, 350, 250 $	Elle demande : son carnet de chèques, son carnet de chèques de voyage, son passeport
3	650, 670, 660 $	Elle indique où se trouve : le bureau de change, la grande surface, le distributeur
4	1 000, 9 000, 2 000 $	Elle demande : son passeport, son carnet de chèques, sa pièce d'identité
5	100, 830, 730 $	Elle lui demande de : sortir, signer une fiche, dessiner quelque chose
6	500, 600, 800 $	Elle lui rend : son passeport, son carnet de chèques, sa pièce d'identité

4 Les nombres cardinaux au-dessus de 100. Regarde la section grammaire 11 et étudie comment écrire les chiffres en lettres. Choisis la bonne réponse à la fin de chaque phrase pour remplacer les chiffres.

Exemple : 1 quatre-cent-trente

1 Joaquin va retirer 430 $ du distributeur. (*quatre-cent-trente / quatre-cent-trois*)
2 J'ai 240 $! (*deux-cent-quatorze / deux-cent-quarante*)
3 Nous avons 374 $. (*trois-cent-soixante-quatre / trois-cent-soixante-quatorze*)
4 Je vais vous faire un chèque de 190 $. (*cent-soixante-dix / cent-quatre-vingt-dix*)
5 J'ai 676 $ sur mon compte. (*six-cent-soixante-seize / six-cent-soixante-six*)
6 Je vais payer 1 500 $ par carte de crédit. (*mille-cinq-cents / mille-cinq-cent*)

5 a Travaillez à deux pour faire un jeu de rôle à la banque. Choisis le rôle A (le caissier/la caissière) ou le rôle B (le/la client(e)).

A Bonjour, je peux vous aider ?
B Oui, bonjour, je voudrais changer de l'argent, s'il vous plait.
A Quelle somme voulez-vous changer ?
B Je voudrais changer 1 000 dollars en euros, s'il vous plait.
A Vous avez une pièce d'identité ?
B Oui, voici mon passeport.
A Merci. Voulez-vous autre chose ?
B Non, merci. Au revoir et bonne journée.

5 b Maintenant changez de rôle et faites le dialogue une deuxième fois. Changez les expressions soulignées en choisissant des expressions dans le tableau.

Je voudrais	changer de l'argent / retirer de l'argent / déposer de l'argent.
Quelle somme voulez-vous	changer / retirer / déposer ?
Je voudrais changer	?? dollars / livres sterling / euros en livres sterling / dollars / euros.
Je voudrais retirer / déposer	?? livres sterling / dollars / euros.
Vous avez	votre pièce d'identité / passeport / carte d'identité ?
Voici	mon passeport / ma carte d'identité / ma pièce d'identité.

3C.2 On reste en contact ?

Décollage

★ **Communiquer par téléphone, la poste ou Internet**
★ **Les pronoms relatifs *qui*, *que* ou *qu'***

> En France La Poste est une entreprise qui vous offre plusieurs services. Vous pouvez envoyer vos lettres, vos colis et acheter des timbres. La Poste est aussi une banque. Est-ce qu'on va souvent au bureau de poste ?
>
> Gilles : « Personnellement je vais rarement au bureau de poste. Si je veux des timbres je les achète en ligne. »
>
> Mme Faure : « Moi, j'y vais de temps en temps, surtout si j'ai un colis que je dois envoyer pour l'anniversaire d'un de mes petits-enfants. Ils aiment bien recevoir un colis de leur grand-mère ! »
>
> Lise : « Ma mère préfère écrire des lettres mais moi je n'écris jamais de lettres, c'est plus rapide par Internet ! J'envoie des courriels, c'est moins cher ! »
>
> Michèle : « Je collectionne les cartes postales. Je sais que beaucoup de gens mettent leurs photos sur Facebook mais pour moi une carte postale est quelque chose de spécial… »

1 a Lis l'article. Copie et complète les phrases avec les mots choisis dans la liste entre parenthèses.

Exemple : 1 La Poste vous offre plusieurs services.

1 La Poste vous offre (*un seul service / plusieurs services*).
2 À la poste vous pouvez acheter (*des timbres / des livres*).
3 Gilles ne va pas à la poste pour (*acheter ses timbres / envoyer un colis*).
4 Mme Faure va à la poste pour (*envoyer une carte d'anniversaire / envoyer un colis*).
5 Lise préfère utiliser Internet parce que c'est (*moins rapide / plus rapide*).
6 Michèle aime bien (*Facebook / les cartes postales*).

1 b Fais une liste des mots et expressions utiles de l'article au sujet des services postaux et autres moyens de communication. Apprends ces mots par cœur.

2 J'ai besoin de rester en contact. Pour chaque conversation, écris les bonnes lettres. Attention ! il y a une image de trop.

Exemple : Conversation 1 : B, …

(A)
(B)
(C)
(D)

(E)
(F)
(G)
(H)

3 a Les pronoms relatifs. Regarde d'abord la section grammaire D7. Complète les phrases avec *qui, que* ou *qu'*.

Exemple : 1 que

1 Le livre ..... je lis n'est pas très intéressant.
2 Le colis ..... vous voulez envoyer à l'étranger est trop lourd.
3 L'employée ..... est derrière le guichet n'a pas compris ce que je voulais.
4 Les timbres ..... j'ai achetés sont très jolis.
5 Le téléphone portable ..... il a choisi est très cher.
6 L'adresse e-mail ..... elle m'a donnée n'est pas correcte.

3 b Relis le texte sur la Poste de l'exercice 1 et trouve les trois exemples de pronoms relatifs *qui* et *que*. Traduis-les dans ta langue.

4 Travaillez à deux. Regardez la photo. A pose des questions et B répond. Ensuite changez de rôle.

1 Décris la photo. Où sont ces gens à ton avis et qui sont-ils ?
2 Qu'est-ce qu'ils veulent acheter ?
3 Selon toi, qu'est-ce qu'ils vont faire plus tard ?
4 Et toi, est-ce que tu utilises les services de la poste ? Lesquels ?
5 À ton avis, pourquoi est-ce que la technologie est si importante ?

5 Écris environ 60-75 mots en français sur la façon dont tu communiques avec ta famille. Tu dois employer tous les mots suivants.

j'utilise   communiquer   j'ai besoin de   important

En Vol

3C.3 Zut, j'ai perdu mes clés…

★ Aller au bureau des objets trouvés et rechercher un article perdu
★ Les pronoms directs ; les pronoms indirects ; l'accord des participes passés

Objets perdus

12 millions d'objets sont perdus en France chaque année. Quels sont les objets qui sont en tête de la liste ? Les voici : pièces d'identités, clés, parapluies, porte-monnaies et téléphones portables.

Téléphones portables

Clés

Parapluies

REPUBLIQUE FRANCAISE
Carte nationale d'identite
Mirepoix
Yvette
17/08/1965
F
Française
Docteur
45 Rue de la Lautrec, Villedubert, 11800, Aude
IDMIREPOIXFRA
65234574YVETTE

Pièces d'identité

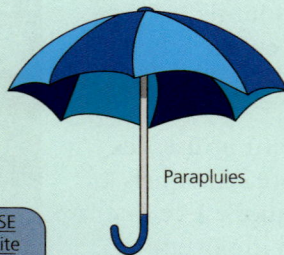

Porte-monnaies

Vous avez perdu quelque chose ? Il y a des sites web où vous pouvez poster une annonce gratuitement ; en voici quelques exemples :

« Mercredi dernier, le 11 mars, j'ai perdu mon ordinateur portable. Je pense que je l'ai laissé dans le bus, ligne 31, que je prends à 17h tous les jours. Si vous avez trouvé mon ordi, dans un cartable brun en plastique de taille moyenne, contactez-moi au plus vite au 06 45 87 19 20. »

« J'ai perdu ma carte d'identité et mon porte-monnaie. Je les ai laissés à la caisse du supermarché. Si vous étiez dans la queue derrière moi, le vendredi 8 juin vers 18h30 et vous avez trouvé un portemonnaie en cuir noir, contactez-moi rapidement à l'adresse ou numéro de téléphone suivants. sandrine@courriel.fr/06 45 63 61 04. »

« Je ne trouve plus mon sac à main avec mes affaires personnelles et mon appareil photo dedans. Il est grand, de couleur bleue avec une fermeture en argent. J'ai aussi perdu mes clés. Je les ai laissées à côté de mon sac sur une chaise dans le foyer de votre hôtel. Peut-être que quelqu'un les a volées ? Si vous les avez trouvés, merci de me contacter sur ce numéro de téléphone – 04 56 96 53 01. »

1 Objets perdus. Lis l'article et prends des notes sur les points ci-dessous.

Exemple : 1 12 millions
  1 Le nombre d'objets perdus en France chaque année [1]
  2 Trois sortes d'objets perdus [3]
  3 Où poster une annonce [1]
  4 Description du cartable de l'ordi perdu [2]
  5 Objets perdus le vendredi 8 juin [2]
  6 Description du sac à main perdu [3]
  7 Ce qu'il y a à l'intérieur [2]
  8 Où les clés ont été laissées [2]

2 Tu vas entendre quatre personnes qui ont perdu quelque chose. Complète les phrases avec les détails qui manquent.

Exemple : 1 moyenne, noire, blanche

Numéro 1

1 La valise est de taille .... et de couleur .... et ....

2 Il y a une carte sur la valise avec son nom, ... et ....

Numéro 2

3 La dame a laissé ses bijoux dans .... de sa ....

4 Il y a .... en or et .... en argent.

Numéro 3

5 La jeune fille a laissé son .... dans le car.

6 Pour aller au bureau des objets trouvés, il faut tourner ....

Numéro 4

7 Quelqu'un a volé .... du monsieur.

8 Il l'a perdu ....

3 Les pronoms directs, les pronoms indirects et l'accord des participes passés. Regarde les sections grammaire D2-D5. Ensuite écris la partie de la phrase qui manque avec le pronom direct ou indirect et l'accord du participe passé si nécessaire.

Exemple : 1 je l'ai laissée

1 « Je cherche ma bague en or. Je pense que ….......... (*laisser*) dans les toilettes de l'hôtel.

2 « J'ai perdu mon passeport et ma carte vitale. » « Tu …….. (*laisser*) sur la table du salon » .

3 « Avez-vous trouvé mes gants ? Je ……. (*laisser*) dans le bus de la ligne 21 ».

4 « Nous avons perdu la clé de la maison. Nous ……........ (*perdre*) dans le jardin. »

5 « Mon ami ne trouve plus son téléphone portable. Il …… (*laisser*) dans le métro. »

6 « As-tu vu mon portefeuille ? » « Oui, je …….. (*voir*) sur la table du salon ».

4 Travaillez à deux. A pose les questions et B répond. Ensuite changez de rôle.

1 Parle-moi d'un objet que tu as perdu. Que s'est-il passé ?

2 Qu'est-ce que tu as fait pour le retrouver ?

3 Est-ce que tu l'as retrouvé ? Quelle a été ta réaction ?

4 Pourquoi est-il utile d'avoir un bureau des objets trouvés ?

5 Écris un e-mail à un(e) ami(e) pour lui raconter ce qui s'est passé quand tu as perdu quelque chose.

- Explique ce que tu as perdu.
- Explique où et comment tu l'as perdu.
- Explique ce que tu as fait, où tu es allé(e).
- Dis si tu as retrouvé l'/les article(s).

3D Environmental issues

3D.1 L'environnement et moi

Embarquement

★ **Améliorer son environnement**
★ *Il faut* + infinitif ; *on doit* + infinitif

Que faut-il faire ?

Simba: Dans notre village nous recyclons les bouteilles. On doit protéger notre source d'eau. Il faut avoir de l'eau propre et potable.

Bernadette: J'habite en montagne. Il faut protéger notre paysage. Je ramasse les déchets après les visites des touristes.

Claude: J'habite près d'une forêt. On doit aller dans la forêt chercher les bouteilles cassées et les canettes en métal pour protéger les animaux sauvages.

Yves: Moi, j'habite dans le sud de la France. Il fait très sec en été et il y a le danger d'un feu de forêt. Il ne faut pas faire de barbecues dans la forêt. Je fais des posters pour informer les touristes.

Amura: J'habite sur une île et mon père est pêcheur. Quand je vois les touristes arriver, je dis que l'on ne doit pas jeter les déchets à la mer. Le plastique est très mauvais pour les poissons.

Mélanie: Mon père est agriculteur. J'ai persuadé mon père d'utiliser un produit bio car les produits chimiques sont dangereux pour l'environnement.

1 Qui parle ? Lis attentivement ce que les six jeunes disent et fais correspondre la phrase à une personne. Écris le nom de la personne.

Exemple : 1 Claude

1 .... aime beaucoup les animaux.
2 .... connait les dangers des produits chimiques.
3 .... veut garder l'eau propre.
4 .... ramasse les déchets.
5 .... dit que les déchets sont dangereux en mer.
6 .... affiche des posters.

2 Tu vas entendre six jeunes gens qui parlent de ce qu'ils font pour leur environnement. Pour chaque personne choisis l'image qui convient le mieux : A, B, C, D, E ou F.

(A)  (B)  (C)

(D)  (E) 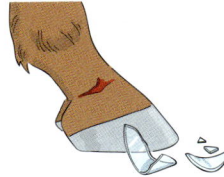 (F)

Exemple : 1 E

3 Comment prononcer *ent*. Écoute ces phrases et sépare les mots. Répète les phrases trois fois. Attention à la prononciation ! Réécoute pour vérifier. Refais l'exercice. Traduis les phrases dans ta langue. Apprends les phrases par cœur.

souventlespoulesducouventcouvent

lessœursattendentpatiemment

lespetitespoulespoussentlentement

G

4 *Il faut* + infinitif, *on doit* + infinitif. Regarde les sections grammaire K15 et K23. Ensuite complète ces phrases avec un verbe de la liste.

| jeter | recycler | *préserver* | introduire | fumer | persuader |

Exemple : 1 préserver

1 Bernadette pense qu'il faut .... le paysage.
2 Simba dit que les gens doivent .... les bouteilles.
3 Pour protéger les piétons, nous devons .... des limites de vitesse.
4 Nous devons .... les gens de recycler.
5 Yves dit qu'il ne faut pas .... dans la forêt.
6 Amura pense que nous ne devons pas .... les déchets à la mer.

5 Pose ces questions à ton / ta partenaire. Réponds aussi à ses questions. Pour t'aider, utilise le tableau.

- Où habites-tu exactement ?
- Que fais-tu des bouteilles et des autres déchets ?
- Que penses-tu qu'il faut faire pour protéger l'environnement ?
- Qu'est-ce que tu fais pour améliorer ton environnement ?

J'habite	à la montagne / au bord de la mer / à la campagne / dans une grande ville / dans un village.
Je mets les bouteilles / les déchets	dans un point de recyclage / à la poubelle / dans un sac / dans le jardin.
Je pense qu'il faut / qu'il ne faut pas On doit On ne doit pas	recycler / trier / faire le tri / protéger la nature / polluer / tuer les insectes / jeter les déchets dans la nature.
Je	nettoie + *objet* / ramasse + *objet* / persuade + *personne* / recycle + *objet(s)* / fais le tri.

3D.2 On adore les parcs nationaux

Décollage

★ **Découvrir le rôle et l'importance des parcs nationaux**
★ **Le participe présent ; le participe présent avec *en* [1]**

Allons au parc national... mais lequel ?

1 En France – Le Parc national des Cévennes

Bienvenue au Parc national des Montagnes des Cévennes ! Si vous aimez la nature, les activités en plein air et la chaleur du climat du Sud, venez découvrir notre parc. Venez voir des paysages magnifiques. En venant ici vous pouvez aussi vous rafraichir à la rivière et découvrir la beauté du paysage en suivant les sentiers de randonnées. Les jeunes enfants, n'ayant pas encore le gout de la randonnée, seront ravis par les nombreux parcs à thème. Vous n'avez plus qu'à choisir...

2 Au Canada

La nature pure et simple ! Les parcs nationaux québécois sont des aires protégées reconnues. Les centres d'activités, les campings, les sentiers favorisant la découverte des parcs respectent les zones sensibles. Vous êtes vraiment loin de tout, vivant dans une cabane en bois et ne voyant que la nature dans son état pur. Du plaisir, en toute saison, que vous vivrez au cœur de territoires protégés d'exception !

3 En Guadeloupe

Vous aimez la science de la vie et de la terre ? Alors, la Réserve de biosphère de la Guadeloupe est le parc pour vous ! Mer, montagnes, volcans, rivières et forêts... Il y a une énorme variété de paysages et chaque paysage abrite des animaux, des insectes et de la végétation différents.

1 Lis la brochure et complète chaque phrase. Choisis les mots dans la liste. Attention ! il y a sept mots de trop.

se baigner	froid	natation	voisins	lacs
espèces	éviter	bois	chaud	
montagneuse	actif	découvrir	parcs	

Exemple : 1 montagneuse

1 Le parc national des Cévennes est situé dans une région ....
2 Au parc national des Cévennes on peut ....
3 Le climat dans les Cévennes est ....
4 Dans un parc québécois vous n'aurez pas de ....
5 Dans un parc québécois il y a beaucoup de zones à ....
6 Dans le parc en Guadeloupe il y a une énorme variété d' ....

2 Tu vas entendre deux interviews de deux personnes qui travaillent pour deux parcs nationaux différents. Travaillent-elles au parc de la Guadeloupe (G) ou au parc des Cévennes (C) ?

Exemple : 1 G

1 Il y a beaucoup d'espèces d'animaux différentes.
2 Il y a des festivals de musique.
3 Il y a un environnement très riche et varié.
4 On peut se baigner à la rivière.
5 Le parc joue un rôle très important pour l'avenir de la planète.
6 On peut suivre des sentiers et faire des randonnées.
7 Les touristes aiment les endroits sauvages.
8 Les touristes peuvent acheter des produits à la ferme.

3 Le participe présent et le participe présent avec *en*. Regarde la section grammaire K13. Identifie la forme du participe présent dans ces phrases. Copie et souligne-la. Ensuite traduis-les dans ta langue.

Exemple : 1 en recyclant

1 Je fais un geste pour l'environnement en recyclant les bouteilles.
2 En faisant des randonnées je peux apprécier le paysage.
3 Ayant décidé de protéger l'environnement, je n'utilise plus de pesticides.
4 J'économise de l'essence en allant à l'école à pied.
5 J'essaie de protéger l'environnement en achetant des produits bio.
6 En ramassant les déchets je protège les animaux.
7 J'informe les touristes du danger des barbecues dans la forêt en affichant des posters.
8 Étant la fille d'un pêcheur, je ne veux pas polluer la mer.

4 Pose ces questions à ton / ta partenaire. Réponds aussi à ses questions. Regarde le texte de l'exercice 1 pour t'aider. Écris tes réponses et apprends-les par cœur.
- Quel parc as-tu visité ? Quand ?
- Peux-tu décrire le parc ?
- Qu'est-ce que tu as fait ?
- Qu'est-ce que tu as aimé le mieux ?

5 Écris un e-mail pour décrire une visite récente dans un parc national. Écris entre 60-75 mots en français. Tu dois employer tous les mots suivants.

| dernier | visite | avis | animaux |

3D.3 Notre environnement est en danger !

En Vol

★ **Analyser les problèmes ; trouver des solutions**
★ **Le participe présent ; le participe présent avec en [2]**

Comment devenir plus vert...

Quelques gestes simples pour aider l'environnement !

Face à la pollution de l'air, chacun de nous est à la fois pollué et pollueur ! Il est donc important d'agir pour protéger sa santé et celle de la planète. En suivant quelques bons conseils on peut améliorer les choses. Que pouvons-nous faire ? Avez-vous des idées ?

Amélie	J'ai des conseils pour réduire la pollution de l'air. Je pense que nous devrions utiliser plus que jamais les transports en commun ou le covoiturage. Il est aussi important de respecter les réductions de vitesse sur les autoroutes et d'éviter tout déplacement non urgent. Une chose de plus, n'utilisez pas d'appareils fonctionnant à l'essence...
Marie-Anne	Tous les produits que l'on achète produisent une pollution, même faible, pendant leur fabrication ou leur transport jusqu'au magasin. Après, il restera un déchet, au moins l'emballage, et le traitement de cela sera aussi une source de pollution. Que peut-on faire ?
Zach	Pour réduire les déchets, moi, j'ai des suggestions. Nous devrions consommer autrement, en réfléchissant avant d'acheter, en cherchant des produits avec moins d'emballage, en achetant des produits locaux et finalement en pensant à faire le tri.

En ayant le réflexe de suivre ces petits conseils simples vous faites un grand geste pour l'avenir de notre planète !

1 a Lis le blog au sujet de l'environnement. Associe le nom de la personne aux phrases.

Exemple : 1 Amélie

1 On devrait partager une voiture avec quelqu'un qui fait le même trajet.
2 On devrait acheter de la nourriture qui est produite tout près d'où l'on habite.
3 Le traitement des déchets contribue à la pollution.
4 On ne devrait pas rouler à grande vitesse.
5 Il est mieux de se déplacer en bus, tram ou train.
6 Il faut trier les déchets.
7 Les outils à essence contribuent à la pollution de l'air.
8 Il serait mieux d'acheter des produits qui ne sont pas emballés dans du plastique.

1 b Relis le blog et fais une liste de 6-8 mots pour t'aider à parler de l'environnement en français. Traduis-les dans ta langue et apprends-les par cœur.

Exemple : la pollution, protéger...

2 Les sacs en plastique. Écoute quatre collégiens qui présentent des informations sur les sacs en plastique. Choisis la bonne option pour chaque phrase.

Exemple : 1 A

1 La quantité énorme de sacs en plastique dont Chloë parle est distribuée en France…
   A tous les ans.
   B depuis 18 ans.
   C depuis 1988.
   D chaque mois.

2 Sacha dit que les sacs en plastique sont…
   A faciles à recycler.
   B difficiles à recycler.
   C une invention incroyable.
   D moins dangereux qu'on le pense.

3 Léa explique que les sacs biodégradables…
   A ne sont pas si naturels qu'on le pense.
   B sont parfaits pour l'environnement.
   C sont chers.
   D ne sont pas tout à fait parfaits.

4 Selon Sacha, les sacs se trouvent dans la nature car…
   A l'eau les transportent.
   B ils s'envolent facilement.
   C les animaux les y amènent.
   D les gens les jettent partout.

5 Chloë dit que les sacs en plastique…
   A sont assez faciles à ramasser quand ils sont dans l'eau.
   B flottent sur l'océan.
   C mettent vingt minutes pour tomber dans le fond de l'océan.
   D polluent pendant des centaines d'années.

6 Selon le dernier collégien, on peut aider l'environnement…
   A en utilisant moins de sacs en plastique.
   B en achetant moins de choses.
   C en mettant les sacs en plastique à la poubelle.
   D en triant nos déchets.

3 Les participes présents et les participes présents avec *en*. Regarde la section grammaire K13. Modifie les mots (a) à (j). Ils doivent respecter le sens correct de la phrase. Attention ! il n'est pas toujours nécessaire de changer les mots.

Exemple : (a) pensant

Je pense qu'il est très facile de contribuer à la protection de l'environnement en (a)………. (*penser*) à tous les gestes que nous faisons tous les (b)………. (*jour*). Par exemple, en (c)………. (*trier*) ses déchets chez soi et en (d)………. (*recycler*) le papier et les boites, on agit contre la destruction de (e)………. (*notre*) environnement. Ma sœur dit qu'en (f)………. (*faire*) du covoiturage pour se rendre à l'université, elle économise de l'essence, (g)………. (*réduire*) ainsi les émissions (h)………. (*nocif*) dans l'air. Ma mère fait son geste pour la planète en (i)………. (*choisir*) des produits bio pour (j)………. (*réduire*) la quantité de pesticides.

4 Travaillez à deux. A pose des questions et B répond. Ensuite changez de rôle.
   1 Décris la photo s'il te plait.
   2 Qu'est-ce qu'il y a dans la boite de l'homme ?
   3 À ton avis, qu'est-ce que cette famille va faire plus tard ?
   4 Parle-moi de la dernière fois que tu as agi pour protéger l'environnement.
   5 Est-ce que c'est facile, selon toi, de protéger l'environnement ? Pourquoi ? Pourquoi pas ?

5 Imagine que l'on t'a demandé d'écrire un paragraphe pour ton magazine d'école au sujet d'un projet pour améliorer l'environnement de l'école.
   • Quel est le problème ? Trop de déchets / Pas de points de recyclage / Graffitis ?
   • Qu'est-ce que tu proposes comme solution ?
   • Comment vas-tu trouver l'argent pour résoudre le problème ?
   • Décris les résultats.

Embarquement

3E.1 Le temps qu'il fait

★ **Parler du temps**
★ **Les points cardinaux**

i Nice est une ville dans le sud-est. En automne, il fait souvent soleil.

ii Calais est situé dans le nord du pays. Il fait froid en hiver dans cette région.

iii Marseille est une grande ville qui se trouve dans le sud. En été, en général, il fait très chaud.

iv Bordeaux est situé dans le sud-ouest de la France. Comme c'est près de l'Atlantique, il fait du vent, surtout au printemps.

v Strasbourg est en Alsace, dans le nord-est. C'est une ville assez froide. En hiver, il neige souvent.

vi À Nantes, il fait quelquefois du brouillard en automne. On trouve cette ville dans l'ouest du pays.

vii Dijon est une ville assez importante dans l'est de la France. C'est souvent nuageux dans ce coin, même en été.

viii Dieppe est un port dans le nord-ouest. C'est une région où il pleut beaucoup, surtout au printemps.

1 a Lis le temps qu'il fait dans différentes régions de France. Identifie les villes (1-8) et le temps qu'il y fait (A-H).

Exemple : 1 ii, H

1 b Fais la liste des saisons et la liste des types de temps en français, puis traduis ces listes dans ta langue.

2 Tu vas entendre six personnes parler du temps qu'il fait dans le pays où elles habitent. Lis les affirmations (1-8) et note les phrases qui sont vraies.
Il y a quatre affirmations vraies.

Exemple : 1 vrai

1 Au Canada, il fait froid et il neige souvent en hiver.
2 L'hiver est froid en Afrique du Sud.
3 Dans le nord de l'Afrique du Sud, les étés sont chauds.
4 En Guadeloupe, il y a deux saisons bien différentes.
5 En Suisse, il fait souvent du vent.
6 Dans le nord de la Belgique, il fait soleil en hiver.
7 En Belgique, le vent du nord est un vent froid.
8 En Côte d'Ivoire, en été, il ne pleut pas.

3 Les points cardinaux. Regarde d'abord la section grammaire A3. Étudie la carte de France à la page 6 et dis où ces villes sont situées, l'une par rapport à l'autre.

Exemple : 1 Marseille est au sud de Lyon.

1 Marseille – Lyon
2 Lille – Paris
3 Nantes – Lyon
4 Bordeaux – Strasbourg
5 Marseille – Nantes
6 Rouen – Dijon
7 Paris – Strasbourg
8 Dijon – Bordeaux

4 Comment prononcer *ou* et *u*, par exemple *le sud-ouest*. Écoute cette phrase et sépare les mots. Répète-la trois fois. Attention à la prononciation ! Réécoute pour vérifier. Refais l'exercice. Traduis la phrase dans ta langue. Apprends la phrase par cœur.

Aujourd'huidanslesud-ouestilfaitdubrouillardmaisàToulonsurlacôteilfaitduvent.

5 Travaillez à deux. Quel temps fait-il dans votre pays ? À tour de rôle, posez des questions et répondez-y. Utilisez le tableau pour vous aider.

Questions			Réponses	
Quel temps fait-il	dans le nord dans l'est dans le sud dans l'ouest	au printemps ? en été ? en automne ? en hiver ?	Il…	pleut. neige. fait chaud. fait froid. fait du brouillard. fait soleil. fait du vent. fait beau. fait mauvais. y a du soleil. y a du vent. y a du brouillard. y a des nuages.
			C'est	nuageux

6 Écris un paragraphe sur le climat de ton pays. Mentionne les différents types de temps dans les différentes régions.

Exemple : Ici, en Égypte, il fait souvent très chaud.

3E.2 Les prévisions météorologiques

Décollage

★ **Comprendre les prévisions météo**
★ *Si* + présent + futur

Prévisions météo pour Brazzaville.

Mercredi 10 Le temps deviendra plus instable. Ciel variable à très nuageux. Possibilité de pluie le matin. Vent faible.

Jeudi 11 La situation s'améliorera dans la matinée. Si les nuages disparaissent, la chaleur reviendra. On attend 34 degrés dans l'après-midi.

Vendredi 12 Il fera beau avec un ciel clair, sans nuages. Si le vent se lève, la soirée sera fraiche pour la saison.

Samedi 13 Beau temps ensoleillé toute la journée. La température montera jusqu'à 37 degrés. Toutefois, en soirée, ce sera le retour des passages nuageux.

Dimanche 14 Temps plus variable avec possibilité de petite pluie dans l'après-midi. Il fera moins chaud grâce au vent du sud-est qui soufflera à 30 kilomètres à l'heure.

Lundi 15 Journée plutôt fraiche avec détérioration notable en soirée. Grosses pluies attendues dans la nuit.

Mardi 16 Les nuages subsistent dans la matinée mais le ciel se dégage et l'après-midi sera chaude et ensoleillée. Peu de vent.

Mercredi 17 Nuit chaude. La température dépassera 30 degrés dès le matin. Ce sera une chaleur humide. Si les nuages avancent, il y aura un gros risque d'orage en fin d'après-midi.

Brazzaville

1 a Complète les phrases. Lis les prévisions météo ci-dessus et choisis les bons mots dans la case.

Exemple : 1 nuageux

fera	y aura	*nuageux*	beaucoup	beau
orage	montera	pleuvra	vent	
reviendra	sera	soleil	pluie	

1 Mercredi 10, le ciel sera très …
2 Jeudi 11, la chaleur …
3 Vendredi 12, il fera …
4 Samedi, il … très chaud.
5 Dimanche 14, il y aura … de vent.

6 Lundi, il … dans la nuit.
7 Mardi, il y aura du … dans l'après-midi
8 Mercredi, il y aura un risque d'…

1 b Fais une liste des mots utiles de l'article et d'autres que tu connais au sujet des prévisions météo. Apprends ces mots par cœur et interrogez-vous à deux.

2 Tu vas entendre la présentatrice donner les prévisions météo nationales pour les deux jours suivants. Copie la grille et complète-la en français.

Mardi	Temps prévu
1 Pour l'ensemble du pays	1 beau
2 Dans le nord	2 ....
3 Dans le sud	3 ....
Mercredi	**Temps prévu**
4 Sur la côte ouest	4 ....
5 À l'intérieur du pays	5 ....
6 Dans le nord	6 ....
7 Dans l'est	7 ....
8 Dans le sud	8 ....

3 a *Si* + présent + future. Regarde d'abord la section grammaire K5. Modifie les mots (a) à (j) ; ils doivent respecter le sens correct de la phrase.

Exemple : (a) a

S'il y (a).......... (*avoir*) du vent demain, nous (b).......... (*faire*) de la voile, mais s'il (c).......... (*faire*) chaud, nous (d).......... (*aller*) à la plage.

Si les prévisions météo (e).......... (*être*) … correctes, il (f).......... (*pleuvoir*) toute la journée samedi. Nous (g).......... (*rester*) chez nous et regarderons un film. Mais si elles ne le sont pas, nous (h).......... (*sortir*) nous promener dans la forêt.

S'il (i).......... (*neiger*) demain, vous (j).......... (*jouer*) dans la neige. Vous mettrez vos gants et vous pourrez construire un bonhomme de neige.

3 b Relis les prévisions météo de l'exercice 1. Combien d'exemples de *si* + present + futur peux-tu trouver ? Traduis-les dans ta langue.

4 Travaillez à deux. Regardez la photo. A pose des questions et B répond. Ensuite changez de rôle.

1 Qu'est-ce que tu vois sur cette photo ?
2 Quel temps fait-il ? Que font les jeunes ?
3 À ton avis, que vont-ils faire plus tard ?
4 Et toi, que feras-tu demain s'il pleut ?
5 Que ferez-vous, toi et tes copains, s'il pleut ce weekend ?

5 Tu vas passer une semaine chez ton ami(e) français(e). Tu lui écris un courriel de 60-75 mots en français. Tu dois employer tous les mots suivants.

je vais arriver	s'il fait mauvais	s'il fait beau	tu voudrais

En Vol

3E.3 Les changements de climat

★ **Parler des changements climatiques et de leurs conséquences**
★ **Expressions suivies d'un verbe régulier au subjonctif**

Les changements climatiques

Il faut bien qu'on l'admette : dans tous les pays, le climat a changé. On entend dire qu'il n'y a plus de saisons parce que l'été, l'automne, l'hiver et le **1**.......... ne sont plus distincts comme ils l'étaient avant. Bien souvent, les étés sont trop chauds et sont accompagnés de sècheresse. Il y a bien sûr des conséquences telles que les **2**.......... de forêt. Des pluies excessives amènent des catastrophes telles que les **3**........... .

Une inondation

Dans les régions plus froides, on parle d'hivers sans **4**.......... , ce qui est plutôt choquant si l'on considère que ces pays étaient enneigés pendant des mois entiers chaque année. Aux iles Maldives, on s'inquiète de la **5**.......... du niveau de la mer. Si cela continue, ces iles risquent d'être complètement **6**........... . Ceci est le résultat direct de la **7**......... des glaces dans les régions arctiques et antarctiques et une des conséquences du **8**......... de la Terre.

La fonte des glaces

Il se peut que l'homme joue un rôle important dans ces changements climatiques. L'activité industrielle et le transport routier et par exemple sont des facteurs qui contribuent à ces changements. Il est aussi possible que nous décidions que ces changements sont cycliques et tout à fait **9**........... . La situation actuelle toutefois est probablement le résultat d'une combinaison de ces deux facteurs. Tout ce que l'homme peut faire est d'être conscient de ces problèmes environnementaux. D'une manière ou d'une autre, il faut qu'il réussisse à **10**.......... son environnement.

1 Lis la page web sur les changements climatiques et complète le texte en choisissant les bons mots dans la liste.

Exemple : 1 printemps

protéger	inondations	eau	naturels
submergées	*printemps*	fonte	montée
détruire	neige	incendies	réchauffement

2 Les changements climatiques. Écoute ces trois personnes parler des changements climatiques dans leur pays. Recopie le tableau et note les détails en français (A-H). Il n'est pas nécessaire d'écrire des phrases complètes.

	Avant	Maintenant
Le temps en Égypte	il pleuvait de temps en temps	le temps est trop sec A
L'hiver / L'été au Canada	B C	D
L'hiver / L'été dans les Alpes	E	F G H

3 Expressions suivies d'un verbe régulier au subjonctif. Regarde d'abord la section grammaire K12. Écris le verbe utilisé au subjonctif puis traduis les phrases dans ta langue.

Exemple : 1 s'améliore

  1 Il se peut que la situation s'améliore bientôt.
  2 Il est possible qu'il choisisse les Alpes pour ses vacances à la neige.
  3 Je ne pense pas que le temps nous permette de sortir aujourd'hui.
  4 Bien que le climat change, cela n'affecte pas tout le monde.
  5 Il faut que nous protégions l'environnement.
  6 Je ne crois pas que la majorité des gens s'inquiète des changements climatiques.
  7 Il est important que nous agissions rapidement.
  8 Il est essentiel que les gouvernements travaillent ensemble pour trouver des solutions à ce problème environnemental.

4 Travaillez à deux. A pose les questions et B répond. Ensuite changez de rôle.
  1 Quelles sont les conséquences des changements climatiques dans ton pays ?
  2 Qu'est-ce qu'on fait pour limiter l'impact de ces changements ?
  3 Comment pourrait-on encourager les jeunes à faire plus pour l'environnement ?
  4 À ton avis, quelles seront les conséquences si on ne trouve pas de solutions aux problèmes environnementaux ?

5 Écris un article sur les conséquences des changements de climat. Mentionne :
- les liens avec les problèmes environnementaux
- les effets sur la population
- ce que nous pouvons faire pour faire face à ces problèmes
- ce qui risque de se passer si nous n'agissons pas

Everyday life in a French-speaking country

3F.1 Bonjour ou salut… ?

Embarquement

★ Se saluer formellement ou informellement
★ Utiliser le bon registre linguistique

 A

 B

 C

 D

 E

 F

 G

 H

1 a Regarde les images A-H. Relie les conversations 1-8 aux images.

Exemple : 1 E

1 « Salut, Omar, ça va ? On se voit ce soir ? »
« Oui, d'accord, à plus. »

2 « Bonjour, madame. Je me présente, Michel Leblanc, le patron »
« Enchantée, je suis Odile Rochat. »

3 « Victor, voici mes parents. »
« Bonsoir, Victor, vous êtes bienvenu chez nous. »

4 « Bonjour, ma chérie, ça fait plaisir de te voir. Tu vas bien ?»

5 « Bonjour, monsieur, madame. Voici votre clé. Je vous souhaite un excellent séjour. »

6 « Salut, Chantale. »
« Salut Luc. J'ai maths en premier cours, et toi ? »

7 « Madeleine, je vous présente Nicolas, le chef du projet. »
« Bonjour, Nicolas, c'est un plaisir de vous rencontrer. »

8 « Bonjour, messieurs, mesdames, vous êtes les bienvenus. J'espère que vous allez bien. Nous allons commencer par les jardins. »

1 b Regarde encore une fois l'exercice 1a. Décide si les mots soulignés sont formels (F) ou informels (I). Recopie ces mots, traduis-les dans ta langue et apprends-les par cœur.

Exemple : salut (I)

2 Tu vas entendre huit conversations dans des situations différentes. Les gens se rencontrent ou se présentent. Regarde la liste, décide où ils sont et si le registre linguistique est formel (F) ou informel (I).

Exemple : 1 C (F)

A dans une salle de présentation
B à l'école
C un entretien pour un job
D dans une maison

E à la réception d'un hôtel
F à la gare
G dans une entreprise
H chez une amie

3 Comment prononcer la lettre *h*. Écoute ces phrases et sépare les mots. Répète les phrases trois fois. Attention à la prononciation ! Réécoute pour vérifier. Refais l'exercice. Traduis les phrases dans ta langue. Apprends les phrases par cœur.

HenrihabiteàHonfleurdansunhôtelheureusementilaimemangerdesharicotsmaisdhabitudeil préfèreleshamburgers

4 Registre linguistique. Regarde la section grammaire D1. Ensuite choisis et écris la forme appropriée (formelle ou informelle) pour compléter la phrase.

Exemple : 1 Bonjour

1 « *Salut / Bonjour* Rachid. Je vous présente ma collègue. »
2 « Tiens, c'est Marie. Coucou Marie, *comment allez-vous / ça va* ? »
3 « Luc, tu viens jouer au foot avec nous ? »
  « *Salut / Bonne soirée* les gars, j'arrive. »
4 « Mesdames et messieurs je suis ravi de vous accueillir. J'espère que *vous allez bien / ça va.* »
5 « Au revoir, ma chérie. *À notre prochaine rencontre / à bientôt.* »
6 « Asseyez-vous *s'il te plait / je vous en prie.* »
7 « Vous connaissez ma femme ? »
  « *Enchanté / Super* de faire votre connaissance. »
8 « Tu vas où Céline ? »
  « *Bonsoir / Salut* Henri. Je vais au cinéma. Tu viens ? »

5 a Travaillez à deux pour faire un jeu de rôle. Choisis le rôle A (le parent) ou le rôle B (toi).
Tu arrives chez ton / ta correspondant(e).

A Bonjour et bienvenue dans notre maison.
B Bonjour, madame. Enchanté(e). C'est un plaisir de vous rencontrer.
A Suivez-moi, je vous en prie.
B Excusez-moi, madame, où est Karl ?
A Il est à l'école.
B Il finit à quelle heure ?

A Il finit à 17 heures, il va bientôt arriver.
B Merci, madame.
A Le voilà. Salut, chéri, ça va ?
B Salut, Karl.
A Allons à la cuisine. Je vais vous préparer à manger.

5 b Maintenant changez de rôle et faites le dialogue une deuxième fois. Changez les expressions soulignées en choisissant des expressions de la liste.

| je suis ravi(e) | tu vas bien ? | Bonsoir | s'il vous plait |

Décollage

3F.2 La vie dans les communautés francophones

★ **Parler de la vie quotidienne dans des pays francophones**
★ **Les adjectifs possessifs *notre*, *votre*, *leur***

La vie au Québec

La langue officielle de notre pays, le Québec, est le français et il est essentiel de savoir le parler pour communiquer. Les immigrants sont encouragés à prendre des cours de français et leurs enfants iront à l'école française.

Notre fête nationale est le 24 juin qui est **un jour férié** et s'appelle la Saint-Jean-Baptiste. Nous célébrons le solstice d'été avec **un grand défilé** dans les rues de Montréal, des grands spectacles musicaux et **un feu de joie**. Cette date correspond aussi à la fin des cours pour les étudiants.

Une autre date importante dans le calendrier québécois est **la semaine de relâche** qui a lieu la première semaine de mars depuis 1979. Nos écoliers et étudiants font une pause dans leurs études et peuvent participer à des activités éducatives ou à des clubs de vacances comme par exemple un club de hockey.

Nous espérons que vous aimerez habiter au Québec et apprécierez les différences avec votre pays.

1 a La vie au Québec. Lis l'article. Décide si ces phrases sont vraies (V) ou fausses (F).

Exemple : 1 F

1 On ne parle pas français au Québec.
2 Il y a des cours de français pour les gens qui ne le parlent pas.
3 Le jour de la fête nationale, on ne travaille pas.
4 Il y a un grand feu d'artifice.
5 Les étudiants québécois continuent les cours après le 24 juin.
6 Ils ont une semaine de vacances début mars.
7 Ils partent en vacances avec leurs parents.
8 On peut jouer au hockey pendant les vacances.

1 b Note les expressions en caractère gras, traduis-les dans ta langue et apprends-les.

2 a Vivre à Madagascar. Écoute la conversation. De quoi parlent-ils ? Pour chaque personne, écris les bonnes lettres. Attention ! il y a une lettre de trop.

Exemple : Personne 1 C, …
- **A** un plat typique
- **B** la fête nationale
- **C** la langue française
- **D** la langue malgache
- **E** le dessert
- **F** l'éducation
- **G** le défilé
- **H** les costumes

Personne 1 :
Personne 2 :
Personne 3 :

2 b Écoute encore. Corrige les erreurs dans les phrases suivantes.
1. Notre langue nationale est le français.
2. Nous mangeons beaucoup de pommes de terre.
3. Nous mangeons peu de fruits.
4. Notre fête nationale est le 28 juin.
5. On peut voir défiler les artistes.

3 a Les adjectifs possessifs *notre, votre, leur*. Regarde d'abord la section grammaire B9. Modifie les mots (a) à (j). Ils doivent respecter le sens correct de la phrase. Attention ! il n'est pas toujours nécessaire de changer les mots.

Il est intéressant de comparer (a)………. (*notre*) traditions avec celles d'un autre pays. On remarque la façon de vivre des habitants, (b)………. (*leur*) nourriture, et (c)………. (*leur*) habitudes. Les fêtes et jours fériés peuvent être aussi différents de ceux de (d) ………. (*notre*) pays. Quand je (e) ………. (*aller*) étudier au Québec l'année dernière, j'(f) ………. (*voir*) les étudiants faire une grosse fête le 24 juin pour célébrer la fin des cours ainsi que la fête nationale. Je leur (g) ………. (*demander*) : « qu'est-ce que vous allez faire pendant (h) ………. (votre) vacances ? ».
Ils m'(i) ………. (*dire*) : « Nous allons faire un stage de hockey ».
Moi, j'étais triste de quitter (j) ………. (*leur*) pays.

3 b Relis l'article *La vie au Québec* et trouve les exemples d'adjectifs possessifs. Traduis-les dans ta langue.

4 Travaillez à deux. Regardez la photo. A pose les questions et B répond. Ensuite changez de rôle.
1. Décris cette image.
2. De quelle sorte de fête peut-il s'agir ?
3. À ton avis, que vont-ils faire après ?
4. Quelles fêtes et quels jours fériés y a-t-il dans ton pays ?
5. Qu'est-ce que tu vas faire pour la prochaine fête ?

5 Écris environ 60-75 mots en français sur un pays étranger que tu as visité ou sur Madagascar ou le Québec. Tu dois employer tous les mots suivants.

| pays | spécialités | fêtes locales | à mon avis |

En Vol

3F.3 Aller dans une famille à l'étranger

★ **Vivre avec son/sa correspondant(e)**
★ *Le mien, la mienne, le tien, la tienne* etc.

Florence : Ma correspondante m'a envoyé une photo de sa ville.

Nathalie : C'est quelle ville, la sienne ?

Florence : C'est celle-là avec les maisons en noir et blanc.

Nathalie : Ah, c'est chouette. Elle habite une maison comme ça ?

Florence : Oui, je pense. Elle m'a dit que la sienne est comme ça. Quelle est la photo de la tienne ?

Nathalie : La mienne, c'est celle-ci.

Florence : Mais c'est vraiment la campagne ! Tu seras dans les montagnes ! Et le correspondant de Thomas ? Ce village avec l'église doit être le sien. C'est ça, Thomas ? Le tien habite là ?

Thomas : Oui, c'est le mien. Il habite en haut d'une colline. On appelle ça un village perché.

Florence : Tu penses que tu vas aimer les montagnes, Nathalie ?

Nathalie : Je ne sais pas, je m'inquiète un peu parce que c'est loin de la ville. Et pour aller à l'école le matin il faut se lever très tôt pour prendre le car. Et toi, Thomas, le tien, il est aussi loin de son école ?

Thomas : Non, je ne pense pas. Mais je ne sais pas si je vais pouvoir utiliser mon téléphone portable.

Florence : Comment ça ?

Thomas : Parce que il n'y aura peut-être pas de connexion.

Nathalie : Et toi, Florence, tu es inquiète ?

Florence : Oui, un peu. Je me demande si je vais comprendre quand la famille me parlera.

1 Ces jeunes parlent de leurs correspondant(e)s. Lis la conversation et réponds aux questions en français.

Exemple : 1 Le correspondant de Thomas.

1 Qui habite un village sur une colline ?
2 Pourquoi Nathalie s'inquiète-t-elle ?
3 Qui a peur de ne pas pouvoir comprendre la langue ?
4 Dans quelle sorte de maison habite la correspondante de Florence ?
5 Qui doit se lever tôt le matin ? Pourquoi ? [2]
6 Thomas pense qu'il ne pourra pas utiliser son téléphone portable. Pourquoi ?
7 Où se trouve l'école de la correspondante de Nathalie ?
8 Qu'est-ce que c'est, un village perché ?

2 Tu vas entendre une conversation dans laquelle Nathalie, Florence et Thomas parlent de leurs expériences à l'étranger. Pendant que tu écoutes les jeunes, choisis l'affirmation qui est vraie : A, B ou C.

Exemple : 1 A

1 Nathalie
  A aime la nourriture.
  B n'aime pas la nourriture.
  C n'aime pas la cuisine.
2 La famille de Nathalie
  A ne travaille pas.
  B travaille beaucoup.
  C n'aime pas travailler.
3 Thomas
  A a perdu son ordinateur.
  B n'aime pas l'ami de Patrice.
  C est allé dans un autre village pour se connecter à Internet.
4 Florence
  A a toujours peur de parler.
  B ne veut plus parler.
  C n'a plus peur de parler.

5 Les parents de la correspondante de Nathalie
  A ne sont pas fermiers.
  B sont fermiers.
  C n'habitent pas une ferme.
6 Thomas
  A a pu se connecter à Internet.
  B n'a pas pu se connecter à Internet.
  C ne veut plus se connecter à Internet.
7 Florence
  A n'a pas beaucoup visité.
  B n'a rien visité.
  C a beaucoup visité.
8 La personne qui aime son expérience le moins est
  A Florence
  B Thomas
  C Nathalie

G

3 *Le mien*, *la mienne* etc. Regarde la section grammaire B10. Lis les phrases 1-8 et identifie les huit exemples de pronom possessif. Écris-les et traduis-les dans ta langue.

Exemple : 1 La mienne

1 « Elle est comment la famille de ta correspondante ? La mienne est super. »
2 « Leur maison est très petite, la nôtre est beaucoup plus grande. »
3 « Mon correspondant est très accueillant. Il est comment le tien ? »
4 « Comment est ta famille ? Mélanie m'a dit que la sienne n'est pas très gentille. »
5 « Camille et Nicole m'ont parlé de leurs correspondants. Elles ont dit que les leurs sont vraiment sympas. »
6 « Le paysage où vous habitez n'est pas très beau, je pense que le leur est plus joli. »
7 « Je ne suis pas d'accord, je pense que le vôtre est plus joli. »
8 « Comment est le père de ta famille ? Simon m'a dit que le sien, dans sa famille, est très sévère. »

4 Tu es resté(e) dans une famille en France ou dans ton pays. Pose ces questions à ton / ta partenaire et puis changez de rôle.
  1 Combien de nuits as-tu passé dans cette famille ? Raconte ton séjour.
  2 Quelles ont été tes premières impressions de la famille ?
  3 Est-ce que tu as l'intention de répéter cette expérience à l'avenir et pourquoi (pas) ?
  4 Quels sont les bienfaits des séjours dans une autre famille, à ton avis ?

5 Imagine que tu vas passer du temps dans une famille francophone. Écris un e-mail. Voici quelques idées.
  • Donne des détails sur la destination du séjour et la famille.
  • Décris ce que tu voudrais faire pendant ce séjour.
  • Donne ton opinion sur les séjours dans une autre famille.
  • Est-ce que tu aimerais recevoir un étudiant étranger chez toi ? Pourquoi / Pourquoi pas ?

3G Customs and festivals

3G.1 Les pays du monde

Embarquement

> ★ **Parler des pays du monde et de leurs coutumes**
> ★ **Les nationalités**

Un souk marocain

Un temple indien

Henribouffe	Notre cuisine française a une réputation mondiale. Il est vrai qu'on aime bien manger.
Reggasol	Les amateurs de musique reggae connaissent bien la musique qu'on entend ici. Nos îles antillaises sont aussi bien connues pour leur ensoleillement.
Sousse35	Il y a beaucoup de touristes qui viennent ici, surtout en été. Les plages tunisiennes sont populaires avec les étrangers en particulier.
Annicksouk	Les souks marocains sont des marchés où on trouve de tout. C'est seulement ici qu'on en voit. On peut y acheter ses provisions et aussi des souvenirs par exemple.
Chocoeuro07	Nous, on est un petit pays mais tout le monde le connaît parce qu'à Bruxelles, il y a le Parlement européen. De plus, le chocolat belge est super.
expresso18	Chez nous, en Côte d'Ivoire, il fait chaud. C'est pour ça qu'on produit du café. Le café ivoirien est un des meilleurs cafés du monde.
Dehlicatess	Si vous aimez visiter les monuments, venez chez nous. Les monuments indiens sont fantastiques.
Kényanimaux25	Beaucoup de touristes étrangers viennent ici, au Kenya, pour faire un safari.

1 Lis les huit commentaires. Pour quelle raison est-ce que les pays sont bien connus ?

Exemple : 1 la cuisine

    1 la France   **5** la Belgique
    2 les Antilles   **6** la Côte d'Ivoire
    3 la Tunisie   **7** l'Inde
    4 le Maroc   **8** le Kenya

2 Écoute quatre personnes parler de leur pays d'origine et des langues parlées dans leur pays. Identifie le pays de chacun. Choisis une réponse dans la liste ci-dessous.

Exemple : 1 Madagascar

- l'Afrique du Sud
- la France
- le Nigeria
- la Belgique
- Madagascar

- l'Italie
- la Suisse
- l'Allemagne
- le Cameroun

3 Les nationalités. Regarde d'abord la section grammaire B1. Copie les huit phrases et complète-les en utilisant l'adjectif qui correspond au nom du pays donné entre parenthèses. Attention aux accords.

Exemple : 1 C'est une famille sud-africaine.

    1 C'est une famille .... (*l'Angleterre*).
    2 Sa meilleure copine est .... (*le Maroc*).
    3 Il a un cousin .... (*l'Espagne*).
    4 Le fromage .... (*la France*) est bien connu.
    5 Les meilleurs coureurs de marathon sont .... (*l'Afrique*).
    6 Elle est d'origine .... (*la Belgique*).
    7 Sousse est une ville .... (*la Tunisie*) au bord de la mer.
    8 Les glaces .... (*l'Italie*) sont super.

4 Comment prononcer la lettre *è*, par exemple *mon frère*. Écoute cette phrase et sépare les mots. Répète-la trois fois. Attention à la prononciation ! Écoute encore une fois pour vérifier. Refais l'exercice. Traduis la phrase dans ta langue. Apprends la phrase par cœur.

LepèrelamèreetlefrèredeThérèsehabitentàAthènesenGrèce.

5 a Travaillez à deux. Mentionne un pays à ton / ta partenaire, par exemple le Japon. Ton / Ta partenaire doit mentionner l'adjectif qui correspond à ce pays, par exemple, japonais. Ensuite changez de rôle. Continuez l'exercice le plus longtemps possible.

5 b Travaillez à deux. À tour de rôle, donnez un détail sur un pays francophone de votre choix. Continuez pour savoir qui va durer le plus longtemps.

Exemple : Les plages tunisiennes sont très belles.

6 Écris un paragraphe en français sur un pays de ton choix. Mentionne :
- son nom et sa situation géographique
- la/les langue(s) qu'on y parle
- la/les raison(s) pour laquelle/lesquelles il est connu
- si tu voudrais y aller en vacances et pourquoi

3G.2 Le monde des festivals

Décollage

★ Parler de festivals
★ Savoir reconnaitre l'imparfait ; savoir utiliser *c'était, il y avait, il faisait*

Le festival de Cannes

Le festival de Cannes est le rendez-vous du cinéma le plus connu du monde. En 1939, la France voulait établir un festival du cinéma à Cannes qui devait avoir lieu au mois d'aout. La Seconde Guerre mondiale allait commencer et le festival a été annulé. Le premier festival s'est passé en 1946. Depuis cette date, chaque année, les amateurs et les professionnels du septième art se réunissent pour participer au festival. L'année dernière, il y avait plus d'une vingtaine de films en compétition.

Il a fallu attendre 1993 pour voir une femme gagner la Palme d'or. Jusque-là, ceux qui la gagnaient étaient toujours des hommes. Chaque année, le jury donne la Palme d'or au film qui est le plus apprécié. Les gagnants, tels que le meilleur réalisateur, le meilleur acteur et la meilleure actrice, vont chercher leur prix en marchant sur un tapis rouge. Le rouge, parait-il, était la couleur réservée aux dieux dans l'antiquité.

Le festival dure douze jours et se passe tous les ans au mois de mai. On y voit non seulement des réalisateurs et des vedettes de cinéma mais aussi de nombreux journalistes venus de tous les pays. C'est en effet le festival du film international dont on parle le plus dans le monde entier.

FILM · VAINQUEUR · MEILLEUR FILM · MEILLEUR RÉALISATEUR · MEILLEUR ACTEUR · MEILLEUR ACTRICE

1 Lis l'article sur le festival de Cannes et indique les quatre affirmations qui sont vraies. Corrige aussi les quatre affirmations qui sont fausses.

Exemple : 1 faux – Le premier festival de Cannes a eu lieu en 1946.
   1 Le premier festival de Cannes a eu lieu en 1939.
   2 À cause de la Seconde Guerre mondiale, le premier festival a été retardé jusqu'en 1946.
   3 L'année dernière, il y avait vingt films en compétition.
   4 Ce sont des hommes qui ont gagné la Palme d'or jusqu'en 1993.
   5 La Palme d'or récompense le meilleur acteur.
   6 Le tapis rouge est un symbole de succès.
   7 Le festival a lieu en mai et dure deux semaines.
   8 C'est un festival connu dans le monde entier.

2 Tu vas entendre l'interview de trois participants qui ont respectivement participé au concours eurovision de la chanson (Amina), au festival de danse du Canada (Gabriel) et au festival du cinéma belge (Jade). Qui dit cela ? Réponds A, G ou J.

Exemple : 1 G

1 C'est quelque chose qui a changé ma vie.
2 J'ai toujours aimé chanter.
3 Gagner un prix à ce festival est incroyable.
4 J'ai vraiment été surprise de gagner.
5 Quand j'étais plus jeune, tout ce qui m'intéressait, c'était de sortir avec mes amis.
6 On n'y arrive pas tout seul.
7 J'ai commencé la danse il y a seulement trois ans.
8 Représenter mon pays est un grand honneur.

3 a Reconnaitre l'imparfait. Regarde d'abord la section grammaire K7. Lis les quatre phrases et identifie les verbes utilisés à l'imparfait. Ensuite traduis les phrases dans ta langue.

Exemple : gagnait

1 Il ne gagnait jamais mais maintenant tout a changé.
2 Quand il avait quinze ans, il rêvait d'être acteur professionnel.
3 Tout ce qu'il voulait faire dans la vie, c'était de danser.
4 Quand il était plus jeune, il ne s'intéressait pas à la musique.

3 b Réécris ces phrases à l'imparfait. Utilise *c'était, il y avait, il faisait*.

Exemple : 1 Il y avait du monde au festival.

1 Il y a du monde au festival.
2 C'est le meilleur festival de l'année.
3 Il fait des films fantastiques.
4 Qu'est-ce qu'il y a au programme ?

4 Travaillez à deux. Préparez ensemble des questions qui concernent un festival auquel vous avez assisté. Pose ces questions à ton / ta partenaire. Ensuite changez de rôle. Ajoute des détails supplémentaires si possible.

C'était	quel genre de festival ? où ? quand ?
Tu y es allé(e)	comment ? avec qui ?
Ça a duré	combien de temps ?
Qu'est-ce qui	s'est passé ?
Qu'est-ce que tu as	fait ? vu ? entendu ? aimé ? détesté ?
Pour quelles raisons ?	

5 Écris une réponse pour décrire un festival auquel tu as assisté ou que tu as vu à la télévision. Écris entre 60 et 75 mots en français. Tu dois employer tous les mots suivants.

mois	heures	opinion	chaud

En Vol

3G.3 Une journée très festive

★ **Décrire une visite à un festival**
★ **L'imparfait pour décrire dans le passé**

Ma visite au Cabaret Vert

La semaine dernière **j'ai passé toute une** (1)………. avec ma famille au Cabaret Vert qui a lieu chaque année au mois d'août à Charleville-Mézières, dans le nord de la France. Nous étions très impatients car **c'était notre première** (2)………. à ce festival.

Quand nous sommes entrés dans le festival, nous étions (3)………. d'apprendre qu'avec nos tickets, on pouvait aussi assister à d'autres évènements. Par exemple, moi, je suis allée voir une exposition de BD avec mon père et (4)………. **ce temps-là**, mes deux sœurs aînées sont allées à une démonstration de percussions africaines. Comme les concerts ne commençaient pas avant quatorze heures, nous avons décidé d'aller manger. **Il y avait un grand choix de** (5)………. et ce qui m'a étonnée, c'est qu'elle était principalement locale.

Le Cabaret Vert n'est pas comme tous les autres festivals de musique puisqu'à ce festival la musique n'est pas la seule chose qui compte. En effet, depuis sa création en 2005, ses organisateurs ont une mission écologique et économique **pour** (6)………. **les produits locaux** et aider à protéger l'environnement. Par exemple, les toilettes étaient des toilettes écologiques et j'ai aussi lu sur une affiche qu'ils recyclaient 96 % des verres en plastique. Il y avait même des débats sur l'environnement.

J'ai vraiment eu de la (7)………. d'aller à ce festival : **les concerts m'ont** (8)………., les gens étaient vraiment chaleureux et le soir, les lumières étaient magnifiques !

1 a Complète le blog avec les mots de la liste. Attention ! il ne faut pas utiliser tous les mots.

Exemple : 1 journée

journée	seule	nourriture	temps	aimer	chance
boissons	pendant	visite	vendre	plu	surpris

1 b Traduis les phrases en gras dans ta propre langue.

2 Deux festivals sénégalais. Écoute Assa et Omar qui parlent du Festival de Jazz de Saint Louis, et Aziz et Mayatta qui parlent de Kaay Fecc, un festival de danse. Qu'est-ce qu'ils disent ? Choisis la bonne option pour chaque phrase : A, B, C ou D.

Exemple : 1 B

1 Assa…
 A n'a pas aimé le festival.
 B a aimé le festival.
 C n'a pas aimé le temps.
 D a été déçue.

2 Selon Omar, l'année dernière…
 A il y avait plus de monde que d'habitude.
 B il y avait moins de monde.
 C les rues étaient plus bondées que d'habitude.
 D l'ambiance était moins calme.

3 Au dernier festival pour être servie, Assa devait attendre…
- A   longtemps.
- B   plus de trente minutes.
- C   dix minutes tout au plus.
- D   au moins une heure.

4 Aziz pense que les festivals précédents étaient…
- A   moins bien que le festival de cette année.
- B   mieux que le festival de cette année.
- C   aussi bien que le festival de cette année.
- D   les meilleurs.

5 Cette année au festival de Kaay Fecc…
- A   les visiteurs ne pouvaient pas participer à des spectacles.
- B   les danseurs professionnels dansaient avec les touristes.
- C   il y avait moins de danseurs professionnels.
- D   on ne pouvait pas danser dans les rues.

6 Cette année le feu d'artifice…
- A   était plus long que d'habitude.
- B   était moins long que d'habitude.
- C   n'était pas très coloré.
- D   était plus coloré que d'habitude.

G

3 a   L'imparfait. Regarde d'abord la section grammaire K7. Modifie les mots (a) à (j). Ils doivent respecter le sens correct de la phrase. Attention ! il n'est pas toujours nécessaire de changer les mots.

Exemple : dernière

L'année (a)………. (*dernier*) ma famille et moi sommes allés au carnaval de notre ville. Une fois arrivés, nous avons regardé la parade des danseurs et des musiciens qui (b)………. (*porter*) des costumes et des masques (c)………. (*incroyable*). J'(d)………. (*être*) vraiment émerveillé. Comme il (e)………. (*faire*) très chaud, ma sœur et moi avons décidé d'aller acheter une boisson. Pendant que nous (f)………. (*attendre*), j'ai vu un de (g)………. (*mon*) amis qui (h)………. (*danser*) derrière les musiciens. Ça m'a fait beaucoup rire ! Il (i)………. (*porter*) des vêtements très (j)………. (*coloré*) et un grand chapeau jaune. Les carnavals me plaisent vraiment puisque l'ambiance y est toujours festive.

3 b   Maintenant relis le blog de l'exercice 1 et recopie tous les verbes à l'imparfait. Pour chaque verbe, écris l'infinitif qui correspond.

Exemple : nous étions - être

4   Travaillez à deux. Regardez la photo. A pose les questions et B répond. Ensuite changez de rôle.

1   Fais une description de la photo (couleurs / objets / personnes / temps / vêtements / émotions / endroit)
2   Parle-moi de la femme à gauche avec le pantalon marron clair.
3   Les touristes qu'on voit sur la photo, que vont-ils faire après la parade ?
4   Qu'est-ce que tu penses de ce genre de tradition ?
5   Quels sont les avantages pour une ville ou un village d'avoir des festivals ?

5   Écris un paragraphe pour décrire un festival ou un carnaval auquel tu es allé(e) ou que tu as vu à la télévision. Dans ton paragraphe il faut inclure les détails suivants :
- L'endroit où le festival se passait
- Le temps qu'il faisait
- Avec qui tu étais
- Ce que tu portais et ce que les autres personnes portaient
- Ce que les gens faisaient
- Ce que tu as fait / vu
- Ton opinion

3H.1 On se déplace

Embarquement

★ **Parler des moyens de transport**
★ *En / à + mode de transport*

une voiture   un bus / un autobus   un avion   un train

une personne à pied   un vélo   une moto   un taxi

Salut,

Ça va ? Tu me demandes comment je vais au collège. Eh bien, d'habitude, j'y vais à vélo parce que ce n'est pas loin de chez moi. Il faut dix minutes pour y arriver. Quelquefois, j'y vais avec mes copains à pied. S'il pleut, mon père m'emmène en voiture. À la fin de la journée, je rentre en bus s'il fait mauvais ou bien à pied s'il ne pleut pas.

Mon grand frère, lui, va au travail à moto mais s'il ne fait pas beau, il y va en train. Il a dix-huit ans. Ma belle-mère va souvent en ville pour faire des courses. En général, elle y va en taxi. C'est plus facile que d'y aller à pied.

Et toi, tu habites loin de la ville et de ton collège ?

À bientôt,

Luc

---

1 a   Lis le courriel de Luc. Copie les phrases et complète-les en ajoutant le moyen de transport correct.

Exemple : 1 D'habitude, Luc va au collège à vélo.

1 D'habitude, Luc va au collège ....
2 De temps en temps, il y va avec ses amis ....
3 S'il fait mauvais, il y va avec son père ....
4 Si le temps n'est pas beau, il rentre chez lui ....

5 S'il fait beau, il rentre à sa maison ....
6 Le frère de Luc va au travail la matin ....
7 S'il fait mauvais, il y va ....
8 Pour faire les achats, sa mère va en ville ....

1 b   Fais correspondre les débuts de mots (1-6) aux fins de mots (7-12), puis traduis ces moyens de transport dans ta langue.

Exemple : 1 en métro

1 en mé	4 en cam	7 teau	10 ylette
2 en c	5 à mob	8 cyclette	11 ionnette
3 en ba	6 à bi	9 tro	12 ar

2 Écoute quatre personnes qui participent à un sondage sur les moyens de transport. Copie la grille et complète-la.

	Pour aller au collège	Pour aller au travail	Pour aller en vacances
1 Exemple	à vélo	en train – en bus	en avion
2			
3			
4			

3 *En / à* + mode de transport. Regarde d'abord la section grammaire J et la liste de vocabulaire pour identifier les moyens de transport. Copie et complète te les huit phrases en ajoutant *à* ou *en* à chaque phrase. Traduis aussi les phrases dans ta langue.

Exemple : 1 Ma sœur va à son travail en métro.

1 Ma sœur va à son travail ..... métro.

2 On a fait une croisière ..... bateau super.

3 Mes grands-parents ont fait une excursion ..... car récemment.

4 Mon père voyage beaucoup ..... camion pour son travail.

5 Ils ont fait une randonnée ..... bicyclette.

6 On est allés voir nos copains ..... mobylette.

7 Ils vont au boulot ensemble ..... camionnette.

8 J'ai traversé le lac ..... bateau à voile.

4 Comment prononcer *eu*, comme par exemple *on peut*. Écoute cette phrase et sépare les mots. Répète-la trois fois. Attention à la prononciation ! Écoute encore une fois pour vérifier. Refais l'exercice. Traduis la phrase dans ta langue. Apprends la phrase par cœur.

Silpleutilestheureuxcarilpeutresterchezluisilveut.

5 Pose les cinq questions ci-dessous à ton / ta partenaire. Réponds aussi à ses questions et ajoute des détails supplémentaires si possible. Pour t'aider, utilise le tableau.

1 Comment vas-tu au collège ?

2 Combien de temps faut-il pour y arriver ?

3 Et s'il pleut ?

4 Et tes parents, comment vont-ils au travail ?

5 Comment voyagez-vous quand vous partez en vacances ?

Je vais	au collège	à pied / à vélo / à moto / à mobylette / à bicyclette.
Pour y arriver, il faut	dix minutes	en bus / en voiture / en taxi / en camionnette / en car / en train / en métro / en bateau.
S'il pleut,	j'y vais	
Mon père / Ma mère	va au travail	
Quand on part en vacances,	on y va	

6 Écris une phrase en français qui explique comment tu fais le trajet dans chacune de ces situations.

Exemple : Le matin, je vais à l'école en bus.

1 Pour aller à l'école.

2 Pour rentrer chez toi le soir.

3 Pour aller en ville.

4 Pour aller voir tes copains.

5 Pour aller en vacances.

3H.2 On y va à pied ou en bus ?

Décollage

★ **Parler de ses déplacements à pied et en bus.**
★ *Venir de* **au présent suivi d'un infinitif.**

On attend le bus

Clément X
Moi, je me déplace plus souvent en bus qu'à pied. J'habite en pleine campagne. Par exemple, je viens de rentrer du collège. Ça a pris cinq minutes. À pied, il faut au moins une demi-heure. C'est peut-être bon pour la forme mais ça prend trop de temps et puis, s'il pleut, est-ce qu'il est nécessaire que j'arrive chez moi tout mouillé ?

Romanewoman
Comme le car de ramassage scolaire est gratuit, c'est comme ça que je vais au collège mais quand je vais en ville, j'y vais souvent à pied, parce que le car coute cher. Un billet aller-retour est à presque trois euros. Combien de temps ça prend ? Eh bien, presque une demi-heure. C'est assez loin, à mon avis.

Adamlafourmi
Quel est l'avantage de prendre le bus ? Tout le monde devrait faire de la marche, il me semble. Les jeunes ne font pas assez de sport, c'est bien connu. Moi, je viens d'arriver chez moi. J'étais en ville. J'ai mis vingt minutes, c'est tout. Moi, je vous pose la question : est-ce qu'il est important de garder la forme ?

Selma-gique
On sait tous que la marche est bonne pour la santé, mais moi, je préfère faire d'autres sports. De plus, mon temps est limité. Comment est-ce que je peux perdre une heure par jour quand nos profs nous donnent tant de devoirs ? Pas possible. Je viens de faire mes devoirs pour demain. Il est dix heures du soir ! Donc, tout ce qui m'économise du temps, je le fais, comme prendre le bus pour mes déplacements.

1 Lis ce forum de discussion sur les avantages et les inconvénients de se déplacer à pied et en bus. Qui dit cela ?

Exemple : 1 Adamlafourmi
1 Si on veut rester en forme, il faut marcher tous les jours.
2 Ça coute beaucoup d'argent de prendre les transports en commun tous les jours.
3 Ma maison est trop loin de mon école. C'est pour ça que je prends le bus pour y aller.
4 Je n'ai pas le temps d'y aller à pied.
5 Il me faut faire une heure de marche pour aller en ville et revenir chez moi.

6 Pour garder la forme, je fais de la natation et du basket.
7 Je n'utilise pas les transports en commun pour une question de forme.
8 S'il fait mauvais, je prends le bus.

2 Les moyens de transport préférés. Trois personnes parlent de leurs moyens de transport préférés. Pour chaque personne écris les bonnes lettres. Attention ! il y a une image de trop.

Exemple : 1 F, …

1 :   2 :   3 :

A

B

C

D

E

F

G

H

3 a *Venir de* au présent suivi d'un infinitif. Regarde d'abord la section grammaire K20. Modifie les mots (a) à (j). Ils doivent respecter le sens correct de la phrase. Attention ! il n'est pas toujours nécessaire de changer les mots.

Exemple : a viens

Je dois faire un projet pour le collège sur les transports en commun. Alors je (a)………. (*venir*) de demander à (b)………. (*mon*) famille son opinion car nous (c)………. (*venir*) tous d'utiliser un transport (d)………. (*différent*). Alors… mes parents (e)………. (*venir*) de passer une heure dans les embouteillages. Gaëtan, mon frère, lui vient de (f)………. (*passer*) trente minutes debout dans un train car il était très (g)………. (*bondé*) et Capucine, ma sœur, (h)………. (*venir*) de descendre d'un bus qui est tombé en panne alors elle est en retard. Ils sont tous (i)………. (*énervé*) mais pas moi ! Moi, je viens de (j)………. (*rentrer*) du lycée à pied alors je ne suis pas stressée !

3 b Lis le forum de discussion encore une fois et recopie toutes les phrases avec *venir de*. Puis traduis-les dans ta langue.

Exemple : Par exemple, je viens de rentrer du collège.

4 Travaillez à deux. A pose des questions et B répond. Ensuite changez de rôle.
1 Décris la photo s'il te plait.
2 Que fait la jeune fille debout à gauche ?
3 À ton avis, qu'est-ce que cette fille à droite va faire plus tard ?
4 Parle-moi de la dernière fois que tu as utilisé un transport en commun.
5 Quels sont, selon toi, les inconvénients et les avantages des transports en commun ?

5 Écris un paragraphe en français qui explique la manière dont tu viens de rentrer chez toi. Tu dois inclure les points suivants :
• D'où tu viens
• Comment tu es rentré(e)
• Combien de temps cela t'a pris
• Pourquoi tu as choisi de rentrer en bus / à pied

3H.3 Les voyages organisés

En Vol

> ★ **Parler de vacances organisées et de la manière de voyager**
> ★ **La voix passive**

Trois voyages inoubliables

Ce voyage est organisé par Vacances Plus.

Huit jours en pension complète avec guide accompagnateur qui parle français – à partir de 1200 euros.

L'Inde est un pays immense où les populations vivent en harmonie. Visitez le nord, ses montagnes et ses forêts. Allez voir la capitale et surtout la vieille ville dont les bâtiments sont des merveilles d'architecture.

Dans le nord du pays, on aime bien faire la fête et s'amuser dans la rue. Tout ceci contribue à une bonne ambiance. On doit reconnaitre qu'il y a du bruit dans les villes. Il y a tellement de voitures que la circulation en ville est pratiquement impossible. Quand vous en avez assez de tout cela, détendez-vous en allant visiter la citadelle de Jaisalmer ou le temple d'Armistar.

Paysage de l'Inde

Cette promotion vous est offerte par Vacances Africaines.

Partez en safari au Kenya et profitez aussi des belles plages et du climat équatorial qui fait qu'il est agréable tout le long de l'année. Visitez les parcs naturels tels que le Masai Mara. Vous y rencontrerez des lions, des éléphants, des léopards et même des rhinocéros. Avec nous, vous verrez tout ce qu'il y a à voir. Vous vous déplacerez en minibus et serez assis à côté d'une fenêtre. Le vol de Paris à Nairobi dure huit heures. Passez la deuxième semaine près de Mombassa, sur les plages. À partir de 1800 euros.

Le Masai Mara et ses animaux

Ces vacances vous sont proposées par Europtrain.

Faites vous plaisir. Faites le tour de l'Europe en train. Ça vous dit ? Restez deux jours dans chacune des sept villes mentionnées sur l'itinéraire et explorez-les. À chacune de ces destinations, vous serez libre de découvrir la ville seul(e) si c'est votre désir ou bien de participer à une de nos excursions. Le but de chaque excursion est de vous montrer ce qu'il ne faut pas manquer dans cette ville. Vous resterez dans des hôtels à trois étoiles et le repas du soir est compris dans le prix. À partir de 2200 euros.

Une vue de Prague

1 Lis ces trois publicités de voyages et les huit affirmations (1–8). Identifie les affirmations qui sont vraies. Corrige les quatre affirmations qui sont fausses.

Exemple : 1 V
   1 Le voyage en Inde permet d'explorer la partie nord du pays.
   2 Les villes en Inde sont souvent très animées et bruyantes.
   3 Le voyage au Kenya dure une semaine.
   4 Le Masai Mara est une belle plage.
   5 Vous aurez une place dans le minibus qui vous permettra de ne rien manquer.
   6 Le voyage offert par Europtrain vous donne l'occasion de visiter toutes les capitales européennes.
   7 Les excursions sont proposées en option.
   8 Le prix comprend la pension complète.

2 Tu vas entendre Mme Depeyre (D), M. Morin (M) et Mme Vernon (V) dire ce qu'ils pensent de leurs dernières vacances à un intervieweur. Lis les affirmations (1-8) attentivement. Qui dit cela ?

Exemple : M
   1 Moi, les plages, je connais ça. Je n'ai pas besoin d'aller si loin pour en trouver.
   2 On avait un guide super qui nous a tout bien expliqué.
   3 J'ai préféré la première semaine parce qu'on a vu toutes sortes de bêtes sauvages en liberté.
   4 On a mangé des plats typiques de chaque pays. Ça m'a bien plu.
   5 Il faut dire que le vol était plutôt long et on a été un peu surpris par la chaleur.
   6 Le problème, c'était que si on allait en excursion, il n'y avait plus assez de temps pour faire autre chose.
   7 Comme il y avait des embouteillages, on a passé beaucoup de temps dans le car.
   8 C'est un moyen de transport qui a beaucoup d'avantages mais aussi des inconvénients.

3 La voix passive. Regarde d'abord la section grammaire K17. Réécris les huit phrases à la voix passive.

Exemple : 1 Le confort des grands hôtels est apprécié par la plupart des gens.
   1 La plupart des gens apprécient le confort des grands hôtels.
   2 Europtrain a organisé des excursions.
   3 L'itinéraire mentionne sept villes.
   4 Vacances Africaines offre deux semaines au Kenya pour moins de 2 000 euros.
   5 Le groupe a visité la citadelle et le temple.
   6 Le guide a tout expliqué.
   7 Les touristes aiment le Masai Mara.
   8 Vacances Plus propose un séjour en Inde pour 1 200 euros.

4 Travaillez à deux. A pose les questions et B répond. Ensuite changez de rôle.
   1 Parle-moi d'un voyage que tu as fait récemment.
   2 Décris-moi la région ou la ville que tu as visitée.
   3 Qu'est-ce qui t'a plu le plus dans ce voyage ?
   4 Si tu participais à un autre voyage, où aimerais-tu aller et pourquoi ?

5 Écris un blog sur un voyage organisé auquel tu as participé (réel ou imaginaire). Écris entre 130 et 150 mots. Tu dois mentionner les détails suivants :

   • Donne des détails sur la destination du voyage
   • Décris les préparatifs pour le voyage que tu as dû faire avant de partir
   • Donne ton opinion sur les voyages organisés, en général
   • Parle d'un autre voyage (organisé ou pas) que tu espères faire à l'avenir et pourquoi

Vocabulaire

3A.1 Je vais en ville

la banque
la bibliothèque
la boutique
la cathédrale
le centre commercial
le centre sportif

le château
le cinéma
le commissariat (de police)
l'église (f)
la gare (routière)
la gendarmerie

l'hôpital (m)
l'hôtel de ville (m)
le jardin public
la mairie
l'office de tourisme (m)
le parc

le parking
la poste
le stade
le supermarché
le syndicat d'initiative
le théâtre

3A.2 À la campagne et en ville

agréable
animé(e)
l'arbre (m)
le bistrot
le bruit
charmant(e)
le château
la colline

l'église (f)
l'endroit (m)
l'espace (m)
le fleuve
la fontaine
l'herbe (f)
historique
imposant(e)

impressionnant(e)
industriel(le)
le jardin public
la place du marché
le lac
le monde
neuf / neuve
la place

profiter de
la rivière
si
en terrasse
touristique
tranquille
typique

3A.3 Je déteste ma ville

l'ambiance (f)
se baigner
beaucoup de…
le bistrot
la circulation
cultiver
dangereux (-euse)

en été
excellent(e)
en hiver
loin/loin d'ici
le paysage
peu de…
pittoresque

pollué(e)
préférer
près de…
proche
se promener
l'opinion (f)
le quartier

reposant(e)
les sports nautiques (m)
sûr(e)
tout à fait
la vue

3B.1 Qu'est-ce qu'on achète ?

l'alimentation générale (f)
la bague
la bijouterie
la boucherie
la boulangerie

la brosse à dents
la charcuterie
combien
la crème solaire
la crèmerie

l'épicerie
la librairie
les lunettes de soleil
la parfumerie
les pastilles pour la gorge

le peigne
la poissonnerie
le prix
le savon
la trousse de toilette

3B.2 Faisons les courses

acheter
appartenir
le bureau de tabac
la caisse
le centre commercial
cher / chère
le client
le / la commerçant(e)

couter
l'électroménager (m)
faire les courses
le grand magasin
la grande surface
l'hypermarché (m)
le libre-service
le magasin

le marchand
le marché
la monnaie
la nourriture
le panier
la papeterie
la pharmacie
le produit

le rayon
le sac (en plastique)
le supermarché
le vendeur / la vendeuse
vendre

3B.3 Mon argent de poche

les achats (m)
l'argent (m) de poche
la banque
les bijoux (m)
bon marché
la boutique
le boulot

la carte bancaire
les chaussures (f)
le client / la cliente
couter
faire des économies
faire du lèche-vitrine
faire du shopping

les fournitures scolaires
gagner
le maquillage
le / la marchand(e)
la marque
la pointure
le portefeuille

le porte-monnaie
les soldes (m)
la taille
les vêtements

3C.1 Parlons de l'argent

l'argent (*m*)	le chèque	la facture	la pièce d'identité
la banque	*le compte bancaire*	la fiche	*pour cent*
le billet	le cout	*les frais de commission*	remplir
la caisse	*déposer*	la monnaie	*retirer de l'argent*
la carte bancaire	*le distributeur automatique*	le passeport	
le centime (le centime d'euro)	*de billets*	payer	
changer	l'euro (*m*)	la pièce	

3C.2 On reste en contact ?

la boite aux lettres	le courriel / le courrier	la messagerie électronique	supprimer
le bureau de change	électronique	le mot de passe	surfer sur Internet
le bureau de poste	*le cybercafé*	l'ordinateur (portable) (*m*)	la tablette
la carte postale	l'écran (*m*)	le portable	télécharger
chatter / tchater	l'e-mail (*m*)	rapide	le texto
le colis	en ligne	le réseau social	le timbre
se connecter	le haut débit	sauvegarder	le wifi / Wi-Fi
la connexion	la lettre	le SMS	

3C.3 Zut, j'ai perdu mes clés...

le bureau des objets trouvés	l'erreur (*f*)	le parapluie	remercier
le cartable	excusez-moi	perdre	remplir
la carte d'identité	le formulaire	la pièce d'identité	le renseignement
la clé	la faute	la perte	le sac
composer un numéro	laisser	en plastique	se retrouver
contacter	ne quittez pas	le portefeuille	s'il vous plait
en cuir	le nom	le prénom	trouver
envoyer	oublier	recevoir	le voleur / la voleuse

3D.1 L'environnement et moi

l'agriculture bio (f)	l'écologiste (*f*)	nettoyer	ramasser
le danger	l'environnement (*m*)	polluer	le recyclage
dangereux (dangereuse)	*faire le tri*	la pollution	recycler
les déchets (*m*)	falloir (il faut)	*préserver*	sauver
l'eau (*f*) (non-)potable	l'incendie (*m*)	*les produits biologiques*	*trier*
l'écologie (*f*)	jeter	la protection	
écologique	le nettoyage	protéger	

3D.2 On adore les parcs nationaux

abriter	la beauté	l'endroit (*m*)	la nature
l'aire (*f*)	*la cabane*	être ravi	nager
l'animal sauvage (*m*)	la chaleur	faire des randonnées	le paysage
avoir le gout de	le climat	*faire la découverte de*	la planète
se baigner	au cœur de	*favoriser*	le plein air
la baignade	dangereux (-euse)	la ferme	se promener
se balader	découvrir	la forêt	*ravir*
la biodiversité	se détendre	au milieu de	le sentier

3D.3 Notre environnement est en danger !

agir	la campagne	le déplacement	inquiétant(e)
l'amélioration (*f*)	consommer	*l'emballage (m)*	limiter
améliorer	la consommation	*faire un geste*	*les déchets ménagers (m)*
les animaux (*m*) marins	le conseil	*fabriquer*	*les pesticides (m)*
l'autoroute (*f*)	la côte	grave	le problème
biodégradable	*(se) dégrader*	s'inquiéter	*les produits bio (m)*

la protection	recycler	le résultat	trier
protéger	réduire	*la solution*	*l'usine (f)*
le recyclage	*résoudre*	le triage	

3E.1 Le temps qu'il fait

en automne	en été	le nuage	le sud
beau (belle)	froid	l'ouest (m)	le temps
le brouillard	en hiver	le pays	le vent
chaud	mauvais(e)	au printemps	
l'est (m)	le nord	le soleil	

3E.2 Les prévisions météorologiques

l'averse (f)	l'est (m)	il y a du tonnerre	l'ouest (m)
la brume	il fait beau / mauvais	il y a du vent	pleuvoir
brumeux (-euse)	il fait chaud / froid	la météo	la pluie
la chaleur	il fait … degrés	neiger	la saison
changer	il fait soleil / il y a du soleil	le nord	le sud
le ciel	il gèle	le nuage	la température
couvert	il neige	nuageux (-euse)	le temps
l'éclaircie (f)	il y a du brouillard	l'orage (m)	

3E.3 Les changements de climat

l'automne (m)	l'environnement (m)	l'hiver (m)	risquer de
la chaleur	l'été (m)	mauvais (e)	la sécheresse
le changement	fort (e)	menacer	le soleil
changer	la glace	la météo	le sud
le climat	il fait X degrés	le printemps	la terre
la couche d'ozone	*la fonte des glaces*	le réchauffement de la planète	

3F.1 Bonjour ou salut… ?

aller bien	ça va ?	*enchanté(e)*	rencontrer
l'ami(e)	*ma chérie*	faire la connaissance de	salut
bienvenue	*le/la collègue*	le plaisir	
bonjour	comment allez-vous ?	*prier (je vous en prie)*	
bonsoir	la connaissance	recevoir	

3F.2 La vie dans les communautés francophones

s'amuser	déjeuner	*les habitudes (f)*	le quartier
l'armée (f)	le déjeuner	le jour de congé	le réveillon (de Noël, du Nouvel An)
le calendrier	la fête	le jour férié	le spectacle
le carnaval	*la fête nationale*	*la langouste*	la tradition
célébrer	fêter	*le malgache*	*traditionnel(le)*
les chants de Noël (m)	le feu de joie	Noël	le voisin
la communauté	les feux d'artifice	Pâques	
le défilé	folklorique	les préparatifs	

3F.3 Aller dans une famille à l'étranger

à l'étranger	enrichissant(e)	le logement	voir
accueillant(e)	l'étudiant(e)	loger	le voyage linguistique
accueillir	l'excursion (f)	le mal du pays	le voyage scolaire / la sortie scolaire
avoir peur de	l'expérience (f)	participer à	
comprendre	la famille d'accueil	le paysage	
le / la correspondant(e)	gentil(le)	recevoir	
la destination	les grandes vacances	le séjour	
l'échange (f)	*l'impression (f)*	la visite culturelle	
l'endroit (m)	l'invité(e)	visiter	

3G.1 Les pays du monde

à l'origine	le connaisseur	francophone	parler
l'amateur (*m*)	connu(e)	l'île (*f*)	le pays
la capitale	étranger (étrangère)	la langue	situé(e)
chez	français(e)	le marché	venir

3G.2 Le monde des festivals

l'acteur / l'actrice	*le danseur / la danseuse*	le programme	le tapis
l'admirateur / l'admiratrice	les effets (*m*) spéciaux	le réalisateur / la réalisatrice	tel que
l'amateur (*m*)	*l'entrainement (m)*	la récompense	tout le monde
assister à	gagner	le rendez-vous	le trophée
attirer	le gagnant	se réunir	la vedette
célèbre	incroyable	rêver	la victoire
le chanteur / la chanteuse	partager	*le septième art*	
le concours (m)	participer à	*surprenant(e)*	
connu	se passer	*le symbole*	

3G.3 Une journée très festive

l'ambiance (f)	le concert	le feu d'artifice	*la parade*
s'amuser	convivial (e)	formidable	participer à
assister à	le costume	il fait chaud / froid / chaud /	se passer
avoir lieu	*le danseur / la danseuse*	mauvais	se rendre à
bondé (e)	*émerveillé(e)*	il y a du monde	le spectacle
briller	s'ennuyer	la lumière	la visite
le carnaval	l'évènement (*m*)	magnifique	visiter
chaleureux (-euse)	l'exposition (*f*)	*le masque*	le visiteur
le choix	*festif (-ve)*	le / la musicien (-ne)	

3H.1 On se déplace

à l'étranger	*la camionnette*	*mener*	le trajet
l'avion (*m*)	le car	le métro	le vélo
le bateau	combien de temps	la mobylette	la voiture
le bateau à voile	comment	la moto	voyager
la bicyclette	*la croisière*	*le moyen de transport*	
le camion	se déplacer	à pied	

3H.2 On y va à pied ou en bus ?

agréable	couteux (-euse)	la foule	quotidien(ne)
l'aller-retour (*m*)	debout	gratuit(e)	la santé
s'asseoir	se déplacer	la marche	le siège
assis(e)	l'embouteillage (*m*)	marcher	stressé(e)
bon marché	emmener	mouillé(e)	tant de
bondé(e)	en retard	le moyen de transport	le trajet
le car de ramassage scolaire	l'endroit (*m*)	la place	venir de
coincé(e)	fiable	poser	vide

3H.3 Les voyages organisés

à travers	compris(e)	*se faire des amis*	la place
agréable	découvrir	*se faire plaisir*	la plupart
l'ambiance (*f*)	*dépaysant (e)*	*faire la découverte de*	*la population locale*
attirer	*se dépayser*	gouter	profiter
le bruit	*se déplacer*	l'habitant (*m*)	*rencontrer des gens*
le but	l'endroit (*m*)	*l'itinéraire (m)*	le trajet
la capitale	être assis(e)	le parc naturel	vivre
la citadelle	expliquer	la pension complète	le vol

La Suisse, un pays prospère et accueillant

Informations sur la Suisse

La Suisse est un pays avec des frontières avec la France, l'Allemagne, l'Italie, l'Autriche et le Liechtenstein. Elle est formée de vingt-six cantons. La ville de Berne en est la capitale.

C'est un pays qui est assez montagneux. En effet, les Alpes en occupent une bonne partie. La population de la Suisse est d'environ huit millions d'habitants dont la plupart habitent les grandes villes telles que Zurich et Genève.

C'est un pays neutre, c'est-à-dire qu'il ne participe pas aux décisions politiques ou militaires prises par les autres pays.

C'est aussi un pays prospère où la qualité de vie est bonne. De nombreux touristes viennent en Suisse pour y faire du ski par exemple ou simplement se relaxer.

Le climat y est doux en été et froid en hiver. Les quatre saisons de l'année sont bien distinctes.

La Suisse est connue dans le monde pour son horlogerie de précision. Le chocolat suisse a aussi une renommée internationale. Les amateurs de spécialités suisses apprécieront la fondue et la raclette, deux recettes de cuisine fantastiques.

La Suisse est un pays très accueillant où il est facile de se sentir chez soi. On s'habitue vite à son rythme de vie qui est dans l'ensemble plutôt calme.

1 Lis les informations sur la Suisse. Les phrases 1-8 contiennent chacune une erreur. Corrige les erreurs.

1 La Suisse est entourée de quatre pays différents.
2 Genève est la capitale de la Suisse.
3 La population des grandes villes est de huit millions d'habitants.
4 La Suisse fait partie de l'Union européenne.
5 Beaucoup de touristes viennent y faire des sports nautiques.
6 Au mois d'aout, il fait plutôt frais.
7 La Suisse a une renommée internationale pour sa cuisine.
8 Les gens mènent une vie assez frénétique.

Genève, qu'en pensez-vous ?

On peut se promener au bord de l'eau

La ville et le lac Léman

Suissavantou	Moi, j'y travaille et ça me plait bien. Évidemment, c'est une grande ville et il y a beaucoup de circulation. Heureusement que les transports publics sont bien organisés.
Genevoicar	Peut-être que oui, mais si on prend sa voiture, on ne sait pas où la mettre. Il n'y a pas assez de places de parking. On n'habite pas tous près d'un arrêt d'autobus ou d'une gare !
Envirofana1	Je ne vous comprends pas, Genevoicar. Prenez votre vélo, ça vous fera du bien. Et l'air qu'on respire sera meilleur, non ? En plus, comme ça, vous apprécierez la beauté de notre ville.
Optimiste25	De quoi vous plaignez-vous ? Vous avez une ville extraordinaire, au bord d'un lac. Je sais bien que je n'y vis pas. En fait, je ne suis ici que pour une semaine, mais il est évident que c'est un endroit presque idéal.

Quelles langues parle-t-on en Suisse ?

Mets-toi au défi. Devine les informations (A-E) qui manquent.

Eh bien, cela dépend où vous habitez en Suisse. Si vous êtes proches de la France, la langue française est dominante. **1**.......... de la population parle français en Suisse.

L'allemand toutefois est la langue la plus utilisée. Près des **2**.......... de la population parlent allemand.

Dans la partie sud de la Suisse, on se sert de l'italien pour communiquer. Cela concerne environ **3**.......... pour cent de la population.

Traditionnellement, il existe une quatrième langue officielle qui s'appelle le romanche.

Celle-ci cependant est en train de disparaitre et est parlée par seulement **4**.......... actuellement.

Au travail, **5**.......... parle anglais. Ceci est un effet de la mondialisation et de l'influence anglo-américaine sur le reste du monde.

A une personne sur cent

B un quart

C une personne sur quatre

D dix

E deux tiers

Schweizer Pass
Passeport suisse
Passaporto svizzero
Passaport svizzer
Swiss passport

Le Maroc, un pays de charme

Vivre à Casablanca

Moi, j'habite à Casablanca. C'est la ville la plus prospère du Maroc. C'est une ville moderne en pleine expansion. On construit beaucoup de nouvelles maisons et c'est devenu maintenant un peu trop grand. Il y a trop de circulation sur les routes et la pollution y est importante. Il y a aussi beaucoup d'industries, ce qui n'arrange rien. Bien sûr, il y a la mer… heureusement ! Casablanca n'est pas une belle ville mais la plupart de ceux qui y vivent l'adorent.

Casablanca vue de la mer

J'ai mon boulot en ville. Je commence le matin à 8 heures et je rentre chez moi à 17 heures. J'habite chez mes parents dans un appartement super. C'est vrai qu'il y a de la pauvreté qui est évidente dans certains quartiers à l'extérieur de la ville. Casablanca est en effet une ville de contrastes où la richesse et la pauvreté coexistent, ainsi que l'ancien et le moderne, la vie occidentale et la vie africaine, le monde musulman et le monde séculaire. Ces différents aspects de la ville la rendent unique au Maroc.

Tout cela est peut-être un peu chaotique mais aussi fascinant. Le weekend, ce qui me plait le plus, c'est de me promener et de voir comment vivent les gens. Ici, je me sens libre de vivre comme je veux et le fait que ce n'est pas une ville touristique est aussi quelque chose de positif, à mon avis.

Le samedi, soit je reste chez moi soit je sors avec mes copains et mes copines et on va au cinéma ou en boite de nuit, ça dépend. Il y a tout ce qu'il faut pour les jeunes ici.

1 Lis le blog de Farida et dis si les affirmations 1-6 sont vraies (V), fausses (F) ou si l'information ne nous est pas donnée (ND).

1 Entre la circulation et les industries, Casablanca n'est pas une ville sans problèmes.

2 C'est une ville au bord de l'eau qui n'est pas sans charme.

3 Farida habite dans un bel appartement mais dans un quartier pauvre.

4 Farida trouve la diversité architecturale et culturelle qui existe à Casablanca plutôt choquante.

5 Farida se plait beaucoup à Casablanca.

6 Comme il y a beaucoup de choses à faire pour les jeunes à Casablanca, Farida va voir un film ou va danser chaque weekend.

Menteur ! Nabila, Amjad et Samira parlent du Maroc.
Qui est le menteur/la menteuse ?

Nabila Le climat permet d'y partir en vacances une grande partie de l'année. Les touristes visitent Marrakech parce qu'ils adorent les souks et les plages. Pour ceux qui aiment le ski, il y a les montagnes de l'Atlas.

Amjad Casablanca est la plus grande ville du Maroc et en est la capitale. C'est aussi la première métropole du Maghreb et le port le plus important du continent africain. On visite souvent Casablanca pour les affaires. Après Marrakech et Agadir, c'est la ville la plus visitée du pays.

Samira Il y a beaucoup de mosquées à visiter au Maroc. L'influence musulmane est bien en évidence. Il y a les souks bien sûr et aussi des monuments romains importants. Les gens sont sympa, il y fait chaud et puis, à Essaouira par exemple, on est au bord de l'Atlantique.

A Prix réduits pour ceux qui savent y faire.
B Un nombre inimaginable d'articles.
C Un lieu de rencontres.
D Des marchés artisanaux.

Les marchés marocains

1

En France, quand on dit : « C'est le souk », cela veut dire que tout est en désordre. Au Maroc, un souk est un marché qui se passe quelquefois en plein air et quelquefois dans une série de salles et de tentes. Les commerçants y vendent souvent des produits qu'ils ont faits eux-mêmes comme par exemple des bijoux, des tapis, des vêtements, de la poterie ou du parfum.

2

On y trouve tout ce dont on a besoin, comme par exemple des fruits, des légumes, des épices, des souvenirs, etc. Dans certains souks, on peut même acheter des animaux tels que les moutons. Les marchands sont normalement organisés en quartiers ; un pour l'alimentation, un pour l'habillement, un autre pour l'équipement.

3

Comme les prix ne sont pas toujours fixes, il est recommandé de marchander dans les souks, c'est-à-dire d'offrir un prix inférieur au prix demandé. Attention ! vous n'avez qu'à regarder un produit ou simplement vous arrêter et le marchand viendra vous parler en espérant que vous achèterez quelque chose.

4

Les souks ne sont pas des marchés ordinaires. On y vient pour faire ses courses mais aussi pour voir ses amis. Ce sont des endroits pleins de charme où vous apprécierez l'ambiance marocaine.

On trouve tout ce qu'on veut au souk

Coin examen 3.1

Les activités d'écoute plus sophistiquées

Introduction

Dans la section 1 de l'examen il y a trois types d'exercice d'écoute :

- Identifier la réponse correcte (A, B, C ou D).
- Compléter les phrases.
- Classer des informations (arranger selon des catégories).

Il y a trois types d'enregistrement :

- Interviews (conversations entre personnes).
- Des personnes qui parlent de leurs expériences.
- Des personnes qui donnent leurs avis.

Stratégies générales pour l'écoute

→ Avant d'écouter, lis les instructions et les questions.
→ Pas de panique ! Tu vas écouter l'enregistrement deux fois.
→ Fais attention aux temps – à ce niveau il est important de reconnaitre les différences entre le passé, le présent et le futur.
→ À ce niveau la réponse n'est pas souvent évidente. Il va falloir faire des déductions.
→ Prends des notes pendant l'écoute.

Identifier la réponse correcte (A, B, C ou D)

→ Lis le titre – il va te donner une idée sur l'exercice.
→ Tu vas certainement entendre des synonymes ou des paraphrases des mots de la question.
→ La réponse n'est pas toujours évidente. Il faut parfois déduire la réponse.
→ Tu vas aussi sans doute entendre certains mots qui sont dans les réponses. Fais attention car c'est peut-être un piège.

---

1 a Avant l'écoute, travaillez à deux. Lisez les questions de l'exercice 1b et identifiez les réponses qui sont probablement fausses et celles qui sont probablement vraies. Justifiez vos choix.

Exemple : Question 1 – La réponse A est probablement fausse parce que les quatre saisons ne sont jamais les mêmes.

1 b Les changements climatiques. Quatre lycéens, Marie, Alexis, Louane et Sacha, font des recherches sur l'environnement. Écoute ce qu'ils disent et coche les 6 bonnes cases.

Exemple 1 B

1 Marie dit qu'avant, les quatre saisons étaient

A		toutes les mêmes.
B	X	très distinctes.
C		très froides.
D		chaudes.

[1]

2 Selon Alexis, il y a des changements climatiques à cause

A		de l'activité humaine.
B		d'un phénomène naturel et cyclique.
C		du changement de saisons.
D		de personne.

[1]

3 Louane dit que les inondations sont causées par

A		les sècheresses.
B		la glace qui fond.
C		des précipitations intenses.
D		la pollution.

[1]

4 Sacha dit que dans les régions polaires nous allons voir

A		plus d'inondations.
B		des sècheresses.
C		une élévation du niveau des eaux.
D		la glace qui commence à fondre.

[1]

5 Selon Marie, la meilleure solution au problème du changement climatique est

A		d'avoir un impact important sur la planète.
B		d'arrêter de polluer l'atmosphère.
C		de s'assurer contre les changements climatiques.
D		de se battre contre les forces naturelles.

[1]

6 Selon Alexis, pour améliorer la situation,

A		les actes individuels sont les plus importants.
B		les actions des industries sont les plus importantes.
C		il faut interdire les transports.
D		les individus et les industries doivent agir.

[1]

[Total : 6]

Compléter les phrases

➜ Ta connaissance de la grammaire va t'aider avec ce type d'exercice.
➜ Remplis **tous** les blancs – la grammaire va t'aider.

L'argent de poche

2 a Avant l'écoute, travaille avec ton / ta partenaire. Pour chaque phrase identifiez deux mots qui pourraient compléter la phrase. La grammaire va vous aider. Expliquez la raison de vos choix.

Exemple : Pour la phrase (A) il faut peut-être une quantité avant son argent ou un adverbe après le verbe. Dans la liste il y a A – beaucoup et J – peu.

2 b Maintenant écoute et choisis la bonne lettre pour chaque phrase.

A beaucoup	**E** à l'intérieur	**I** difficile	**L** les CD
B facile	**F** économiser	**J** peu	**M** avant
C égoïste	**G** la musique numérique	**K** discipliné	
D dehors	**H** travailler		

a	Maintenant Erwan dépense … son argent	J
b	Erwan pense qu'économiser de l'argent n'est pas …	
c	Erwan est …	
d	Erwan préfère …	
e	Pour son argent de poche Erwan doit travailler …	
f	Erwan pense que ses copains devraient …	

Classer les informations

➜ Fais une liste d'expressions positives et négatives pour exprimer ton opinion, comme *ce que j'aime le plus*. Pense à des verbes (*préférer, détester*) ou adjectifs (*formidable, pire*).
➜ Il n'est pas nécessaire d'écrire des phrases complètes.
➜ Fais attention aux expressions négatives.

Le temps en vacances

3 a Travaille avec ton / ta partenaire. Faites une liste d'expressions qui peuvent être utilisées pour exprimer des avantages et des inconvénients.

Exemple : le pire, le mieux, ce qui me plait le plus…

3 b Maintenant écoute l'interview et note les détails en français. Il n'est pas nécessaire d'écrire des phrases complètes.

	Avantages	Inconvénients
Exemple : la pluie	*regarder des films*	*le sol de la maison mouillé*
le soleil	a	b
		c
la neige	d	f
	e	

En Vol

Coin examen 3.2

Les activités de lecture plus sophistiquées

Introduction

Il y a deux types d'exercice de lecture plus sophistiqués :

- Prendre des notes.
- Répondre à des questions en français.

Il y a deux types de texte :

- Des extraits d'œuvres littéraires (par exemple un roman, une pièce de théâtre, un poème, des lettres ou des textes historiques).
- Des articles (par exemple de journal, de magazine, de sites Internet ou de brochures).

Conseils généraux pour la lecture du texte

→ Lis attentivement le titre du texte et les instructions pour savoir ce qu'on te demande de faire.

→ Ensuite, lis le texte rapidement pour en comprendre le sens général.

→ Lis bien les instructions et les questions pour savoir quels renseignements tu dois trouver dans le texte.

→ Relis le texte pour pouvoir trouver les détails dont tu as besoin pour compléter l'exercice.

→ Fais attention aux temps ! À ce niveau tu dois reconnaitre les différences entre les temps du présent, du passé et du futur.

→ Lis les phrases en entier. Ne t'arrête pas sur un mot qui te semble être la réponse. C'est peut-être un piège !

→ Certaines réponses ne seront pas explicites dans le texte – il faut déduire la réponse.

Prendre des notes

« La montre de Passepartout est en retard »

Extrait adapté de « LE TOUR DU MONDE EN 80 JOURS » de Jules Vernes

Chapitre VIII

Une conversation entre *Fix* et *Passepartout*.

— [...] Il faut que j'achète des chaussettes et des chemises ! Nous sommes partis sans valises, avec un sac de nuit seulement, dit Passepartout.

— Je vais vous conduire à un bazar où vous trouverez tout ce qu'il faut.

— Monsieur, répond *Passepartout*, vous êtes vraiment d'une gentillesse ! Surtout, il faut faire attention à ne pas manquer le bateau !

— Vous avez le temps, répond Fix, il n'est encore que midi !

Passepartout tire sa grosse montre.

— Midi ! Allons donc ! Il est neuf heures cinquante-deux minutes !

— Votre montre retarde, dit Fix.

— Ma montre ! Une montre de famille, qui vient de mon arrière-grand-père ! Elle marche parfaitement.

— Je vois ce que c'est, dit Fix. Vous avez gardé l'heure de Londres, qui retarde de deux heures environ sur Suez. Il faut remettre votre montre au midi de chaque pays.

— Moi ! Toucher à ma montre ! Jamais !

1 a Recopie les mots en gras et traduis-les dans ta propre langue. Apprends-les car ils te seront certainement bientôt utiles.

1 **Achats** de Passepartout : (2)

2 **Bagage** de voyage : (1)

3 **Qualité** de Fix : (1)

4 **Inquiétude** de Passepartout : (1)

5 Moment de la **journée** : (1)

6 **Description** de la montre de Passepartout : (1)

7 **Heure** sur la montre de Passepartout : (1)

8 **Endroit** visité précédemment : (1)

9 **Lieu actuel** de Passepartout : (1)

> ➜ Apprends des mots-clés comme ceux de 1a.
> ➜ Trouve les mots-clés dans chaque question.
> ➜ Regarde le nombre de détails qui sont demandés.
> ➜ Pense à des paraphrases ou des synonymes qui ont le même sens que les mots-clés.
> ➜ Il n'est pas nécessaire d'écrire des phrases complètes.

1 b Prends des notes sur « La montre de *Passepartout* est en retard » et réponds aux questions dans 1a.

Exemple : 1 chemises et chaussettes

Répondre aux questions en français

Le transport – un problème urgent

Avec les moyens de transport la vie est plus facile mais ils sont une des causes les plus importantes de la pollution atmosphérique. Plusieurs pays ont déjà agi contre ce problème. Par exemple en cas de crise de pollution les Parisiens doivent respecter le système de *circulation alternée*, c'est-à-dire, utiliser leur voiture seulement un jour sur deux.

À l'avenir, la voiture électrique sera peut-être une solution. Elle existe déjà et certains pays tels que la Norvège l'ont adoptée avec enthousiasme. Les statistiques montrent qu'un quart des voitures neuves sont des voitures électriques. En attendant son expansion au niveau mondial, il faut que chacun pense au co-voiturage par exemple. C'est une solution simple qui pourrait réduire la circulation de moitié s'il était plus répandu.

Les transports publics, comme l'autobus ou le train, sont certainement utiles mais pas pratiques ; ils ne plaisent pas autant que la voiture puisqu'ils ne nous amènent pas de porte à porte et ils ne sont pas du tout bon marché. Pourtant il faut absolument passer à l'action. Ce n'est pas seulement le gouvernement qui doit agir mais aussi tous les individus. Il faut penser aux générations futures qui ont le droit d'avoir un environnement sain.

1 Quel est l'avantage des moyens de transport ? (1)
2 Donne **deux** détails sur le système de *la circulation alternée* à Paris. (2)
3 Qu'est-ce qui montre l'enthousiasme de la Norvège pour les voitures électriques ? (1)
4 Quel serait l'aspect positif du co-voiturage ? (1)
5 Donne **deux** aspects qui pourraient dissuader les gens d'utiliser les transports en commun. (2)
6 À qui appartient la responsabilité de trouver une solution au problème du transport ? (2)
7 Comment sera l'environnement dans les générations futures si on n'agit pas ? (1)

[Total : 10]

2 a Lis l'article superficiellement pour comprendre l'essentiel.

→ Note le temps du verbe dans la question. Cela t'aidera pour ta réponse.
→ Note le mot interrogatif dans chaque question (Pourquoi ? Comment ? Quel ?). Ça t'aidera à trouver la bonne réponse.
→ De manière générale, évite de copier des expressions entières (ou des phrases) directement du texte. Il faut manipuler la langue.
→ Suis le texte car les questions sont dans l'ordre du texte.
→ Identifie le nombre de renseignements qu'il faut donner. Le nombre est indiqué entre parenthèses, par exemple (1) ou (2).

2 b Maintenant fais une lecture plus approfondie de l'article et réponds aux questions en français. Il n'est pas nécessaire d'écrire des phrases complètes.

Exemple : 1 la vie est plus facile

4A Childhood

4A.1 Mon enfance

Décollage

★ **Parler de quand tu étais petit(e)**
★ **L'imparfait pour parler de ce qui se passait avant**

1 Remplis les blancs avec les mots de la liste.

Exemple : 1 grimper

1 J'aime .... dans les arbres.
2 Quand maman n'est pas contente, elle me ....
3 J'aime .... dans la boue.
4 Ma sœur a une .... qui s'appelle Lilou.
5 Mon petit frère a beaucoup de ....

6 Quand je ne suis pas gentille, je suis ....
7 Un livre avec beaucoup d'images, c'est une ....
8 Quand on n'est pas content et qu'on ne veut pas parler, on ....

grimper	boude	sauter	poupée
mesquine	bande dessinée	gronde	jouets

Qu'est-ce que tu aimais faire quand tu étais petit(e)?

Célia, 16 ans
Mes grands-parents s'occupaient de nous le mercredi parce que nos parents travaillaient et on jouait dehors. Moi, ce que j'aimais faire c'était grimper aux arbres avec mes frères et sœurs. Quelquefois c'était un peu dangereux car on sautait des branches. J'étais vraiment casse-cou avant et ma grand-mère me grondait beaucoup ! Maintenant c'est différent.

Maël, 17 ans
Quand j'avais huit ans mes copains venaient chez moi le samedi et nous jouions avec les figurines de nos personnages de BD préférés et de dessins animés. Nous continuions les histoires que nous avions vues à la télé et nous inventions une autre histoire. À cet âge je lisais aussi beaucoup ! Maintenant quand ils viennent, on joue à des jeux en ligne.

Sofia, 15 ans
Quand nous étions petites, mes copines aimaient jouer avec leurs poupées. Moi je préférais jouer avec les jouets de mon frère. Le problème, c'est qu'il ne voulait pas partager alors il boudait et il pleurait quand je jouais avec ses petites voitures et ses trains. Il faut dire aussi qu'avant, j'étais un peu mesquine car je ne voulais pas lui rendre les jouets que je lui avais pris.

2 Lis le blog et indique si les phrases ci-dessous sont vraies (V) ou fausses (F).

Exemple : 1 F

1 Célia est fille unique.
2 Avant, Célia passait ses mercredis en plein air.
3 Quand elle était petite, Celia n'était pas toujours prudente.
4 Avant, Maël et ses copains aimaient répéter les histoires qu'ils avaient vues à la télé.

5 Quand il avait huit ans, Maël allaient voir ses amis le weekend.
6 Quand elle était petite, Sofia aimait jouer avec des poupées.
7 Avant, Sofia n'était pas gentille avec son frère.
8 Quand elle était petite, Sofia ne voulait pas partager les jouets.

3 Philippe parle de son enfance. Note les détails en français (ou en chiffres).

Exemple : 1 45

1 Philippe a ………. ans.
2 Quand il avait huit ans, ses cheveux étaient ……
3 À cet âge Philippe habitait ……….
4 Quand il avait huit ans, Philippe aimait jouer…….

5 Avant il ………. beaucoup.
6 Avant sa passion c'était les ……….
7 ………. avait peur des chiens.
8 Maintenant il a ………. chiens.

4 a L'imparfait. Regarde d'abord la section grammaire K7. Remplis chaque blanc avec la forme correcte de l'imparfait d'un verbe de la liste.

Exemple : 1 aimais

1 Avant, j'………. jouer avec mes poupées mais maintenant c'est l'ordinateur !
2 Autrefois, je ………. des heures devant les dessins animés. Malheureusement, maintenant je n'ai pas le temps.
3 Auparavant, avec mes amis on ………. bien courir dans la forêt et on ………. dans les arbres.
4 Quand nous ………. petites, ma sœur et moi nous ………. tout le temps.

5 Mes parents me ………. quand je ………. des bêtises.
6 Quand j'………. deux ans, je ………. dans la même chambre que ma sœur.
7 Avant, je ………. pendant des heures dehors le samedi mais maintenant j'ai trop de devoirs.
8 Avant, nous ………. à la piscine tous les samedis matin.

monter	avoir	*aimer*	jouer	faire	être
passer	gronder	se déguiser	aller	dormir	aimer

4 b Maintenant relis le blog de l'exercice 2 et recopie tous les verbes à l'imparfait. Puis traduis-les dans ta langue.

Exemple : tu aimais, …

5 Travaillez à deux. Regardez la photo. A pose les questions et B répond. Ensuite changez de rôle.

1 Décris cette photo, s'il te plait.
2 Parle-moi de la fille à gauche.
3 À ton avis, qu'est-ce que les enfants ont fait avant ?
4 Qu'est-ce que tu aimais faire quand tu étais petit(e) ?
5 Quelles sont les activités que tu voudrais faire de nouveau maintenant ?

6 Maintenant, écris un e-mail à ton / ta correspondant(e) francophone pour parler de ton enfance. Inclus les points suivants :
● comment tu étais ● ce que tu aimais ● les activités que tu faisais quand tu étais petit(e) ● et dis pourquoi.

Avant / Auparavant / Autrefois	j'aimais je voulais je n'aimais pas je détestais	jouer courir dormir aller
Il y a … ans Quand j'étais petit(e) Quand j'avais … ans	je jouais avec mes jouets / figurines. j'avais beaucoup de poupées. je lisais des bandes dessinées. j'allais à la piscine. je jouais dehors. je grimpais aux arbres. j'avais les cheveux courts / longs / frisés. j'étais grand(e) / mesquin(e) / méchant(e) / gentille / casse-cou.	

4A.2 Auparavant la vie était si différente

En Vol

★ **Parler de ce que les personnes âgées faisaient avant**
★ **Le plus-que-parfait**

Chapitre 2

Souvenirs d'enfance

Élisa entre dans le salon avec un album de photos qu'elle a trouvé la veille. Elle s'assoit sur le canapé. Elle tourne les pages du vieil album et s'arrête soudainement sur une page.

— Regarde Papy, sur cette photo tu es si petit et tes cheveux sont différents! Tu peux me parler de ton enfance ?

— Tu sais, sur cette photo j'étais plus petit que toi. J'avais cinq ans et là, tu vois, c'est ma sœur, Martine.

— Tante Martine ?

— Oui, Tante Martine. Elle a bien changé ! Tu vois le chapeau que je porte, je l'avais reçu en cadeau pour mes cinq ans.

— Un chapeau pour tes cinq ans ? Tu n'avais pas eu de jouets alors ?

— Non pas de jouets. Tu sais, mes parents n'avaient pas beaucoup d'argent alors pour Noël ou pour nos anniversaires, ils nous offraient des vêtements ou des choses utiles. Tu vois la robe que ma sœur porte ? Mes parents la lui avait offerte pour ses huit ans.

— Tu n'avais pas de jouets du tout alors ?

— Si, mais pas beaucoup ! Pas comme toi !

— Ah oui, moi j'en ai beaucoup !

— Mon jouet préféré était une petite voiture en bois que j'avais eue pour mes quatre ans. C'était mon grand-père qui l'avait faite.

— C'est la voiture qui est là-bas, sur l'étagère ?

— Oui, je l'ai gardée…

1 a Lis le texte et complète les informations en français pour chaque numéro. Il n'est pas nécessaire d'écrire des phrases complètes.

Exemple : 1 le salon

1 Pièce (1)
2 Détails physiques de Papy Marcel sur la photo qu'Élisa regarde (2)
3 Personnes sur la photo qu'Élisa regarde (2)
4 Cadeau de Papy Marcel pour son cinquième anniversaire (1)

5 Détail sur les parents de Papy Marcel (1)
6 Cadeaux quand Papy était petit (2)
7 Cadeau pour les huit ans de la sœur de Papy Marcel (1)
8 Cadeau préféré de Papy Marcel (1)

1 b Utilise les mots du texte pour compléter les phrases suivantes (1-8).

Exemple : 1 papy

1 Le ……… d'Élisa s'appelle Marcel.
2 Il parle à Élisa de son ………….
3 Élisa et son papy sont assis sur ………….
4 Ils parlent principalement de ……….
5 Quand il était petit, le grand-père d'Elisa n'avait pas beaucoup de ……….

6 Selon son grand-père, Élisa a beaucoup de ……….
7 Quand il était petit, Papy Marcel avait un jouet ……….
8 Élisa découvre que le jouet qui est sur l'……. était le jouet préféré de son grand-père.

2 Timéo, Charlotte, Erwan et Louise parlent de leurs grands-parents. Dans chaque phrase il y a une erreur. Corrige-les.

Exemple : 1 ~~près~~ loin

1 Le grand-père de Timéo habitait **près** d'une ville.

2 Le grand-père de Timéo était allé à une fête **en bus**.

3 La grand-mère de Charlotte lui a parlé d'un cadeau qu'elle avait eu pour ses **douze** ans.

4 Pour son anniversaire la grand-mère de Charlotte avait reçu **une poupée**.

5 Le grand-père d'Erwan avait **une télé** dans sa chambre.

6 Quand le grand-père d'Erwan était ado, **le portable** n'avait pas été inventé.

7 La grand-mère de Louise avait l'habitude d'écrire des lettres à **ses parents**.

8 Souvent, la correspondance n'était pas **secrète**.

3 a Le plus-que-parfait. Regarde d'abord la section grammaire K9. Modifie les mots (a) à (j). Ils doivent respecter le sens correct de la phrase. Attention ! il n'est pas toujours nécessaire de changer les mots.

Exemple : a différente

L'adolescence de mon grand-père était (a)………. (*différent*) car il n'y avait pas toutes les technologies (b)………. (*moderne*). Autrefois quand il voulait des informations, il devait lire un livre qu'il avait (c)………. (*emprunter*) à la bibliothèque. Pour retrouver des amis, il devait respecter l'heure qu'ils (d)………. (*avoir*) arrangée quelques jours auparavant car ils ne pouvaient pas se contacter à la (e)………. (*dernier*) minute. Mon grand-père m'a dit qu'il (f)………. (*être*) très surexcité un jour quand il avait (g)………. (*voir*) dans un magazine des photos de (h)………. (*son*) chanteurs préférés anglais quand ils avaient (i)………. (*chanter*) en France. Sa sœur et lui étaient (j)………. (*aller*) de bonne heure acheter le magazine.

3 b Maintenant relis le texte de l'exercice 1a et recopie les phrases qui ont un verbe au plus-que-parfait. Traduis-les dans ta langue.

Exemple : Je l'avais reçu en cadeau pour mes cinq ans.

4 Travaillez à deux. Regardez la photo. A pose des questions et B répond. Ensuite changez de rôle.

1 Que faisaient tes grands-parents quand ils étaient petits ?

2 Décris la vie quotidienne de tes grands-parents.

3 Qu'est-ce qu'ils n'avaient pas à l'époque que tu as maintenant ?

4 Que penses-tu de leur enfance ?

5 Tu voudrais vivre leur enfance ? Pourquoi (pas) ?

5 Écris un blog sur la vie de tes grands-parents ou de personnes âgées que tu connais. Écris entre 130 et 150 mots. Tu dois mentionner les détails suivants.

- Décris la vie quotidienne de tes grands-parents ou des personnes âgées quand ils / elles étaient petit(e)s.
- Parle de ce que tes grands-parents ou les personnes âgées aimaient faire et pourquoi.
- Donne ton opinion sur l'enfance de tes grands-parents ou de ces personnes âgées.
- Comment tu espères que ta vie sera quand tu seras plus âgé(e).

4B   School rules and pressures

Décollage

4B.1 Que penses-tu du règlement scolaire ?

★ **Parler des avantages et des inconvénients des règles scolaires**
★ **Les adjectifs indéfinis comme** *quelque, chaque...*

1 a Complète les phrases avec les mots de la liste et traduis-les dans ta langue.
1 Dans mon collège on n'a pas le ………. d'utiliser son portable.
2 Il faut mettre ses cahiers et ses affaires dans un ……….
3 Si on ne respecte pas les règles on peut avoir une ……….
4 Je voudrais ………. mon collège.
5 Je pense que mes profs sont parfois très ……….
6 Dans mon collège l'uniforme est ……….

obligatoire	droit	améliorer
casier	retenue	sévères

Que penses-tu du règlement scolaire de ton collège ?

Delphine, Québec

Le règlement est essentiel pour s'assurer que tous les élèves se concentrent sur leurs études. Dans mon collège **on n'a pas le droit** d'apporter nos gadgets électroniques. Pour moi **cette règle est juste** mais plusieurs élèves ne la respectent pas.

Mathieu, France

Le règlement est important pour vivre en harmonie mais il y a certaines règles que je ne comprends pas. Je pense que **pour améliorer mon collège, il faut supprimer** la règle sur les casiers. Chaque élève a un casier pour toutes ses affaires mais **il est interdit** d'y aller entre les cours.

Amadou, Sénégal

D'un côté, les règles sont nécessaires pour le bon fonctionnement du collège et avec l'uniforme il n'y a pas de différences entre nous. **De l'autre côté, quelques règles sont trop strictes** et c'est stressant. Par exemple, **il faut absolument** arriver avant 7h45 tous les matins alors que les cours commencent à 8h30.

1 b Lis le blog. Qui dit ça ? Pour chaque phrase écris l'initiale qui correspond. Est-ce que c'est D (Delphine), M (Mathieu) ou A (Amadou) ?

Exemple : 1 A
Il / Elle dit que / qu'

1   certaines règles sont trop sévères.
2   veut changer quelques règles.
3   le règlement encourage les élèves à mieux travailler.
4   les règles peuvent avoir un effet négatif sur les élèves.
5   certaines règles sont ignorées.
6   avec des règles, tous les élèves sont les mêmes.
7   les règles installent un esprit de communauté.
8   si un collège n'a pas de règlement, il ne peut pas fonctionner correctement.

1 c   Traduis les phrases en gras dans le blog dans ta propre langue. Il y en a huit.

2   Le règlement au lycée. Écoute Jade, Maxime, Maya et Louis. Écris (V) si la phrase est vraie ou (F) si elle est fausse.

Exemple : 1 V

1   Jade pense que s'il y a des règles, c'est mieux pour les élèves.
2   Au lycée, Jade n'aura pas d'uniforme.
3   Pour Maxime, les gadgets électroniques ne sont pas une distraction.
4   Selon Maxime, si les élèves ont un téléphone au lycée ils ne veulent pas faire autre chose.
5   Dans le nouveau lycée de Maya, elle doit porter un uniforme.
6   Pour Maya, l'uniforme n'est pas une bonne idée.
7   Selon Louis, quelques règles dans son lycée sont strictes.
8   Selon Louis, il n'est pas nécessaire d'avoir un règlement strict pour bien apprendre.

3 a   Les adjectifs indéfinis. Regarde d'abord la section grammaire B7. Modifie les mots (a) à (j). Ils doivent respecter le sens correct de la phrase. Attention ! il n'est pas toujours nécessaire de changer les mots.

Exemple : a quelques

Cette année je suis au lycée et la vie y est complément différente. Il y a bien sûr (a)………. (*quelque*) règles que les élèves (b)………. (*devoir*) respecter mais on a plus de liberté. D'un côté, c'est bien car avant au collège (c)………. (*certain*) règles étaient vraiment trop strictes et j'étais vraiment stressé ! Par exemple, (d)………. (*chaque*) matin le professeur (e)……….(*inspecter*) notre uniforme et s'il n' (f)………. (*être*) pas correct on avait une retenue. Une (g)……….(*tel*) règle était vraiment stressante. D'un côté, je pense que le règlement a (h)……….(*plusieurs*) avantages comme s'assurer que tous les étudiants (i)……….(*avoir*) les (j)……….(*même*) chances de réussite scolaire.

3 b   Maintenant relis le blog de l'exercice 1b et recopie toutes les expressions avec des adjectifs indéfinis. Puis traduis-les dans ta langue.

Exemple : tous les élèves

4   Travaillez à deux. A pose les questions et B répond. Ensuite changez de rôle.

1   Dis-moi trois choses que tu as le droit de faire dans ton collège.
2   Dis-moi ce qu'il est interdit de faire dans ton collège.
3   Qu'est-ce que tu penses du règlement scolaire de ton collège ?
4   Qu'est-ce qui se passe quand un élève ne respecte pas le règlement ?
5   Comment voudrais-tu améliorer le règlement de ton collège ?

5   Maintenant, écris un article sur les règles de ton collège. Écris entre 60 et 75 mots en français. Tu dois mentionner les points suivants.

| le règlement | opinion | un problème | améliorer |

En Vol

4B.2 Le stress au collège

★ **Parler des raisons pour lesquelles les élèves sont stressés**
★ **Les pronoms relatifs plus complexes comme *lequel*, *auquel*, *duquel*…**

Ça me stresse vraiment !

Les profs sont stressants | Je suis stressé | Les contrôles me stressent

Selon une enquête récente, de plus en plus de collégiens se sentent [1]………. L'école est un endroit où les ados passent la plupart de leur temps mais malheureusement ils s'y sentent angoissés.

Les symptômes peuvent être très [2]………., cependant l'insomnie, l'envie de vomir ou la mauvaise humeur sont ceux dont les élèves souffrent le plus souvent. Mais quelles sont les raisons qui [3]………. ce stress ?

La plupart des élèves interrogés disent que ce qui les stresse particulièrement est la quantité de devoirs qu'ils reçoivent. Non seulement les devoirs [4]………. les jeunes quand ils ne comprennent pas les exercices ou n'ont pas le temps de les faire, mais ils provoquent aussi des [5]………. entre parents et enfants.

Une autre cause à laquelle il faut s'intéresser est la pression du groupe. De nombreux élèves se sentent [6]………. par leurs pairs et sont parfois forcés à faire des choses avec lesquelles ils ne sont pas d'accord comme les choix vestimentaires ou fumer.

Pour finir, la cyber-intimidation est la cause de stress qui a augmenté le plus ces dernières années. Le [7]………. se manifeste par e-mails ou par textos sous formes de menaces ou insultes. Les jeunes ne veulent pas aller à l'école puisque certains élèves continuent d'envoyer des messages pendant les cours.

Malheureusement la liste n'est pas finie ! Il faut y ajouter les règles trop strictes, les profs trop sévères, les retenues et bien sûr les [8]………. !

Il faut que les directeurs d'établissements et les parents s'unissent pour diminuer ce stress dont les élèves parlent de plus en plus et dont ils se plaignent ouvertement.

1 a Remplis les blancs dans l'article avec les mots suivants:

Exemple : 1   stressés

variés	*stressés*	harcèlement
causent	angoissent	intimidés
examens	disputes	

1 b Relis l'article et fais une liste des raisons du stress qui y sont données.

Exemple : la quantité de devoirs

2 Le stress au collège. Écoute Eléonore. Recopie le tableau et note les détails en français. Il n'est pas nécessaire d'écrire des phrases complètes.

	en sixième	**en troisième**
La situation	*beaucoup de stress*	*moins de stress*
Les problèmes	a b	c
Les solutions	d	e f

G

3 a Les pronoms relatifs. Regarde d'abord la section grammaire D7. Pour chaque phrase, choisis le pronom relatif qui convient parmi ceux de la liste ci-dessous.

Exemple : 1 où

dont	duquel	lequel	*où*	laquelle	dont	dont	auquel

1 Le collège est un endroit ………. les élèves se sentent stressés.
2 Le mal de ventre est un symptôme ………. certains élèves stressés souffrent.
3 Le harcèlement est un problème ………. il faut parler.
4 La cyber-intimidation est un problème ………. on doit s'intéresser.

5 Le stress causé par les bulletins trimestriels est une raison ………. la plupart des élèves se plaignent.
6 Les examens sont une période pendant ………. les élèves stressent beaucoup.
7 Le stress scolaire est un problème contre ………. il faut se battre.
8 Le règlement est un des aspects de la vie scolaire à cause ………. les élèves angoissent.

3 b Maintenant traduis les phrases dans ta langue.

3 c Relis l'article de l'exercice 1a et recopie les phrases qui ont un pronom relatif complexe.

4 Travaillez à deux. Regardez la photo. A pose des questions et B répond. Ensuite changez de rôle.

1 Fais une description de la photo s'il te plait.
2 Parle-moi de la femme en bleu.
3 Parle-moi de ce qui peut stresser les jeunes au collège.
4 Et toi, parle-moi d'une fois ou tu as été stressé(e). Qu'est-ce qui t'as stressé(e) ?
5 Qu'est-ce que tu voudrais changer dans ton collège pour améliorer la situation ?

5 a Écris un article sur le stress au collège. Inclus les détails suivants et utilise des pronoms relatifs complexes.
- Explique les raisons du stress des collégiens.
- Donne un exemple d'un(e) ami(e) qui a déjà été stressé(e) et les raisons pour ce stress.
- Explique ce que le collège devrait faire pour diminuer le stress.

5 b Travaillez à deux. Vérifiez si vous avez utilisé tous les détails et des pronoms relatifs complexes.

4C.1 Voyages et évènements scolaires

Décollage

★ **Parler des voyages et des évènements scolaires**
★ **Le passé composé et l'imparfait**

1 a Relie les mots à leur définition.

Exemple : 1 D

1	loger	**A**	une sortie
2	une famille d'accueil	**B**	quand tes parents et tes amis te manquent
3	un voyage scolaire	**C**	hospitalier
4	une excursion	**D**	rester
5	accueillant	**E**	qui t'apprend des choses
6	mal du pays	**F**	on va toujours se souvenir de ça
7	enrichissant	**G**	les hôtes qui reçoivent des voyageurs
8	inoubliable	**H**	une visite organisée par l'école

Comment était ton dernier voyage scolaire ?

Elsa : C'était certainement inoubliable ! Quand j'ai vu le logement, je ne voulais pas y rester. C'était sale et sombre. Le deuxième jour, on devait visiter un petit village pittoresque mais le car est tombé en panne. Pendant qu'on attendait le mécanicien au bord de la route, il a commencé à pleuvoir. On était tous trempés jusqu'aux os.

Franck : Moi, j'ai fini à l'hôpital. On visitait un vieux château impressionnant quand je suis tombé en montant des marches. Malheureusement, je me suis cassé la jambe. Le lendemain, je suis rentré chez moi parce que je ne pouvais pas faire d'excursions. J'ai dû rester à la maison pendant que mes amis s'amusaient bien.

Betty : J'ai fait un voyage linguistique au Canada. C'était super ! Nous avons visité des monuments très intéressants et admiré le paysage magnifique. Au début j'avais le mal du pays, mais la famille d'accueil était gentille et j'ai vite appris à me débrouiller sans mes parents.

---

1 b Lis les entrées de blog, et puis les phrases (1-8). Qui dit chaque phrase, Elsa (E), Franck (F) ou Betty (B) ? Écris les bons numéros pour chaque personne. Attention ! tu ne dois pas utiliser toutes les phrases. Une phrase peut être associée à deux personnes.

Exemple : F (Franck) – 1

1 Je me suis fait mal.
2 Je suis partie en Amérique du Nord.
3 Je suis devenue plus indépendante.
4 Je vais toujours me souvenir de ce séjour.

5 J'ai visité un bel endroit.
6 Je n'aimais pas être loin de ma famille tout d'abord.
7 J'étais toute mouillée.
8 Je suis retourné à la maison plus tôt que prévu.

1 c Relis les entrées de blog et fais une liste des mots utiles ou que tu ne connais pas. Traduis-les dans ta langue. Regarde dans un dictionnaire.

Exemple : tomber en panne,…

2 Le concert. Deux élèves parlent d'un concert qui a eu lieu à leur collège. Écoute et ensuite réponds aux questions en français. N'oublie pas de lire les questions avant d'écouter.

Exemple : 1 il avait mal à la tête

1 Pourquoi Karim n'était-il pas au concert ?
2 Pourquoi n'était-il pas trop déçu qu'il n'était pas là ?
3 Que faisait Sophie sur scène ?
4 Qu'est-ce que lui est arrivé et pourquoi ? [2]
5 Pourquoi le public ne pouvait-il pas entendre Céleste jouer du piano ?
6 Qu'est-ce qu'elle a fait ?
7 Pourquoi Aurélie pensait-elle que la réunion sportive allait être annulée?
8 Qu'est-ce qu'Aurélie a-t-elle réussi à faire ?

G

3 a Le passé composé et l'imparfait. Regarde d'abord les sections grammaire K7 et K8. Ensuite relie les débuts et les fins de phrase.

Exemple : 1 C

1 Elle est rentrée tôt
2 Il n'a pas fini ses devoirs
3 Nous nous promenions sur la plage
4 J'ai compris que vous n'avez pas reçu l'invitation
5 Les élèves travaillaient tranquillement
6 Pendant que tu étais absent,
7 J'ai essayé de dormir dans le car
8 Il faisait du ski

A quand il a commencé à pleuvoir.
B quand vous n'étiez pas à la fête.
C parce qu'elle avait froid.
D les auditions ont eu lieu.
E quand le prof a quitté la salle de classe en courant.
F parce que je m'ennuyais.
G quand il est tombé et s'est cassé le bras.
H parce qu'il n'avait pas le temps.

3 b Le passé composé et l'imparfait. Relis les entrées de blog de l'exercice 1. Trouve des exemples du passé composé et de l'imparfait dans la même phrase. Copie-les et traduis-les dans ta langue.

Exemple : Quand j'ai vu le logement, je ne voulais pas y rester.

4 Travaillez à deux. Regardez la photo. A pose des questions et B répond. Ensuite changez de rôle.

1 Qu'est-ce que tu vois sur cette image ?
2 Quels vêtements portent les élèves ?
3 À ton avis, où sont-ils ?
4 Quels sont les bienfaits de participer à un voyage scolaire ?
5 Décris-moi ton dernier voyage scolaire.

5 Écris maintenant une entrée de blog au sujet d'un évènement ou voyage scolaire récent. Pense aux points suivants :
- Où tu es allé(e) / Ce que c'était comme évènement.
- Comment tu as voyagé / Où il a eu lieu.
- Ce que tu as fait.
- Si tu t'es bien amusé(e).
- Ce que tu as appris.

4C.2 Mon échange scolaire

En Vol

★ **Parler d'un séjour dans une famille à l'étranger**
★ **Les pronoms indéfinis**

1 a Relie les mots à leurs définitions.

Exemple : 1 D

1	francophone	**A**	devenir accoutumé
2	la coutume	**B**	ce qu'il faut faire
3	la règle	**C**	hospitalier
4	respecter	**D**	qui parle habituellement le français
5	accueillant	**E**	demander à quelqu'un de baisser le prix de quelque chose
6	marchander	**F**	quelque chose dont on se souvient
7	s'habituer	**G**	la tradition
8	inoubliable	**H**	tenir compte de

Salut tout le monde,

Me voilà à l'île Maurice. Les Aymain sont vraiment très gentils et accueillants. J'ai de la chance d'être hébergé chez eux. Ils sont cinq : M. et Mme Aymain, leurs filles Anisha, seize ans, et Yashna, quatorze ans, et leur fils Yoan qui a dix-huit ans.

Tout est différent ici. Je me lève assez tôt. Les cours commencent et finissent plus tôt qu'en France car il fait très chaud ici l'après-midi. Après l'école, on ne fait pas grand-chose à cause de la chaleur. Certains vont directement à la plage mais nous y allons plus tard quand il fait moins chaud. D'autres vont acheter un roti chaud, un snack typiquement mauricien.

Mme Aymain travaille dans un magasin de vêtements et rentre vers cinq heures et demie le soir, après M. Aymain qui rentre à quatre heures. Ils mangent toujours en famille. C'est agréable. On mange bien ici. Tout est très frais !

Il y a des règles qu'il faut observer. J'en ai oublié quelques-unes. Cependant, je sais qu'il faut s'habiller correctement et au marché on doit marchander, c'est-à-dire demander au marchand de baisser le prix de quelque chose. N'importe qui peut le faire. Il faut simplement demander de l'aide à quelqu'un.

À bientôt,

Florian

1 b Florian écrit un courriel à sa famille. Lis-le puis réponds aux questions en français.

Exemple : 1 elle est gentille et accueillante

1 Pourquoi Florian aime-t-il la famille avec qui il reste ?
2 M. et Mme Aymain ont combien d'enfants ?
3 Pourquoi les élèves mauriciens ont-ils plus de temps libre pendant l'après-midi ?
4 Quand Florian aime-t-il aller à la plage ?

5 Qui rentre le premier, M. Aymain ou Mme Aymain ?

6 Pourquoi Florian aime-t-il l'heure du diner à l'Ile Maurice ? [2]

7 Pourquoi les étrangers doivent-ils faire attention aux vêtements qu'ils portent à l'Ile Maurice ?

8 Qu'est-ce qu'on doit faire au marché ?

2 Un séjour dans une famille à l'étranger. Que disent Marcel et Lucie ? Choisis la bonne lettre.

Exemple : 1 Marcel est allé au… E

A français	**F** anglais	**K** petit déjeuner
B restaurant	**G** Diome	**L** horrible
C différent	**H** pareil	**M** marché
D le déjeuner	**I** Poirier	
E *Canada*	**J** bonne	

1 Marcel est allé au…

2 Lucie est restée chez les…

3 Marie et Michel vont à un collège…

4 Le système scolaire au Sénégal et en France est…

5 Lucie mangeait du pain pour le…

6 Marcel a trouvé la cuisine chez les Poirier…

7 Marcel est sorti au…

G

3 Les pronoms indéfinis. Regarde d'abord la section grammaire B8. Modifie les mots (a) à (j). Ils doivent respecter le sens correct de la phrase. Attention ! il n'est pas toujours nécessaire de changer les mots.

Exemple : (a) restée

Salut, c'est Nadine. L'année dernière j'ai fait un échange scolaire en Inde où je suis (a)……… (*rester*) chez les Thakar, une famille très (b)……… (*accueillant*) de sept personnes. Je m'y suis bien (c)……… (*amuser*). (d)……… (*Tout*) y est différent, la vie (e)……… (*familial*), la vie scolaire… Chaque jour j'ai appris quelque chose de nouveau. Passer du temps dans un tel pays m'a fait me rendre compte que moi, j'ai de la chance mais (f)……… (*certain*) ne le supporteraient pas. Beaucoup de gens là-bas sont très pauvres, d'(g)……… (*autre*) n'ont même pas de logement. J'ai montré des photos à mes copines et (h)……… (*chacun*) était choquée. (i)……… (*Plusieurs*) ont même pleuré. Mon séjour en Inde était certainement inoubliable. Voici un beau pays. J'ai particulièrement aimé les grands marchés bien colorés qu'on ne voit pas ici. (j)……… (*Chacun*) est original et on peut y acheter de beaux souvenirs.

4 Es-tu déjà resté(e) dans une famille à l'étranger ou, sinon, dans ton pays ? Pose ces questions à ton / ta partenaire. Réponds aussi à ses questions.

1 Comment était la famille ?

2 Qu'est-ce que tu as mangé pour chaque repas ? Tu l'as aimé ?

3 Qu'est-ce qui était différent ?

5 Écris un blog sur un échange scolaire ou un séjour dans une famille. Écris entre 130 et 150 mots en français. Tu dois mentionner les points suivants.

- Où tu es allé(e)
- Comment était la famille
- Ce que tu as aimé et ce que tu n'as pas aimé et pourquoi
- Ce qui était différent et ce qui était pareil

4D.1 L'esprit d'équipe

Décollage

★ **Parler des équipes et des clubs sportifs**
★ **Les verbes d'opinion et les verbes modaux suivis d'un infinitif (passé, présent et futur)**

1 Complète les phrases avec un mot de la liste.

| équipe | inscrite | s'entrainer | encourage | participent | gagner |

    1 Samedi, je vais faire un match avec mon ………. de handball.
    2 Pour garder la forme, je me suis ………. à un club de natation.
    3 Mon entraineur m'………. à faire de mon mieux.
    4 Les athlètes ………. souvent à des compétitions.
    5 Pour devenir un champion, il faut ………. plusieurs fois par semaine.
    6 À chaque compétition, on a envie de ……….

Mon club, mon équipe

Poissondansleau
Je fais partie d'un club de natation et je m'entraine à la piscine municipale tous les jeudis après le collège. J'aime bien retrouver mes amis nageurs car on peut s'encourager pour participer à des compétitions de natation. Il y a une très bonne ambiance.

Ballonoval
Moi, je joue au rugby dans une équipe junior et on s'entraine tous les mercredis après-midi. On a des matchs tous les samedis et j'adore jouer avec mon équipe pour essayer de gagner. Samedi dernier, j'ai dû arrêter de jouer car je m'étais blessé à la jambe.

Lolajazz
Quand j'avais six ans, je faisais de la danse classique. On aimait bien faire des spectacles en fin d'année. J'ai voulu arrêter vers l'âge de onze ans parce que je préférais faire de la danse moderne-jazz et je continue à en faire en ce moment. C'est génial !

2 Lis le forum et décide qui parle. Poissondansleau (P), Ballonoval (B) ou Lolajazz (L).

Exemple : 1 B
    1 J'aime bien gagner quand je joue.
    2 J'ai changé d'activité depuis que j'étais petite.
    3 Je vais à mon club un soir après les cours.
    4 Je fais le même sport depuis l'âge de 6 ans.
    5 Je pratique mon sport le weekend.
    6 Récemment, je n'ai pas pu jouer.
    7 On s'entend bien avec les autres membres du club.
    8 On s'entraine un après-midi par semaine.

3 Tu fais partie d'un club ? Écoute la conversation et corrige le mot incorrect dans chaque phrase.

Exemple : 1 mardis

1 Simon fait du judo tous les mercredis.
2 On peut obtenir des trophées en judo.
3 Émilie fait de l'équitation depuis cinq ans.
4 Il faut savoir écouter les chevaux.
5 On peut faire des promenades en ville.

6 Mathilde s'entraine au hand trois fois par semaine.
7 Elle aime bien regarder des matchs de hand.
8 Mathilde préfère jouer au basket.

4 a Les verbes d'opinion et les verbes modaux suivis d'un infinitif (passé, présent et futur). Regarde d'abord la section grammaire K15. Complète les phrases avec la forme correcte du verbe.

Exemple : 1 adore

1 Depuis que j'ai six ans, j'………. (*adorer*) faire de la danse.
2 Quand je suis allé au collège, j'………. (*vouloir*) jouer au handball.
3 Il ………. (*savoir*) nager depuis l'âge de 5 ans.
4 L'année prochaine, nous ………. (*pouvoir*) participer aux championnats régionaux.
5 Elles ………. (*préférer*) faire de la natation que de l'équitation.
6 Je ………. (*devoir*) m'entrainer trois fois par semaine.
7 Est-ce que vous ………. (*aimer*) participer aux compétitions ?
8 Oui, mais nous ………. (*préférer*) les regarder.

4 b Relis le forum de l'exercice 1 et copie les exemples de verbes d'opinion et de verbes modaux suivis d'un infinitif. Traduis-les dans ta langue.

5 Travaillez à deux et faites une description de cette photo. Pose ces questions à ton / ta partenaire. Ensuite changez de rôle.

1 Décris cette photo.
2 Imagine qui sont ces garçons. Où jouent-ils ?
3 Pourquoi s'entrainent-ils ? Qu'est-ce qu'ils vont faire plus tard ?
4 Est-ce que tu fais partie d'un club sportif ? Quand et où t'entraines-tu ?
5 Est-ce que tu as déjà participé à une compétition ou joué dans un match ? C'était comment ?

6 Écris environ 60-75 mots en français sur ton équipe ou ton club sportif (réel ou imaginaire). Tu dois employer tous les mots suivants. Utilise le tableau pour t'aider.

club / équipe	match / compétition	opinion	projets / rêves

Je fais partie de / Je suis membre de … depuis…

On a participé à …

J'adore / Je préfère / J'aime bien / Mon sport préféré est…

mais je n'aime pas / je déteste…

À l'avenir, j'espère que mon équipe… / j'espère pouvoir / continuer / participer à

J'aimerais aller / devenir / pouvoir / être…

4D.2 Les idoles du sport

En Vol

> ★ **Parler de certaines personnalités sportives**
> ★ **Les verbes suivis de *à* ou *de* et d'un infinitif**

Paul Pogba est né en France en 1993. Il a commencé à jouer au football dans des clubs de la région parisienne et puis il est devenu capitaine des moins de seize ans au Havre Athletic Club. Manchester United l'a invité à rejoindre leur club et Paul y a joué son premier match en 2011. Il a continué à jouer pour ce club pendant deux ans avant d'être transféré vers la Juventus pour quatre ans. Pendant cette période, il réussira à être champion d'Italie quatre fois de suite.

En 2016, Paul Pogba est transféré vers son ancien club Manchester United pour la somme de 110 millions d'euros, faisant de lui le joueur le plus cher de l'histoire, et il signe un contrat de cinq ans.

Sélectionné en équipe de France avant l'âge de seize ans, Paul ne cesse de montrer son talent et permet à son équipe de gagner plusieurs matchs. Il sera invité à jouer avec les Bleus pour la Coupe du Monde en 2014 ainsi que pour l'Euro 2016 mais il ne permettra malheureusement pas aux Français de gagner le trophée en finale.

Ses deux frères jumeaux sont eux aussi footballers professionnels (en Italie et en France) mais ont choisi de jouer pour leur pays d'origine, la Guinée. Malgré la distance, ils essaient de regarder les matchs de leurs frères et rêvent de jouer ensemble.

1 a Lis l'article. Écris des notes sur les points suivants en français.

Exemple : 1 France 1993

  1 Pays et année de naissance
  2 Clubs de football jusqu'à 18 ans
  3 Date du début à Manchester United
  4 Club où il devient champion d'Italie
  5 Somme du transfert vers Manchester United
  6 Date du premier match avec les Bleus
  7 Profession de ses frères
  8 Rêve des trois frères

1 b Décide si ces phrases sont vraies (V) ou fausses (F). Corrige les phrases fausses.
  1 Paul Pogba a commencé à jouer au football à Manchester United.
  2 Il a joué son premier match à Manchester en 2010.
  3 Il a joué en Italie pendant trois ans.
  4 Son transfert en 2016 a coûté beaucoup d'argent.
  5 Il signe un contrat de cinq ans avec Manchester United.
  6 Il a permis à l'équipe de France de gagner le trophée.
  7 Ses deux frères sont footballers.
  8 Ils n'aimeraient pas jouer tous ensemble.

2 Écoute Teddy Riner, judoka français. Que dit Teddy ? Choisis la bonne lettre.

A *13 ans*	**D** 5 ans	**G** bronze	**J** français	**M** ma retraite
B remarqué	**E** invité	**H** argent	**K** trois médailles	
C or	**F** 2 médailles	**I** européen	**L** des vacances	

Exemple : 1 A

1 J'ai pratiqué le judo sérieusement dès l'âge de …
2 Dès 2004, j'ai été …
3 En 2005, j'ai gagné une médaille de / d'…
4 J'ai été le meilleur junior …
5 Aux Jeux olympiques de Londres et de Rio, j'ai gagné …
6 En 2020, je prendrai …

3 a Les verbes suivis de *à* ou *de* et d'un infinitif. Regarde d'abord la section grammaire K18. Modifie les mots (a) à (j). Ils doivent respecter le sens correct de la phrase. Si nécessaire, ajoute *à* ou *de* après le verbe. Attention! il n'est pas toujours nécessaire de changer les mots.

J'ai (a)………. (*commencer*) m'intéresser au tennis dès l'âge de six ans quand mes parents m'ont inscrit à mon club local. J'ai (b)………. (*apprendre*) bien tenir ma raquette et faire des bons services grâce à un bon entraineur qui m'a (c)………. (*encourager*) continuer dans ce sport. J'ai (d)………. (*pouvoir*) participer à des championnats régionaux et nationaux où j'ai (e)………. (*continuer*) me perfectionner. Je n'ai jamais (f)………. (*hésiter*) m'entrainer pendant de longues heures et mes parents n'ont (g)………. (*cesser*) m'encourager. J'ai (h)………. (*adorer*) voyager dans des pays différents pour participer à des championnats même si je (i)………. (*devoir*) rester loin de ma famille dans des hôtels. Je (j)………. (*vouloir*) tout faire pour gagner.

3 b Trouve des exemples de verbes suivis de *à* ou *de* et d'un infinitif dans l'article de l'exercice 1 et traduis-les dans ta langue.

4 Travaillez à deux. Prends des notes sur ton / ta personnalité sportive préférée, puis posez-vous ces questions.

1 Quand est-ce qu'il / elle a commencé à faire ce sport ?
2 Quelles sont les personnes qui l'ont encouragé(e) et soutenu(e) ?
3 Quand a-t-il / elle gagné ses premières médailles ?
4 À quels tournois / compétitions / championnats a-t-il / elle participé ?
5 Qu'est-ce qu'il / elle pense faire à l'avenir ?

5 Écris un paragraphe pour un magazine sur la personnalité sportive de ton choix. Utilise les questions de l'exercice 4 pour te guider.

Accidents and injuries

4E.1 Accidents de sport

Décollage

> ★ **Parler des accidents et des blessures en sport**
> ★ *Venir de* **au présent et à l'imparfait**

1 Lis les listes et trouve l'intrus.

Exemple : 1 le médicament

1 l'oreille, le cou, les jambes, le médicament
2 avoir mal, être enrhumé, être en pleine forme, tousser
3 la grippe, le pansement, la piqure, le comprimé
4 l'infirmière, l'entraineur, le kiné, le docteur
5 blessé, la blessure, tordu, la pommade
6 tomber, se reposer, courir, marcher

Pierrotlefou 😰

Je me suis blessé la cheville en courant; je m'entraine en ce moment pour le marathon et hier, je n'ai pas vu le trou dans la route et je suis tombé. Je viens de prendre un rendez-vous chez le docteur. Est-ce que je pourrai courir dans quelques jours ?

Roiduballon 🙁

Moi, j'ai très mal au genou et je ne peux pas bien marcher. Pendant le match de foot avec mon équipe, j'ai reçu un coup de pied et j'ai dû arrêter de jouer. C'est dommage, je venais de marquer un but ! Mon entraineur m'a dit de voir un docteur. Est-ce que je dois marcher ou éviter d'utiliser ma jambe ?

Isagymnaste

Pendant mon entrainement de gymnastique, je suis tombée sur le dos et je ne pouvais plus me lever; je viens d'aller voir un kiné qui m'a conseillé de ne pas faire de gym pendant plusieurs semaines. Pensez-vous que c'est grave ?

2 a Lis le forum. Complète les phrases en utilisant les mots de la liste.

courir	gymnastique	*cheville*	kiné	tournoi
faire	marche	jambe	docteur	
match	dos	genou	reposer	

Exemple : 1 cheville

1 Pierrotlefou a mal à la ....
2 Il espère pouvoir .... bientôt.
3 Roiduballon est blessé au ....
4 Il n'a pas fini le ....
5 Il ne sait pas ce qu'il doit ....
6 Isagymnaste est tombée en faisant de la ....
7 Elle a vu un ....
8 Elle doit se ....

2 b Fais une liste des mots utiles de l'exercice 2a et d'autres que tu connais au sujet des accidents de sport. Apprends ces mots par cœur.

3 Accidents et blessures. Écoute la discussion, puis copie et complète le tableau en français.

Nom	Blessure	Quand ?	Remède / Action
Omar	*mal au bras*		
Samir			
Léna			

4 a *Venir de*. Regarde d'abord la section grammaire K20. Relie les débuts et les fins de phrases.

Exemple : 1 H

1 Je viens d'aller   **A** le SAMU.
2 Le médecin vient de   **B** me donner une ordonnance.
3 Nous venons de faire   **C** le marathon ?
4 Nous venions de partir   **D** du footing.
5 Elles venaient de finir leur entrainement   **E** quand il est arrivé.
                                     F quand elles ont vu l'accident.
6 Est-ce que vous venez   **G** d'arriver ?
7 Est-ce que tu viens de finir   **H** voir le médecin.
8 Elle vient d'appeler

4 b Traduis les phrases dans ta langue.

5 Travaillez à deux et faites une description de cette photo. Pose ces questions à ton / ta partenaire.

1 Décris cette photo. Qui sont ces personnes ?
2 Quelle partie du corps de la femme est blessée ?
3 À ton avis, où vont-ils aller après ?
4 As-tu déjà eu un accident de sport? Sinon, quelqu'un que tu connais ? Que s'est-il passé ?
5 Quels sont les aspects positifs et négatifs de faire du sport régulièrement ?

6 Raconte un accident sportif qui t'est arrivé (réel ou imaginaire). Inclus les points suivants :
- Quel sport faisais-tu ?
- Que s'est-il passé ? Comment l'accident est-il arrivé ?
- Où t'es-tu blessé ? Où t'es-tu fait mal ?
- As-tu vu le médecin ? Qu'a-t-il dit ?

4E.2 Vivre avec un handicap

En Vol

★ **Parler de la vie après un grave accident**
★ **Utiliser *quand* suivi du futur**

Ma vie de nageur handicapé

Je m'appelle Raphaël et je suis passionné de natation. J'en fais depuis l'âge de cinq ans et j'ai fait beaucoup de compétitions avec mon club. Malheureusement, j'ai été victime d'**un accident très grave** il y a trois ans. Je faisais du vélo et une voiture **m'a renversé** et a roulé sur ma jambe. Les médecins ont dû l'amputer et j'ai dû apprendre à vivre avec ce handicap et à utiliser **des béquilles** et un fauteuil roulant. J'étais déterminé à continuer mon sport préféré et à nager avec une jambe. Avec beaucoup de persévérance et d'efforts, je suis maintenant capable de participer à des compétitions au niveau régional. Mon héro est David Smétanine, un nageur paraplégique français qui a gagné plusieurs médailles olympiques. Quand sa fondation **Handisport** atteindra ses objectifs, elle aidera les personnes handicapées à faire du sport et facilitera leur insertion socioprofessionnelle. Il espère que Paris accueillera les Jeux olympiques et paralympiques de 2024. Moi, quand je serai capable, je participerai à des compétitions nationales et j'espère moi aussi faire partie un jour de l'équipe de France pour les Jeux paralympiques. Quand j'aurai **le permis**, je conduirai une voiture automatique car je veux être indépendant.

1 a Traduis les mots et expressions en caractère gras dans ta langue.

1 b Lis le blog et décide si ces phrases sont vraies (V), fausses (F) ou pas mentionnées (PM).

Exemple : 1 V

1 Raphaël nage régulièrement depuis qu'il est petit.
2 Il a eu un accident de vélo quand il avait trois ans.
3 Il a dû perdre une jambe.
4 Raphaël a eu des problèmes à utiliser des béquilles.
5 Il s'est beaucoup entrainé pour pouvoir nager à un haut niveau.
6 David Smétanine est un nageur valide de l'équipe de France.
7 Il a eu un accident de moto.
8 Quand il aura l'âge, Raphaël conduira.

2 Entretien avec Patrick Dagenais, un joueur de rugby paralympique canadien. Que dit Patrick ? Choisis la bonne lettre.

A ambition	**E** mental	**I** pessimisme	**M** heureux
B Jeux paralympiques	**F** encouragement	**J** *fauteuil roulant*	**N** malheureux
C optimisme	**G** espoir	**K** eux-mêmes	**O** enthousiasme
D entrainement	**H** jeux olympiques	**L** lui-même	

Exemple : 1 J

1 Patrick joue au rugby en …
2 Il avait toujours rêvé de participer aux …
3 Son équipe a beaucoup de / d' …
4 Plus tard, il veut partager son …
5 Le sport est aussi important pour le physique que pour le …
6 Les jeunes handicapés ont besoin de / d' …
7 Ils doivent croire en …
8 Faire du sport rend …

G

3 *Quand* + futur et *venir de*. Regarde d'abord la section grammaire K5. Modifie les mots (a) à (j). Ils doivent respecter le sens correct de la phrase.

Exemple : (a) viens

Je (a)……… (*venir*) de commencer ma rééducation après mon accident. J'ai bien l'intention de refaire du sport dès que possible. Quand je (b)……… (*être*) capable de jouer au basket avec mon fauteuil roulant, je m'(c)……… (*entrainer*) plusieurs fois par semaine dans un club handisport et je (d)……… (*participer*) à des compétitions régionales et nationales. Quand on (e)……… (*avoir*) le niveau, on (f)……… (*pouvoir*) participer aux Jeux Paralympiques. Ce (g)……… (*être*) une expérience incroyable ! Je (h)……… (*venir*) d'aller voir un match de rugby en fauteuil roulant et j'ai été impressionné par ces joueurs qui (i)……… (*venir*) de passer des années à s'entrainer avec leur équipe pour pouvoir faire du sport malgré leur handicap. L'équipe (j)……… (*venir*) d'être qualifiée pour la demi-finale.

4 Travaillez à deux. Pose des questions à ton / ta partenaire puis changez de rôle.
1 Qu'est-ce que tu fais comme sport ?
2 Pourquoi est-il important de faire de l'exercice régulièrement ?
3 Est-ce que pratiquer un handisport peut aider une personne handicapée ? Pourquoi ?
4 Quelles seraient les conséquences si un sportif devenait handicapé à cause d'un accident ?

5 Écris un article d'environ 130-150 mots sur la vie de l'athlète sur la photo. Tu dois mentionner les points suivants :

- Ce qui s'est passé
- Sa vie depuis l'accident
- Son activité sportive
- Ses projets pour l'avenir

4F.1 Les métiers

Décollage

★ Parler des métiers et des boulots différents
★ La négation (1)

Les métiers possibles

Ici Alice. Je n'ai aucune idée de ce que je veux faire comme métier. Être professeur ne m'intéresse pas car je ne suis ni patiente ni calme. J'aimerais peut-être travailler avec des enfants comme animatrice. Le problème, c'est que ce n'est pas bien payé. Pour moi, le salaire, c'est important.

Ma mère est traductrice, un travail intéressant mais peu stable et pas pour moi qui n'ai jamais aimé les langues. Mon grand-père ne travaille plus mais il était pharmacien. Moi, je suis forte en sciences. Je serai peut-être pharmacienne ou scientifique comme mon père.

Passionné des animaux, mon frère veut être vétérinaire. Le problème ? Il n'aime nullement les sciences. Personnellement, j'ai peur des animaux ! Je n'ai aucune envie d'être médecin – personne ne peut me pousser à étudier pendant neuf ans ! Ce qui est sûr, c'est que je veux avoir un emploi bien payé. Je dois beaucoup travailler.

1 Choisis la bonne lettre pour chaque phrase.

A sa mère	F patiente	K veut
B impatiente	G médecin	L vital
C enfants	H vétérinaire	M sûr
D *peut*	I animaux	
E sans importance	J son grand-père	

Exemple : 1 D

1 Alice ne ………. pas choisir quoi faire dans la vie.
2 Elle est plutôt ………. comme personne.
3 Pour elle, gagner beaucoup d'argent est ……….
4 Elle ne veut pas faire le même métier que ……….
5 Le métier que faisait ………. l'intéresse.
6 Elle ne veut absolument pas travailler avec des ……….
7 Ni Alice ni son frère ne peuvent travailler comme ……….
8 C'est ………. qu'elle ne va pas étudier la médecine.

2 Tu vas entendre trois jeunes qui parlent des métiers. Lis les affirmations à la page 195 et puis écoute les jeunes. Choisis la bonne personne / les bonnes personnes chaque fois. Écris G (Georges), V (Valérie) ou S (Sarah).

Exemple : 1 G

  1 Je suis plutôt artistique, comme mes parents.
  2 Ma mère travaille dans le sport.
  3 Ma mère travaille dans un magasin.
  4 Je pense que la stabilité est importante.
  5 Mon père aime gagner pas mal d'argent.
  6 Je ne ferais ni le métier de ma mère ni le métier de mon père.
  7 Ma voisine parle une langue étrangère.
  8 Ma mère a un emploi intéressant.

G **3** La négation. Regarde d'abord la section grammaire F. Fais des phrases négatives. Utilise les adverbes de négation entre parenthèses.

Exemple : 1 Mon grand-père n'est plus mécanicien.

  1 Mon grand-père est mécanicien. (*ne…plus*)
  2 Ma sœur veut être professeur. (*ne…pas*)
  3 Lui, il est stressé. (*ne…jamais*)
  4 Il y a beaucoup du monde au bureau. (*ne…personne*)
  5 Ils ont tout compris. (*ne…rien*)
  6 Mon frère cadet a onze ans mais il sait ce qu'il veut faire comme métier. (*ne…que*)
  7 J'ai aimé les maths. (*ne…jamais*)
  8 Je veux être photographe. C'est un métier stable. (*ne…plus*) (*ne…pas*)

4 a Pose ces questions à ton / ta partenaire. Réponds aussi à ses questions. Si possible, ajoute des détails supplémentaires. Écris tes réponses et apprends-les par cœur.

- Que font tes parents ou d'autres membres de ta famille comme métier ?
- Ils aiment leur métier ?
- Quelles qualités faut-il avoir pour faire ces métiers ?
- Toi, tu aimerais faire ces métiers ? Pourquoi / Pourquoi pas ?
- Quel est ton métier de rêve ? Pourquoi ?

Ma mère / Mon père travaille comme Moi aussi, je veux être Je ne veux surtout pas être	analyste-programmeur (-euse), animateur (-trice), sportif (-ve), archéologue, chercheur (-euse), entraineur (-euse), ingénieur(e), interprète, médecin, moniteur (-trice) de ski, musicien(ne), peintre, pharmacien(ne), photographe, professeur en collège / lycée, scientifique, traducteur (-trice), vétérinaire,	parce que c'est un métier	intéressant / important / bien payé / utile / varié / stable / stressant / ennuyeux.
Ma grand-mère Mon grand-père	ne travaille plus.		
Pour faire ce travail, il faut	être calme / patient(e) / intelligent(e) / fort(e) en langues, maths, sciences / sportif, sportive. aimer les enfants / les animaux / travailler en équipe.		

4 b Maintenant, travaille seul(e) pour faire une présentation de 5 minutes au sujet des métiers devant la classe.

5 Écris un blog au sujet de personnes que tu connais ou de personnes célèbres qui font un métier intéressant. Dis quelles qualités il faut avoir pour faire ces métiers et si tu aimerais faire la même chose. N'oublie pas de donner des raisons.

Exemple : Ma tante est archéologue…

En Vol

4F.2 Mon futur métier

★ **Parler de ce que tu veux faire plus tard**
★ **La négation (2)**

Les métiers que j'admire

Savoir quoi choisir comme métier est difficile. Quand j'étais plus jeune, je voulais absolument être actrice mais ce métier ne m'intéresse plus du tout ! Il ne me reste plus qu'un an au lycée et je ne sais ni ce que je veux faire plus tard ni où je veux travailler. En France, à l'étranger... je n'ai simplement aucune idée. Ceci dit, il y a certains métiers que j'admire.

Considérons d'abord le métier de sapeur-pompier, un métier qu'on ne peut qu'admirer. Personne ne peut dire que ce n'est pas une profession qui en vaut la peine. Ce n'est guère une surprise que j'estime énormément ces gens qui risquent leur vie pour sauver celle des autres. Ce métier est uniquement pour les courageux.

En ce qui me concerne, l'enseignement est aussi une profession importante. Qui ne se souvient pas d'au moins un prof qui l'a inspiré ? Pour être prof il faut être enthousiaste et extrêmement patient. Patiente et enthousiaste moi-même, je voudrais peut-être faire ce métier, mais je n'ai rien décidé.

Le métier que j'admire le plus est celui de vétérinaire. Soigner les chiens ou les chats qui ne peuvent même pas vous expliquer ce qui ne va pas n'est point comme soigner les personnes. Ce métier nécessite une réelle passion pour les animaux. Passionnée des sciences et des animaux, je m'y intéresse vraiment. Je me suis renseignée sur les diplômes qu'il me faudra si je veux faire ce métier et je pense que si je travaille dur, je pourrai les avoir.

Enfin, ce qui est sûr, c'est que quoi qu'on choisisse comme métier, il faudra le faire du mieux qu'on pourra.

Isabelle

1 Lis le blog. Ensuite réponds aux questions en français.

Exemple : 1 Parce qu'elle quittera le lycée dans un an
   1 Pourquoi Isabelle commence-t-elle à penser aux métiers qu'elle aime ?
   2 Où voudrait-elle travailler ?
   3 Selon Isabelle, pourquoi ne peut-on pas nier que le métier de sapeur-pompier est important ?
   4 Pourquoi le métier de sapeur-pompier n'est-il pas pour n'importe qui ?
   5 Quelles sont les qualités d'un bon professeur, selon Isabelle ? [2]
   6 Est-ce que c'est un métier idéal pour Isabelle ? Pourquoi (pas) ?
   7 Pourquoi le métier de vétérinaire peut-il être difficile ?
   8 Pourquoi Isabelle aimerait-elle être vétérinaire ? [2]

2 Que faire comme métier ? Écoute l'interview et note les détails en français. Recopie le tableau et complète-le. Il n'est pas nécessaire d'écrire des phrases complètes.

Métier	Avantages	Inconvénients
facteur	*utile*	*pas très bien payé*
journaliste		
acteur		
médecin		

3 a La négation. Regarde d'abord la section grammaire F. Modifie les mots (a) à (j). Ils doivent respecter le sens correct de la phrase. Attention ! il n'est pas toujours nécessaire de changer les mots.

Exemple : (a) ne voulait pas

Laurent (a)………. (*ne pas vouloir*) travailler dans un bureau. En fait, quand il était plus jeune il disait toujours, « Quand je (b)………. (*être*) plus âgé, je (c)………. (*ne point travailler*) comme comptable ou cadre. Non, je vais faire quelque chose de plus (d)………. (*intéressant*). Je serai peut-être steward.» Le seul problème c'est qu'avant cela Laurent (e) ………. (*ne jamais avoir*) voyagé en avion et n'avait donc (f) ………. (*aucun*) idée s'il allait aimer ça. Il l'a détesté et maintenant, il (g) ………. (*ne plus être*) steward. Alors, il a essayé de (h) ………. (*nombreux*) autres métiers (i) ………. (*intéressant*) : il a été journaliste, professeur, animateur, plombier même. Cependant, (j) ………. (*ne rien*) lui plaisait. Aujourd'hui, Laurent est très heureux et finalement, il a trouvé son métier de rêves. Travailler comme comptable dans un bureau n'est pas si mal après tout.

3 b Relis le blog de l'exercice 1. Trouve des exemples de phrase négative et traduis-les dans ta langue.

Exemple : ce métier ne m'intéresse plus du tout

4 Travaillez à deux. Regardez la photo. A pose des questions et B répond. Ensuite changez de rôle.

- Parle-moi de cette image.
- Que fait chaque homme comme métier, à ton avis ?
- Est-ce que ce sont des métiers qui t'intéressent ? Pourquoi (pas) ?
- À ton avis, peut-on savoir ce qu'on veut faire plus tard à l'âge de quinze ou seize ans ?
- Qu'est-ce qui est important pour toi dans un métier ?

5 Écris un article sur les métiers que tu admires et pourquoi. Tu dois mentionner les points suivants :
- Ce qui est important pour toi dans un métier
- Les métiers que tu admires les plus et pourquoi
- Les qualités qu'il faut pour faire ces métiers et si tu as ces qualités
- Lequel des métiers mentionnés tu voudrais faire et pourquoi

4G **Future plans**

4G.1 Après le collège

Décollage

> ★ **Parler de ce que l'on veut faire après le collège**
> ★ **La forme disjointe du pronom**

1 a Trouve l'intrus chaque fois.
  1 le bac, l'école, le lycée, le collège
  2 l'examen, le bac, le brevet, l'enseignement
  3 maternelle, élémentaire, primaire, secondaire
  4 le proviseur, la directrice, le professeur, l'élève

Que faire après le collège ?

	Mme de Ré, proviseur d'un lycée, vous aide.
Samira, 15 ans	J'aime beaucoup étudier et je veux être médecin. Pour moi, un lycée général est le meilleur choix, non ? Mes profs, eux, pensent que oui. Ce sont eux qui l'ont suggéré. Et vous ?
Mme de Ré	Vos profs vous connaissent mieux que moi mais, moi aussi, je pense que c'est le bon choix. Le baccalauréat scientifique est idéal pour les élèves comme vous.
Martin, 15 ans	Mes sœurs, elles, sont plus intelligentes que moi. Elles vont dans un lycée général. Mon frère et moi, nous, sommes pratiques. C'est lui qui m'a conseillé d'être cuisinier. Dois-je choisir un lycée professionnel ?
Mme de Ré	Oui. Vous pouvez passer le brevet d'études professionnelles (BEP) ou un bac professionnel, ce qui vous permettra de continuer vos études. Sinon, il y a le certificat d'aptitude professionnelle (CAP), qui peut-être un choix intéressant.

---

1 b Choisis la bonne lettre pour chaque phrase.

A ses sœurs	**F** général	**K** cuisinier
B *professeur*	**G** médecin	**L** raison
C tort	**H** professionnel	**M** BEP
D collégienne	**I** lycée	
E son frère	**J** CAP	

Exemple : 1 B

1 Samira veut travailler comme ....
2 Elle est ....
3 Elle pense aller à un lycée ....
4 Madame de Ré croit que les professeurs de Samira ont ....
5 Martin ne veut pas aller au même lycée que ....
6 Martin est un peu comme ....
7 Le métier de .... l'intéresse.
8 Après le ...., on peut continuer à étudier.

2 Tu vas entendre trois jeunes qui parlent de leur vie après le collège. Écoute et mets les mots ci-dessous à côté du bon nom.

le certificat d'aptitude	maçon
professionnelle	pratique
instituteur	grande école
s'inquiète	les sciences
le brevet	

Élodie	le brevet
Adrien	
Franck	

3 La forme disjointe du pronom. Regarde d'abord la section grammaire D6. Copie et complète les phrases avec une forme disjointe du pronom.

Exemple : 1 elles

1 Mes copines, ... , sont toutes très pratiques.
2 Mes parents, ... , n'ont pas eu l'occasion de faire des études supérieures. .... , j'ai plus de chance qu'..........
3 Mon frère, ... , est plus intelligent que .... et va aller à la fac.
4 Pour .... , qui veut être hôtelière, le bac professionnel est peut-être le meilleur choix.
5 Je m'entends bien avec mes sœurs. Ce sont .... qui m'ont aidé à décider quoi faire après mon brevet.
6 Mes amis et moi voulons tous aller au lycée général. Pour .... , c'est tout simplement le meilleur choix.
7 Et .... , les filles, vous voulez faire des études supérieures ?
8 .... , tu es très doué pour les études.

4 Travaillez à deux. Regardez la photo. A pose les questions et B répond. Ensuite changez de rôle.

- Parle-moi de cette image.
- Quelles matières aimes-tu ?
- Après le collège, choisirais-tu un lycée général ou un lycée pro ? Pourquoi ?
- Quel diplôme veux-tu préparer ?
- Veux-tu faire des études supérieures ? Pourquoi (pas) ?

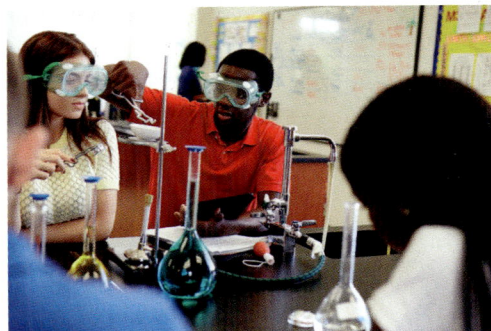

5 Tu vas bientôt quitter le collège. Écris un blog sur ce que tu vas faire après le collège. Écris entre 130 et 150 mots en français. Tu dois mentionner les points suivants :
- Les matières que tu aimes
- Les examens que tu as déjà passés
- Si tu vas continuer tes études et où
- Les diplômes que tu veux préparer

En Vol

4G.2 Mes projets d'avenir

★ **Parler de ses projets d'avenir**
★ **Le conditionnel**

Pascal, 18 ans. Pascal est en terminale. Si tout va bien, il aura bientôt son bac technologique. Il voudrait faire des études supérieures et étudierait bien dans une grande école mais elles coutent cher. En plus, « je ne sais pas si je supporterais deux années de classes préparatoires » confie-t-il.

Alors il espère faire un DUT* dans un Institut universitaire de technologie. « Là je profiterais d'une formation de deux années et je pourrais faire des stages en entreprise » précise-t-il.

Adélaïde et Éloïse, 18 ans. Ces jumelles espèrent être bientôt bachelières en section générale. Et après ?

« Nous ferions des études supérieures toute de suite si ça ne coutait pas aussi cher » précisent-elles. « Nos parents n'auraient pas assez d'argent. »

Elles ont donc décidé d'arrêter temporairement leurs études pour voyager et gagner de l'argent. Leur sœur ainée a fait pareil; sans l'avoir fait elle n'aurait pas l'esprit si ouvert. Les jumelles iront à la fac quand elles rentreront pour faire une licence de lettres classiques.

Guy, 18 ans. Guy a son BEP et veut poursuivre ses études. « Nous avons cru que vous seriez prêt à arrêter vos études » ont dit ses professeurs. Guy aussi a cru qu'il travaillerait avec son père comme boulanger. Cependant, il a choisi de faire un apprentissage. Il passera une partie de son temps chez un employeur et une partie à étudier dans un centre de formation d'apprentis.

Anouk, 17 ans. Anouk est en première et prépare un baccalauréat général. « J'ai toujours voulu être professeur dans un collège » dit-elle. « Alors, si j'aurai mon bac, j'aimerais m'inscrire à la fac car je dois avoir une licence pour devenir prof. Je ferais une licence de langues, je pense. Je devrais faire un master aussi et finalement, le CAPES, un concours de professeurs certifié. Ce serait dur, mais pour moi, ça vaudrait la peine. »

* DUT – Diplôme universitaire de technologie

1 Lis la page web. Ensuite lis les affirmations (1–8). Choisis la bonne personne / les bonnes personnes chaque fois. Écris P (Pascal), AE (Adélaïde + Éloïse), G (Guy) ou A (Anouk).

Exemple : 1 P, AE

Qui…
1 dit qu'étudier peut couter cher ?
2 va pouvoir travailler chez un employeur tout en étudiant ?

3 doit avoir plusieurs diplômes pour faire ce qu'il/elle voudrait ?

4 veut aller à la fac pour étudier les langues anciennes, la littérature et la civilisation grecque et latine ?

5 ne prépare pas le bac ?

6 va faire comme un membre de sa famille ?

7 a considéré une institution sélective ?

8 fait un bac général ?

2 Après le bac ? Écoute l'interview et note les détails en français. Recopie et complète la grille. Il n'est pas nécessaire d'écrire des phrases complètes.

Personne	Ce qu'elle veut faire après le lycée	Projets d'avenir
Florence	1 *respirer un peu* 2 3	4 5
Isabelle	6 7	8

3 Le conditionnel. Regarde d'abord la section grammaire K11. Modifie les mots (a) à (j). Ils doivent respecter le sens correct de la phrase. Attention ! il n'est pas toujours nécessaire de changer les mots.

Exemple : (a) irais

Après le bac, moi, j'(a)………. (*aller*) volontiers à la fac mais ça coute trop (b) ………. (*cher*). Mes parents, eux, ont toujours dit qu'ils (c) ………. (*aider*) si je voulais y aller. Je sais qu'ils (d) ………. (*être*) bien (e) ………. (*content*) de me voir poursuivre mes études mais j'ai décidé de prendre une année sabbatique pour gagner un peu d'argent d'abord. Ma mère s'en inquiète un peu « Je croyais que tu (f) ………. (*faire*) une licence de langues » dit-elle. J'ai expliqué que je vais le faire plus tard. Ma (g) ………. (*meilleur*) amie va faire la même chose que moi. Elle a dit que nous (h) ………. (*pouvoir*) voyager ensemble si je voulais. Son oncle qui habite aux États-Unis lui a dit « Ta copine et toi, vous (i) ………. (*être*) (j) ………. (*bienvenu*) ici.» En ce moment, je ne suis pas sûre si j'y irai. Il faut que je me décide.

4 À deux, posez et répondez à ces questions. Ajoutez des détails supplémentaires, des formes de verbes différentes, et des expressions variées.

- Qu'est-ce qu'il y a comme études supérieures ici ?
- Quels sont les choix si l'on ne veut plus étudier ?
- Est-ce qu'il existe d'autres diplômes professionnels ?
- Peut-on arrêter temporairement les études ? Si oui, qu'est-ce qu'on peut faire ?
- Est-ce qu'il y a les mêmes choix qu'en France ?

5 Écris un paragraphe pour décrire ce qu'on peut faire en quittant l'école là où tu habites. Tu dois écrire 130-140 mots en français. Sers-toi des points de l'exercice 4.

4H Work, volunteering, careers

Décollage

4H.1 J'arrête les études pendant un an !

★ **Parler d'arrêter les études pendant un an et des petits boulots**
★ **Les expressions de temps**

1 a Relie les petits boulots aux définitions.

1 Quelqu'un qui travaille dans un restaurant
2 Quelqu'un qui s'occupe des enfants
3 Quelqu'un qui tond la pelouse
4 Quelqu'un qui promène les touristes à vélo
5 Quelqu'un qui vous apporte vos achats
6 Quelqu'un qui surveille les plages
7 Quelqu'un qui tient la caisse
8 Quelqu'un qui anime dans un camp de vacances

A caissier
B baby-sitter
C livreur
D nageur sauveteur
E serveur
F jardinier
G guide touristique à vélo
H animateur

1 b Tous les boulots sont au masculin. Mets-les au féminin.

Salut Orane,

Moi, j'ai beaucoup travaillé pendant toute l'année. Enfin, c'est les grandes vacances. Je n'aurai pas beaucoup de temps libre cette année car j'ai trouvé un boulot. Je suis guide touristique à Marseille depuis deux semaines. Ce n'est pas pour longtemps, seulement pour les grandes vacances. Je travaille tous les jours pendant quatre heures, entre dix heures et quatorze heures.

Dès que j'ai vu l'annonce il y a deux mois, je voulais ce boulot et c'est super. J'adore faire quelque chose de pratique pendant la journée, découvrir des attractions touristiques que je ne connaissais pas avant et rencontrer des gens. Il y a deux jours, j'ai parlé pendant deux heures avec un vieil homme très intéressant.

Et toi, tu pars à l'étranger pour les vacances ou tu restes à Cherbourg ?

Amitiés,

Paul

1 c Lis l'e-mail ci-dessus. Choisis la bonne lettre pour chaque phrase.

A deux	D sept	G paresseux	J tourisme	M raconte
B déteste	E va	H cinq	K aime	
C *travailleur*	F supermarché	I âgé	L apprend	

Exemple : 1 C

1 Paul est ....
2 Pendant les grandes vacances, il travaille dans le ....
3 Il fait déjà son petit boulot depuis .... semaines.
4 Il travaille .... jours par semaine.
5 Il .... beaucoup de choses intéressantes.
6 Il a rencontré récemment un homme ....
7 Il .... avoir un petit boulot.
8 Il demande où .... aller Orane pendant les vacances.

2 Écoute les cinq jeunes parler de leur année sabbatique. Ensuite note si chaque personne a trouvé l'expérience positive (P), négative (N) ou positive et négative (P/N).

Exemple : 1 P/N

1:          2:   3:   4:   5:

3 Les expressions de temps. Regarde d'abord la section grammaire C4. Complète les phrases avec une expression de temps de la liste.

Exemple : 1 en

    1 J'ai beaucoup appris ……… un an.
    2 J'ai passé un examen ……… deux semaines.
    3 Il faut beaucoup travailler en ce moment, mais ce n'est pas ……… longtemps.
    4 Hier, j'ai travaillé ……… huit heures.
    5 Je ne connaissais pas le pays ……… mon départ.
    6 ……… un an, j'étais toujours au collège.
    7 On va commencer ……… qu'il arrive.
    8 J'étudie le français ……… cinq ans maintenant.

il y a	pendant	avant	*en*
pour	après	dès	depuis

4 Pose ces questions à ton / ta partenaire et puis changez de rôle.
    1 Prendrais-tu une année sabbatique ? Pourquoi (pas) ?
    2 Si tu prenais une année sabbatique, que ferais-tu ?
    3 Quels sont, à ton avis, les avantages et les inconvénients de prendre une année sabbatique ?
    4 Est-ce que tes parents sont pour ou contre les années sabbatiques ?

5 Une année sabbatique. Voudrais-tu arrêter tes études pendant un an ? Écris une réponse au sujet d'une année sabbatique. Écris entre 60 et 75 mots en français. Tu dois employer tous les mots suivants.

apprendre	**inconvénients**	**à l'étranger**	**après**

4H.2 Je suis bénévole

En Vol

★ **Parler du bénévolat**
★ **Les infinitifs dépendants**

Une année comme bénévole

L'été dernier, j'ai fait du bénévolat et c'était sans aucun doute une des meilleures choses que j'ai faites. Je conseillerais à tout le monde de faire pareil.

J'ai vraiment envie d'être infirmière et j'ai donc décidé de travailler avec des personnes âgées, ce qui m'a plu énormément. J'espère sincèrement que je les ai fait sourire. La plupart d'entre elles voulaient tout simplement parler à quelqu'un mais je faisais aussi des tâches pratiques comme faire réparer les choses ou faire le ménage… Il y avait une vieille dame, Françoise, qui voulait toujours être dehors et souvent, elle et moi, nous nous faisions bronzer dans le jardin ensemble. Je lui faisais me raconter des histoires de sa jeunesse, ce qui lui faisait plaisir je pense. En plus elle était infirmière avant sa retraite. Vraiment, c'était intéressant : certaines histoires m'ont fait pleurer, d'autres m'ont fait rire.

J'aidais un homme à faire la cuisine car il n'aimait plus être seul pour préparer ses repas. Il me faut avouer que ce n'était pas toujours facile. Une fois, un homme, André, n'allait pas bien du tout et j'ai dû le faire examiner par un médecin. Cependant, cette année m'a beaucoup appris : la responsabilité, la patience et le respect, par exemple. Des qualités importantes pour être infirmière.

Caroline

1 Lis le blog. Ensuite lis les affirmations ci-dessous. Note si elles sont vraies (V), fausses (F) ou pas mentionnées (PM).

Exemple : 1 PM

  1 Caroline a travaillé comme bénévole après son bac.
  2 Elle recommanderait aux autres de faire du bénévolat.
  3 Elle aimerait travailler uniquement avec des personnes âgées plus tard.
  4 Il ne lui fallait que discuter avec ces personnes.
  5 Elle se reposait souvent dehors avec Françoise, une autre bénévole qui veut aussi être infirmière.
  6 Quelquefois, les personnes âgées racontaient des histoires tristes.
  7 Il n'y avait rien qu'elle n'aimait pas au sujet de ce travail.
  8 Caroline croit qu'elle a les qualités qu'il faut pour faire le métier qu'elle veut exercer.

2 J'ai fait du bénévolat. Écoute les trois jeunes. Qu'est-ce qu'ils disent ? Choisis la bonne fin de phrase chaque fois.

Exemple : 1 B

1 Le premier garçon…
   A a passé un an en Afrique.
   B a aidé à bâtir une école.
   C a travaillé comme bénévole dans une école.
   D n'est pas resté en Afrique car il y avait trop d'obstacles.

2 Il veut maintenant…
   A travailler comme maçon.
   B retourner en Afrique.
   C devenir chef d'une compagnie.
   D travailler en équipe.

3 La fille…
   A a fait du bénévolat près de chez elle.
   B était bénévole à l'étranger.
   C a travaillé seule.
   D n'était pas contente du travail qu'elle a fait.

4 Elle…
   A ne s'intéressait pas à l'environnement avant.
   B ne veut plus jamais faire ce genre de travail.
   C jetait ses ordures par terre.
   D espère faire encore plus pour l'environnement.

5 Le deuxième garçon a travaillé avec…
   A des délinquants.
   B des jeunes qui n'étaient pas forts en sport.
   C ceux qui ont peu de privilèges.
   D des enfants handicapés.

6 Faire ce travail…
   A l'a fait réfléchir à son futur métier.
   B ne lui a pas plu.
   C l'a persuadé qu'il veut travailler dans un lycée.
   D ne valait pas la peine.

G 3 Les infinitifs dépendants. Regarde d'abord la section grammaire K24. Modifie les mots (a) à (j). Ils doivent respecter le sens correct de la phrase. Attention ! il n'est pas toujours nécessaire de changer les mots.

Exemple : (a) fait penser
Au début de l'année, je ne savais pas quoi faire pendant les grandes vacances, ce qui m'a (a)………. (*faire penser*) que je (b)………. (*pouvoir*) faire du bénévolat. Alors, je (c)………. (*se renseigner*) et j'ai découvert qu'une œuvre caritative voulait (d)………. (*faire bâtir*) un centre médical dans un petit village indien. Avant mon départ, ma mère m'a (e)………. (*faire faire*) une liste de tout ce dont j'avais besoin pour mon voyage. Elle voulait me (f)………. (*faire faire*) un gâteau par le boulanger du coin aussi, mais malheureusement, il était en vacances. Quand je suis arrivée en Inde, ma famille me manquait énormément et je ne savais pas si je (g)………. (*s'habituer*) à la chaleur. En plus, la pauvreté m'a (h)………. (*faire pleurer*). Cependant j'ai fait la connaissance des personnes très (i)………. (*gentil*) et je me suis rendu compte que j'(j)………. (*aimer*) bien travailler pour une œuvre caritative à l'avenir.

4 Travaillez à deux. Regardez la photo. A pose des questions et B répond. Ensuite changez de rôle.

   • Parle-moi de cette image.
   • Que font les bénévoles ?
   • À ton avis, est-ce que faire du bénévolat peut t'aider à trouver un emploi ?
   • As-tu déjà fait du bénévolat, même pendant une journée seulement ?
   • Aimerais-tu faire du bénévolat pendant un mois ou même un an à l'avenir ? Pourquoi (pas) ?

5 Écris un article sur les avantages de faire du bénévolat. Tu dois mentionner les points suivants :
   • Si tu as déjà fait du bénévolat. Si oui, pour quelle association caritative. Sinon, si tu aimerais faire du bénévolat pour une certaine association caritative.
   • Si faire du bénévolat t'a aidé / peut t'aider à choisir un métier ou trouver un emploi. Pourquoi (pas) ?
   • Ce qu'on peut apprendre si on fait du bénévolat.
   • Autres avantages de faire du bénévolat.

4J.1 Courriels, textos ou téléphone ?

Décollage

> ★ **Parler des différentes méthodes de communication**
> ★ **Les adverbes de comparaison et les adverbes superlatifs**

1 a Traduis les mots suivants dans ta langue.

envoyer	un forfait	gratuit	l'écran
la messagerie instantanée	une appli	un portable	un courriel
les réseaux sociaux	compris	le Wi-Fi	

La génération « messages instantanés »

Selon une enquête récente, les collégiens utilisent la messagerie instantanée plus souvent que les courriels pour communiquer entre amis.

Les ados préfèrent envoyer des messages avec leur smartphone sur les réseaux sociaux. La raison n'est pas le prix accessible d'Internet mais c'est parce qu'ils veulent être en contact le plus vite possible.

Les jeunes utilisent le téléphone fixe moins régulièrement que leurs parents et grands-parents. Parents et grands-parents trouvent qu'ils peuvent rester plus facilement en contact avec leurs amis avec le téléphone traditionnel qu'avec les réseaux sociaux. En effet la génération de nos grands-parents se sert le moins fréquemment d'Internet pour communiquer. Cependant on trouve un grand nombre de personnes de plus de cinquante ans qui possèdent un smartphone.

1 b Lis l'article et choisis la bonne option pour chaque phrase : A, B, C ou D.

Exemple : 1 B

1 Les jeunes dans l'article sont…
   A au lycée.
   B au collège.
   C en vacances.
   D à l'université.

2 Selon l'enquête, les jeunes préfèrent communiquer avec leurs amis par…
   A e-mails.
   B téléphone.
   C téléphone traditionnel.
   D messages.

3 Selon les jeunes, la messagerie instantanée est…
   A plus rapide.
   B plus facile.
   C moins chère.
   D très difficile pour leurs parents.

4 Selon l'article, les jeunes appellent leurs amis au téléphone…
   A plus que leurs grands-parents.
   B moins que leurs grands-parents.
   C plus que leur famille.
   D avec leurs parents.

5 Les grands-parents…
   A trouvent que téléphoner est plus facile.
   B trouvent qu'Internet est cher.
   C trouvent qu'Internet est dangereux.
   D ne communiquent pas par Internet.

6 Selon l'article, les personnes de plus de cinquante ans…
   A ne s'intéressent pas à la messagerie instantanée.
   B ont un téléphone comme les jeunes.
   C ne veulent pas utiliser les smartphones.
   D ne veulent pas utiliser Internet.

2 Les avantages et les inconvénients des moyens de communication. Écoute Étienne, Sophie, Enzo et Carole. Copie et complète la grille en français.

	Méthode préférée	Avantage	Inconvénient
Étienne	*e-mails*	*plus pratique que le téléphone*	
Sophie			
Enzo			
Carole			

3 a Les adverbes de comparaison et superlatif. Regarde d'abord la section grammaire C3. Complète les phrases avec les adverbes de la liste. Le même adverbe peut être utilisé deux fois.

Exemple : a le plus rapidement

le mieux
le plus rapidement
plus souvent
moins souvent
le plus fréquemment
le moins fréquemment

1 Pour être en contact ………. possible, les jeunes envoient des textos.
2 Les jeunes utilisent Internet pour communiquer avec leurs amis ………. que leurs grands-parents.
3 Les jeunes communiquent ………. par messages instantanés.
4 Les parents utilisent Internet ………. que les jeunes.
5 La messagerie instantanée est la méthode qui permet de communiquer ……….
6 Pour rester en contact avec leurs petits-enfants ………. possible les grands-parents doivent apprendre à utiliser les réseaux sociaux.
7 Les jeunes utilisent le téléphone fixe ………. pour communiquer entre amis.
8 Les jeunes peuvent communiquer ………. entre amis avec leur smartphone.

3 b Maintenant relis l'article de l'exercice 1 et recopie tous les adverbes de comparaison et les adverbes superlatifs. Traduis-les dans ta langue.

Exemple : plus souvent

4 Travaillez à deux. Regardez la photo. A pose les questions et B répond. Ensuite changez de rôle.

1 Fais-moi une description de la photo, s'il te plait.
2 À ton avis, que fait la fille à la gauche ?
3 À ton avis, que vont faire les jeunes plus tard dans la journée ?
4 Parle-moi des méthodes que tu préfères pour communiquer avec tes amis et ta famille.
5 Selon toi, quels sont les avantages des nouvelles technologies pour communiquer ?

5 Écris une lettre, un blog ou un e-mail pour parler des méthodes de communication que tu utilises. Écris environ 60 à 75 mots. Inclus les points suivants :

Pour communiquer avec mes amis / ma famille… …je préfère …j'utilise le plus …j'utilise souvent	le téléphone traditionnel. les textos. les e-mails. ma tablette. mon ordinateur portable. mon portable. la messagerie instantanée.
L'inconvénient c'est que L'avantage c'est que	c'est gratuit. c'est plus rapide. c'est compris dans le forfait. ça coute cher / ce n'est pas cher. c'est difficile / c'est facile. on voit quand tu es en ligne. tous les jeunes ont un smartphone / ont Internet. il y a beaucoup d'applis. on passe beaucoup de temps devant l'écran. il faut le Wi-Fi.

- Mentionne les méthodes que tu utilises pour communiquer et donne ton opinion.
- Parle des méthodes que des adultes de ta famille utilisent pour communiquer et donne ton opinion.
- Explique les avantages et les inconvénients des nouvelles technologies pour communiquer.

207

4J.2 Te sens-tu en sécurité en ligne ?

En Vol

★ Discuter des problèmes de sécurité liés à Internet
★ Le discours direct and indirect
★ Les conjonctions telles que *lorsque, comme, puisque*

Te sens-tu en sécurité en ligne ?

Nolween
Je me sens en sécurité car je ne donne jamais mes mots de passe ou mes données personelles quand je vais en ligne ou quand je vais sur un forum de discussion. C'est vrai que certains internautes ne font pas attention lorsqu'ils sont en ligne. Moi je connais les dangers puisque mon père et ma mère m'ont dit plusieurs fois qu'ils ne veulent pas que je partage des données personelles sur Internet. Ils surveillent ce que je fais. Selon moi le vol d'identité est un des problèmes les plus graves sur Internet.

Yanis
Mon père me dit toujours que je dois être prudent sur Internet puisqu'on ne sait jamais qui est derrière son écran. Les gens peuvent mentir. Mon meilleur ami m'a dit qu'une fois il avait parlé en direct sur un réseau social avec un inconnu. C'est dangereux ! Moi je pense qu'il faut protéger sa vie privée sur Internet et faire attention lorsqu'on se connecte sur les réseaux sociaux. Je dis souvent à mes amis qu'ils seraient plus en sécurité s'ils sécurisaient plus leurs comptes, comme en changeant leurs mots de passe chaque mois, pour éviter des problèmes.

Capucine
Tous les jours aux infos on entend des histoires de vols d'identité, de piratage, de harcèlement, de vols de données. Il est vrai qu'Internet peut être divertissant mais il faut connaitre les dangers qu'on peut y rencontrer. Comme personne n'est en sécurité, ma mère dit que l'éducation et la prévention sont nécessaires pour les enfants, les ados et les parents. Je suis d'accord avec elle. Il faut absolument éduquer tout le monde.

1 Lis le forum et pour chaque phrase écris l'initiale qui convient. Est-ce que c'est N (Nolween), Y (Yanis) ou C (Capucine) ?

Exemple : 1 N

1 Ses parents lui donnent des conseils.
2 Les enfants ne sont pas les seuls qui doivent être éduqués aux dangers d'Internet.
3 La sécurité sur les réseaux sociaux est essentielle.
4 On entend parler de problèmes quotidiennement.
5 Internet a un aspect positif.
6 Il / Elle fait attention sur Internet.
7 Les personnes peuvent cacher leur identité.
8 Certaines personnes ne sont pas prudentes sur Internet.

2 Les jeunes et Internet. Choisis la bonne option pour chaque phrase.

Exemple : 1 C

1 Deux adolescents sur cinq…
- **A** n'ont jamais communiqué avec des inconnus.
- **B** ont déjà communiqué avec des inconnus.
- **C** ne communiqueront plus avec des inconnus.
- **D** ne communiquent plus sur Internet.

2 Les ados…
- **A** se sentent en danger derrière leur écran.
- **B** se sentent protégés quand ils surfent sur Internet.
- **C** connaissent les dangers.
- **D** sont prudents derrière leur écran.

3 Il y a de plus en plus…
- **A** d'ados qui envoient des messages instantanés.
- **B** de jeunes qui protègent leurs comptes.
- **C** de vols d'identité.
- **D** de comptes de messagerie instantanée.

4 Les jeunes disent que leurs parents…
- **A** sont plus conscients des problèmes.
- **B** sont moins inquiets des problèmes.
- **C** sont ignorants des problèmes.
- **D** n'utilisent pas Internet.

5 De nos jours, les jeunes s'inquiètent…
- **A** des virus lorsqu'ils utilisent Internet.
- **B** des inconnus sur Internet.
- **C** des vidéos sur Internet.
- **D** du téléchargement illégal.

6 Les jeunes disent que les profs…
- **A** ne parlent pas des problèmes d'Internet.
- **B** n'utilisent pas les réseaux sociaux.
- **C** parlent mieux des problèmes.
- **D** n'aiment pas les réseaux sociaux.

3 a Le discours direct and indirect. Regarde d'abord la section grammaire K16. Modifie les mots (a) à (j). Ils doivent respecter le sens correct de la phrase. Attention ! il n'est pas toujours nécessaire de changer les mots.

Exemple : (a) divertissant

Malheureusement Internet a beaucoup de dangers malgré son côté (a)………. (*divertissant*) et ses sites (b)………. (*éducatif*). Aujourd'hui, une de mes amies m'a dit qu'hier elle (c)………. (*aller*) sur son site de messagerie instantanée et qu'elle (d)………. (*cliquer*) sur un message d'une personne qu'elle ne connaissait pas. Elle a dit que la prochaine fois elle ne (e)………. (*regarder*) pas ce genre de message et qu'elle (f)………. (*faire*) plus attention. Un (g)………. (**autre**) ami m'a aussi dit qu'il (h)………. (*vouloir*) changer tous ses mots de passe car une personne malintentionnée a piraté ses comptes. Mes parents me disent souvent qu'ils n'(i)………. (*aimer*) pas lorsque je me connecte à des réseaux (j)………. (*social*).

3 b Les conjonctions. Regarde d'abord la section grammaire H. Relis le blog et recopie les phrases qui ont une conjonction. Traduis les phrases dans ta langue.

Exemple : C'est vrai que certains internautes ne font pas attention lorsqu'ils sont en ligne.

4 Travaillez à deux. A pose les questions et B répond. Ensuite changez de rôle.
- **1** Quels sont les problèmes liés à Internet ?
- **2** Est-il facile d'éviter les problèmes sur Internet ?
- **3** Est-ce que tu as déjà eu des problèmes en utilisant Internet ou connais-tu quelqu'un qui a eu des problèmes ?
- **4** Qu'est-ce que tes parents ou tes profs t'ont déjà dit sur la sécurité sur Internet ?
- **5** À ton avis, que faudrait-il faire pour améliorer la situation ?

5 Écris un article sur les dangers d'Internet. Écris entre 130 et 150 mots en français. Tu dois mentionner les points suivants :
- Quelques problèmes concernant Internet
- Un problème que tu as déjà eu sur Internet
- Ton opinion sur les réseaux sociaux
- Les réseaux sociaux dont tu te sers

209

Keeping informed – radio, newspapers, TV, online

Décollage

4K.1 Comment t'informes-tu ?

> ★ **Parler des différentes sources d'information**
> ★ *Depuis* **avec le présent et l'imparfait**

1 Avec ton / ta partenaire, cherche les mots suivants dans un dictionnaire bilingue. Après, testez-vous.

un hebdomadaire	les actualités	un journal	les gros titres
un quotidien	la publicité	les infos	zapper

Journal, télé, radio ou Internet ? Comment vous informez-vous ?

Solwen, 14 ans
Pour moi c'est sur Internet ! J'ai ma propre tablette depuis un an et c'est plus pratique. Je n'ai pas besoin de regarder la télé à une heure spécifique. Par exemple, quand je suis dans le bus, je lis les actualités sur mon téléphone. Le seul point négatif c'est la quantité de publicités sur certaines applis.

Hugo, 25 ans
Le journal était depuis le lycée ma seule source d'information mais l'année dernière, j'ai changé mes habitudes pour deux raisons. Je travaille plus maintenant alors je n'ai pas le temps d'ouvrir un journal et à environ 2,40 € le journal c'est couteux quand tu achètes ton quotidien.

Léonie, 18 ans
Ma sœur regarde les infos en ligne depuis qu'elle a son nouveau portable. Moi j'ai un portable aussi mais je préfère regarder les infos à la télé avec mes parents. En fait, je les regarde avec eux tous les soirs depuis que j'ai 6 ou 7 ans. C'est plus convivial mais l'inconvénient c'est que mon père a la télécommande et il zappe tout le temps !

2 a Lis le blog. Qui dit ça ? Pour chaque phrase écris l'initiale qui correspond. Est-ce que c'est S (Solwen), H (Hugo) ou L (Léonie) ?

Exemple : 1 L

1 Avec la télé c'est ce que je fais depuis que je suis petit(e).
2 Être en ligne donne plus de liberté.
3 Être en ligne est une nouvelle habitude pour moi.

4 C'est un moment qu'on partage en famille.
5 Être en ligne est plus rapide.
6 C'est mieux en ligne.
7 Ça peut être cher.
8 Être en ligne peut avoir des inconvénients.

2 b Fais une liste des nouveaux mots que tu as rencontrés dans ce blog.

3 a Avant l'écoute, travaillez à deux. Regardez la grille ci-dessous et faites des prédictions sur les mots que vous pourriez entendre. Pensez à des mots pour les moyens de communication et pour les raisons d'avoir changé de moyens de communication.

3 b Je m'informe. Maintenant écoute Sylvie, Noah, Inès et Bruno. Recopie la grille et pour chaque personne note les informations en français.

	Avant	Maintenant	Raison du changement
Sylvie	*radio*		
Noah			
Inès			
Bruno			

4 a *Depuis* avec le présent et l'imparfait. Regarde d'abord la section grammaire K19. Modifie les mots (a) à (j). Ils doivent respecter le sens correct de la phrase. Attention ! il n'est pas toujours nécessaire de changer les mots.

Exemple : (a) ai

Depuis quelques mois, j'(a)………. (*avoir*) une tablette et depuis deux (b) ……….
(*semaine*) j'(c) ………. (*utiliser*) une appli qui montre les infos (d) ………. (*essentiel*).
Je trouve ça très pratique parce que depuis la rentrée mes amis et moi n'(e) ……….
(*avoir*) pas le temps de regarder la télé ou de lire le journal. Mon père n'est pas très
(f) ………. (*content*) car il pense que depuis que j'utilise ma tablette, je
(g) ………. (*parle*) moins avec lui. C'est vrai qu'avant d'avoir ma tablette, je
(h) ………. (*regarder*) depuis toujours les infos à la télé le soir avec (i) ………. (*mon*)
parents et depuis la sixième, je (j) ………. (*lire*) le journal le weekend avec lui.

4 b Maintenant relis le blog et recopie toutes les phrases avec *depuis*. Puis traduis-les dans ta langue.

Exemple : J'ai ma propre tablette depuis un an.

5 Travaillez à deux. Regardez la photo. A pose les questions et B répond. Ensuite changez de rôle.

1 Décris cette photo, s'il te plait.
2 Parle-moi de l'homme.
3 À ton avis, qu'est-ce que les deux personnes ont fait avant ?
4 Que penses-tu du journal comme source d'information ?
5 Quels sont les avantages des nouvelles technologies pour s'informer ?

6 a Tu écris une réponse de 60 à 75 mots en français au sujet des sources d'information que tu utilises. Tu dois employer tous les mots ou expressions suivants.

ordinateur	je pense	hier	journal

6 b Travaillez à deux. Vérifiez si vous avez utilisé tous les mots / expressions.

4K.2 Ma vocation de journaliste

En Vol

★ **Découvrir le profil d'un journaliste**
★ **L'infinitif passé** (*après avoir / être*)

Une vedette de cinéma déguisée en sans-abri, démasquée par ses fans en pleine rue !

Journaliste : Vous étiez le premier journaliste à avoir interviewé cette (1)………. !

Martial : Oui, je faisais un (2)……… sur l'art de rue et après avoir entendu des cris, j'ai couru pour voir ce qui se passait.

Journaliste : Mais vous êtes célèbre comme reporter qui présente des documentaires (3)……….. sur des endroits insolites!

Martial : En fait, j'ai commencé comme journaliste mais après avoir passé quelques mois à travailler pour un journal national, j'ai voulu (4)……… reporter pour faire des documentaires.

Journaliste : Vous étiez prêt pour ce scoop alors !

Martial : Oui… Après avoir commencé à filmer ce qui se passait, j'ai contacté le journal pour lequel je travaillais avant. En quelques minutes j'étais en direct pendant le journal (5)……… !

Journaliste : Alors, quel a été votre parcours ?

Martial : J' ai toujours voulu travailler dans le journalisme. Mon père était mon inspiration. Après avoir fait quelques (6)……… de journaliste, j'ai suivi ma (7)……… de reporter. Maintenant je rencontre des gens différents, je découvre le monde et je suis sur le terrain.

Journaliste : Quelles sont les qualités nécessaires pour travailler dans le journalisme ?

Martial : Il faut être (8)………., courageux, travailleur et surtout passionné !

Journaliste : Apparemment, après être passé aux infos, vous envisagez de refaire du direct.

Martial : Oui, je cherche un concept qui pourrait plaire aux jeunes, à la télé mais aussi en ligne. Je veux encourager les jeunes à s'informer davantage. J'aime aussi l'ambiance du direct !

1 a Remplis les blancs dans l'article avec les mots suivants. Il y en a huit. Il ne faut pas utiliser tous les mots.

Exemple : 1 vedette

fabuleux	publicité	auditeur	hebdomadaire
télévisé	*vedette*	débrouillard	vocation
documentaire	devenir	boulots	

1 b Fais une liste des nouveaux mots que tu as vus dans l'article et avec ton / ta partenaire, testez-vous.

2 Un entretien avec Maryse, présentatrice sur France Culture. Recopie la grille et note les détails en français. Il n'est pas nécessaire d'écrire des phrases complètes.

	Les avantages	Les inconvénients
être reporter	rencontrer de nouvelles personnes	pas souvent à la maison
être présentateur	a b	c
être journaliste	d	e f

3 a L'infinitif passé. Regarde d'abord la section grammaire K8.6. Maintenant joins les deux phrases en utilisant l'infinitif passé. Attention ! il faut penser à l'auxiliaire !

Exemple : 1 Après avoir passé deux ans dans une station de radio locale, j'ai travaillé pour une radio nationale.

1 J'ai passé deux ans dans une station de radio locale. J'ai travaillé pour une radio nationale.

2 J'ai vu une annonce pour un hebdomadaire sportif. J'ai décidé de postuler pour le boulot.

3 Il a travaillé pendant cinq ans pour un quotidien national. Il a voulu travailler dans l'international.

4 Je suis allé à l'étranger faire des reportages pendant des années. J'ai fait des documentaires télévisés.

5 Elle a suivi l'exemple de son père comme reporter sportif. Elle a suivi sa vocation de présentatrice.

6 J'ai travaillé en tant que présentateur du journal télévisé pour une chaine locale. J'ai passé deux ans à développer une appli pour les actualités internationales.

7 Elle est partie à l'étranger pour travailler pour une chaine nationale. Elle est revenue pour lancer son propre magazine.

8 Il a fait des reportages pour des documentaires. Il a voulu travailler pour un journal.

3 b Relis l'article et recopie les phrases qui ont un infinitif passé. Traduis-les dans ta langue.

4 Travaillez à deux. A pose les questions et B répond. Ensuite changez de rôle. Vous parlez d'un / d'une journaliste ou d'un présentateur ou d'une présentatrice que vous admirez.
  1 Parle-moi de cette personne.
  2 Quelles sont les qualités que tu admires chez cette personne ?
  3 Pourquoi est-ce que cette personne est un bon exemple à suivre pour toi ?
  4 Parle-moi d'une chose que cette personne a faite et qui t'as impressionné(e).
  5 Si tu pouvais, qu'est-ce que tu voudrais faire pour ressembler à cette personne ?

5 a Écris un blog sur la personne qui t'inspire le plus. Inclus les détails suivants et utilise l'infinitif passé au moins trois fois.
  • Exprime les raisons pour lesquelles tu admires cette personne.
  • Mentionne chose que cette personne a faite qui t'a impressionné(e).
  • Dis si tu envisages de suivre le même parcours à l'avenir. Pourquoi ? Pourquoi pas ?

5 b Travaillez à deux. Vérifiez si vous avez utilisé tous les détails ci-dessus et des exemples de l'infinitif passé.

5 c Si tu n'as pas utilisé tous les détails et des exemples de l'infinitif passé, améliore ton travail.

Vocabulaire

4A.1 Mon enfance

s'amuser	le copain / la copine	la figurine	lire
auparavant	courir	les grands-parents	les livres (m)
avoir du temps	*se déguiser*	les petits-enfants	mesquin(e)
l'adolescent(e)	dessiner	gentil(le)	passer son temps
la bande dessinée	dormir	grimper	*prudent(e)*
le bébé	l'enfant (m/f)	gronder	répéter
bouder	l'enfance (f)	s'intéresser à	sauter
collectionner	*faire des bêtises*	le jeu	
casse-cou	*faire la collection de*	le jouet	

4A.2 Auparavant la vie était si différente

autrefois	différent(e)	la personne âgée	se souvenir de
à l'époque	le disque	*le poste de radio*	vieillir
au début (des années)	dur(e)	le quotidien	vieux / vieil / vieille
avoir l'habitude de	emprunter	se rappeler	*le vingtième siècle*
avoir la vie plus / moins facile	l'époque (f)	ressembler à	**il y a** vingt ans
coudre	inventer	le siècle	*une vingtaine d'années*
correspondre	une lettre	similaire	le voeu
dans les années	même	souhaiter	
devoir	pareil(le)	le souvenir	

4B.1 Que penses-tu du règlement scolaire ?

admettre	d'un côté … de l'autre côté	même	la retenue
améliorer	essentiel(-le)	obligatoire	réussir
autre	fonctionner	permettre	la réussite
avoir le droit de	il est interdit	plusieur(e)s	sévère
le casier	il faut + *inf*	quelque	supprimer
certain	il ne faut pas + *inf*	la règle	tel
chaque	injuste	le règlement	tout(e)
se concentrer	interdit(e)	remplacer	*vivre en harmonie*
devoir	juste	respecter	

4B.2 Le stress au collège

à cause de	être forcé(e)	*oser*	refuser
angoisser	fumer	les pairs	la sixième
le bulletin scolaire	*le harcèlement*	parler de	le stress
le chef d'établissement	s'inquiéter de	*se plaindre de*	stressant(e)
le choix vestimentaire	*l'insomnie*	la pression du groupe	stresser
le/la collégien(-ne)	le/la lycéen(-ne)	se sentir bien / mal	le trimestre
se confier	*le mal de ventre*	souffrir de	trimestriel(-le)
le contrôle	la mauvaise humeur	la raison	la troisième
la cyber-intimidation	la mode	réduire	

4C.1 Voyages et évènements scolaires

accueillant(e)	le décor	le logement	le spectacle
accueillir	le désastre	loger	la visite culturelle
s'amuser	l'échange (m)	le mal du pays	le voyage linguistique
annuler	enrichissant(e)	le monument	le voyage scolaire
l'auberge (f) de jeunesse	l'excursion (f)	participer à	voyager
le bienfait	la famille d'accueil	le paysage	
la cérémonie	inoubliable	la réunion sportive	
la chorale	impressionnant(e)	la réussite	
se débrouiller	intéressant(e)	la sortie scolaire	

4C.2 Mon échange scolaire

l'accueil (*m*)	l'expérience (*f*)	le marché	la règle
accueillant(e)	faire la connaissance de	*nourrir qqn*	respecter
la communauté	familial(e)	pareil(le)	rester
le contraire	la famille X	partager	réunir
contrairement à	s'habituer à	particulier / particulière	les spécialités (*f*)
correct(e)	*héberger*	particulièrement	la température
correctement	*inoubliable*	*pas terrible*	vivre
la coutume	le / la marchand(e)	*pauvre*	le voyageur / la voyageuse
la différence	*marchander*	*la pauvreté*	

4D.1 L'esprit d'équipe

aller à la pêche	devenir	la gymnastique	le projet
l'athlétisme (*m*)	l'équipe (*f*)	s'inscrire	pratiquer
le ballon (de football)	essayer de	s'intéresser à	la raquette
la ceinture	*faire de la danse classique*	nager	se reposer
le centre équestre	faire de la musculation	s'occuper de	le spectacle
le centre sportif	faire de la natation	la patinoire	sportif(-ive)
courir	faire de la planche à voile	le patin à glace	le temps libre
danser	faire de l'équitation	le patin à roulettes	
se détendre	faire partie de	plonger	

4D.2 Les idoles du sport

adorer	encourager	l'idole (*f*)	*prendre sa retraite*
aimer	*l'entraineur*	jeune	réussir à
s'amuser à	faire de la musculation	*les Jeux olympiques*	rêver de
cesser de	faire de la natation	jouer à	sélectionner
le championnat	faire du sport	le match de	le stade
le complexe sportif	*la finale*	*la médaille d'or, d'argent, de*	le terrain de sports
le contrat	*la filière*	*bronze*	*transférer*
décider de	le footballeur	permettre à	*le transfert*
détester	gagner	préférer	*le trophée*

4E.1 Accidents de sport

aller mieux	courir	se lever	se reposer
avoir de la fièvre	dormir	marcher	respirer
avoir mal *à la cheville* / à la tête	être blessé(e)	le médecin	sain
	être en pleine forme	le médicament	le SAMU
avoir mal au bras / au dos / au genou	grave	l'ordonnance (*f*)	la santé
	heurter	le pied	souffrir
la blessure	l'hôpital (*m*)	la piqûre	tomber
le comprimé	l'infirmier(-ère)	*la pommade*	
le corps	la jambe	pouvoir	
le coup de pied	*le kiné*	le rendez-vous	

4E.2 Vivre avec un handicap

aider (à)	*le fauteuil roulant*	le patinage artistique	se servir de
amputer	la gymnastique	la patinoire	sportif (-ive)
l'avenir (*m*)	*le handicap*	permettre	le stade
avoir envie de	*être handicapé(e)*	le permis	*valide*
avoir l'intention de	*handisport*	plonger	*la vie*
les béquilles (*f*)	*les Jeux paralympiques*	la poitrine	
conduire	le match de…	le projet	
espérer	nager	*la rééducation*	
l'espoir (*m*)	*le nageur / la nageuse*	*remporter*	
être capable de	*paraplégique*	*renverser*	

4F.1 Les métiers

l'analyste-programmeur (-euse)
l'animateur (animatrice)
l'apprenti(e)
l'archéologue
l'artiste-peintre
l'astronaute
bien payé(e)
le boulot
calme
le / la chanteur / chanteuse
le / la chercheur / chercheuse
le chirurgien
le / la coiffeur / coiffeuse
le / la commerçant(e)
le danseur / la danseuse
en plein air
l'entraineur (entraineuse)
gagner
l'informaticien(ne)
l'ingénieur(e)
l'interprète
mal payé(e)
le métier
le moniteur / la monitrice de ski
le / la musicien(ne)
la patience
patient(e)
le / la peintre
le / la photographe
la profession
professionnel(le)
le salaire
le / la scientifique
stable
le traducteur / la traductrice
le / la vétérinaire

4F.2 Mon futur métier

admirer
l'agent de police
l'ambition (f)
l'architecte
l'avocat(e)
le chantier de construction
conseiller
le conseiller / la conseillère (d'orientation professionnelle)
en équipe
enrichissant(e)
exigeant(e)
le facteur / la factrice
gagner (de l'argent)
l'homme / la femme d'affaires
l'hôtesse de l'air
le / la journaliste
le maçon
le mécanicien / la mécanicienne
monotone
la motivation
motiver
le patron / la patronne
la profession
la satisfaction
la stabilité
le sapeur-pompier
le / la stagiaire
le steward
stressant(e)
utile
varié(e)
le vendeur / la vendeuse
la vie personnelle
la vie privée

4G.1 Après le collège

l'avenir (m)
avoir l'intention de
le baccalauréat (général/ technologique/ professionnel)
le brevet (des collèges)
le brevet d'études professionnelles (BEP)
le certificat d'aptitude professionnelle (CAP)
le choix
décidé(e) de
doué(e)
l'école (f) de langues
l'enseignement (m)
espérer
l'étudiant(e)
les études (supérieures)
l'examen (m)
la grande école
l'hôtellerie (f)
intelligent(e)
s'intéresser à
le lycée
le métier
passer un examen
permettre
pratique
préparer
quitter
réaliser
le résultat
réussir
savoir
secondaire
le stage (en entreprise)
l'université (f)

4G.2 Mes projets d'avenir

l'apprentissage (m)
avoir envie de
bachelier (-ière)
le brevet de technicien supérieur (BTS)
la carrière
les classes préparatoires (f)
le concours
la décision
le dip!ôme universitaire de technologie (DUT)
le doctorat
la faculté
en faculté
la formation
gagner
l'Institut universitaire de technologie (IUT) (m)
la licence
le marché du travail
le master
mi-trimestre
le niveau
poursuivre
la première
le projet
la seconde
sélectif(-ive)
supporter
temporairement
la terminale
le travail
les travaux (pratiques) (m)
le trimestre
universitaire

4H.1 J'arrête les études pendant un an !

l'année (f) sabbatique
l'annonce (f)
l'avantage (m)
choisir
au chômage
connaitre
la culture
découvrir
depuis
économiser (de l'argent)
embauché(e)
embaucher
l'employé(e)
employer
l'esprit (m) (ouvert, d'équipe)
(à) l'étranger (m)
faire du bénévolat
faire des économies
le / la guide (touristique)
les grandes vacances (f)
l'inconvénient (m)
manquer à
négatif (négative)
œuvre caricative (f)
passionnant(e)
persuader
le petit boulot
positif(-ive)
le poste
réfléchir
se renseigner sur
le tourisme

4H.2 Je suis bénévole

acquérir
l'annonce (f)
l'association (f) caritative
avouer
(faire) bâtir
(faire du) bénévolat
le bénévole
le boulot
le centre médical

choisir
le choix
(faire) construire
convaincre
désavantagé(e)
défavorisé(e)
à l'étranger
l'expérience
expérimenté(e)

facile
la formation
intéressant(e)
le job (d'été)
l'œuvre (f) caritative
la patience
pratique
le programme
le projet

la retraite
se renseigner
le respect
sans emploi
la tâche
voyager

4J.1 Courriels, textos ou téléphone ?

à *tout instant*
l'abonnement (m)
améliorer
l'appli (f)
l'avancée technologique
les avantages (m)
avoir besoin de
cher (chère)
communiquer

compris(e)
le courriel
l'écran (m)
en ligne
envoyer
facilement
le forfait
gratuit(e)
les inconvénients

la messagerie instantanée
n'importe où
l'ordinateur (m) portable
se passer de
payant(e)
la perte de temps
le portable
le progrès
recevoir

les réseaux sociaux (m)
rester en contact
se servir de
souscrire
la tablette
le téléphone fixe
utiliser
le Wi-Fi

4J.2 Te sens-tu en sécurité en ligne ?

avec précaution
cliquer
le compte
se connecter
divertissant(e)
l'écran (m)
éduquer
en ligne
être accro à

être prudent(e)
éviter
faire attention (à)
faire semblant (de)
le forum de discussion
le harcèlement
l'inconnu
s'informer
l'internaute

malintentionné(e)
mentir
le mot de passe
le piratage
pirater
la prévention
la prudence
sécuriser
se sentir en sécurité

surfer le net
surveiller
télécharger
la vie privée
le virus
le vol de données
le vol d'identité

4K.1 Comment t'informes-tu ?

avoir besoin de
avoir l'habitude de
avoir le temps
les actualités (f)
bondé(e)
la chaine
cher (chère)
convivial(e)
le cout
couter

se divertir
divertissant(e)
écouter
filmer
le gros titre
hebdomadaire
les infos
le journal
le journal télévisé
lire

le lecteur / la lectrice
occupé(e)
le prix
le poste de télévision / de
   radio
le présentateur /
   la présentatrice
prendre de la place
la pub(licité)
le quotidien

regarder
le spot publicitaire
la station de radio
le téléspectateur
toutes les semaines
tous les jours
zapper

4K.2 Ma vocation de journaliste

admirer
l'annonce (f)
apparaitre
l'auditeur / l'auditrice
célèbre
continuer
courageux (-euse)
créer
débrouillard(e)

débuter
démarrer
encourageant(e)
encourager
l'entretien (m)
faire des études de
faire la promotion de
faire ses débuts
l'idole (m)

l'impact (m)
l'influence (f)
influencer
l'inspiration
interviewer
le modèle
montrer l'exemple
passer à la télé / à la radio
le parcours

pousser quelqu'un à
le reportage
le reporter
représenter
la source d'inspiration
suivre
la vedette
la vocation

Décollage

La Belgique et ses fêtes originales

Vous croyez que la Belgique a peu à offrir aux touristes ? Ce n'est pas le cas. Contrairement à ce que pensent beaucoup de gens, la Belgique a beaucoup à offrir aux visiteurs y compris toute une variété de fêtes originales. Ces fêtes un peu… bizarres sont sures de vous enchanter et de vous en apprendre beaucoup sur les coutumes et les traditions belges.

Considérons, par exemple, le carnaval de Binche. Cette manifestation folklorique dure trois jours. Pendant ce carnaval, la ville belge de Binche retourne au XVIe siècle. Certains hommes et garçons de cette ville s'habillent en personnages folkloriques qui s'appellent les Gilles et vont de maison en maison. C'est considéré comme un grand honneur. Le dernier jour, il y a un défilé. Les Gilles portent des plumes d'autruche* et donnent aux spectateurs des oranges, ce qui porte bonheur. Voici un évènement populaire et unique.

Vous ne vous intéressez pas au folklore ? Pourquoi ne pas aller à Anima, festival du dessin animé et du film d'animation ? Ce festival a lieu dans la capitale et a connu ces dernières années beaucoup de succès. Ce n'est pas surprenant. C'est la Belgique qui a produit Tintin et les Schtroumpfs.

Ensuite, vous pouvez toujours aller au Carnaval des Ours* d'Andenne. Soyez tranquille, ce ne sont pas de vrais ours. L'ours est tout simplement l'emblème de cette ville. Pourquoi ? Alors, on dit qu'au début du VIIIe siècle, un de ses habitants, un petit de 9 ans, a tué un ours qui terrifiait le quartier. C'est à cause de cette histoire que chaque année des dizaines d'ours et des groupes musicaux se promènent dans les rues d'Andenne.

Si ça ne vous dit pas, il y a aussi la Régate Internationale de baignoires* à Dinant. Voici une course nautique de baignoires décorées de façon originale.
*une autruche – un grand oiseau d'Afrique / un ours – un grand animal carnivore comme Baloo dans le Livre de la Jungle / une baignoire – un appareil dans lequel on prend un bain

1 Lis l'article au sujet des fêtes belges. Réponds aux questions en choisissant A, B, C ou D.

Exemple: 1B

1 À Binche, comment s'habillent certains hommes ?

A en ours
B en Tintin
C en Gilles
D en Schtroumpf

2 À quoi est associé Bruxelles ?

A le folklore
B la mode
C la littérature
D le dessin animé

3 Qui, dit-on, a tué un ours à Andenne ?

A une fille
B un garçon
C un homme de la ville
D un musicien

4 Que peut-on voir à Dinant ?

A des gens déguisés
B des baignoires déguisées en bateaux
C des bateaux déguisés en baignoires
D des habitants qui se baignent

Mets-toi au défi. Voici des informations sur le peintre surréaliste belge, Magritte. À toi de les mettre dans l'ordre chronologique !

1 Comme chef des surréalistes belges, Magritte a profondément marqué l'art.

2 Il a rencontré Georgette Berger à l'âge de quinze ans.

3 En 1926, suivant ses études à l'Académie des Beaux-Arts de Bruxelles, Magritte commençait à peindre des tableaux surréalistes. Sa première toile surréaliste ? *Le jockey perdu.*

4 Magritte et Georgette se sont mariés en 1922.

5 Magritte est mort d'un cancer à l'âge de soixante-neuf ans. Cependant, il inspire toujours les artistes du monde entier. Beaucoup de ses peintures se trouvent au Musée Magritte à Bruxelles.

6 Magritte a peint ses premiers tableaux en 1915. Ces œuvres étaient impressionnistes.

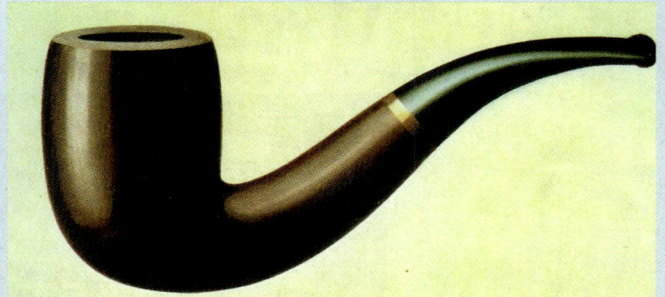

Ceci n'est pas une pipe.

7 René Magritte est né à Lessines en Belgique en 1898. Il a eu une enfance difficile.

8 Il a rencontré d'autres surréalistes à Paris où il a passé trois ans. En rentrant en Belgique, Magritte est devenu le chef des surréalistes belges.

Fiche info ✓

Un héros belge

1 Tintin est le héros du dessinateur belge Hergé. Il apparait dans les bandes dessinées Les aventures de Tintin. Ce jeune reporter est un grand voyageur et a même marché sur la Lune. Il lutte contre le mal. Il est curieux et courageux. En plus il est très calme, même dans des situations dangereuses.

2 Tintin a un entourage fidèle*. Le plus fidèle, c'est peut-être son chien, Milou, qui est toujours avec lui. Milou est presque comme une personne. Il est toujours là pour aider Tintin, même s'il est un peu moins sage que le héros principal lui-même.

3 Les personnages les plus comiques des aventures de Tintin sont sans doute le capitaine Haddock et les deux policiers Dupond et Dupont. Contrairement à Tintin, le capitaine, lui, se met facilement et souvent en colère et semble plutôt ridicule. Les policiers se ressemblent physiquement. Eux aussi sont des personnages ridicules. Ils sont peu efficaces et ne réussissent jamais.

4 Un autre ami de Tintin, c'est le professeur Tournesol. Voici un homme assez âgé qui porte d'habitude une redingote verte. Il est très intelligent et sympa aussi et invente des choses magnifiques comme des fusées et des sous-marins. Cependant, il peut être irritable aussi.

* fidèle – loyal

Lie ces titres A-D avec la bonne paragraphe du texte ci-dessus.
A Le meilleur ami de l'homme   C Le génie
B Un ado intrépide   D Le côté drôle

Vivre au paradis

Eugénie est française et vit depuis cinq ans en Nouvelle-Calédonie. Elle nous a parlé de sa vie sur cette ile française exceptionnelle.

La vie en Nouvelle-Calédonie diffère-t-elle énormément de la vie en France ?

Ici, on se lève plus tôt qu'en France. Moi, je me lève à six heures parce que l'école commence à sept heures et quart mais il y a des gens qui se lèvent encore plus tôt, vers quatre heures du matin par exemple. Après s'être levés si tôt, ces gens prennent le déjeuner vers onze heures et demie et le diner vers dix-huit heures trente. Ils se couchent tôt aussi, vers vingt heures trente.

Il fait beau tout le temps ?

La Nouvelle-Calédonie se trouve dans le Pacifique Sud et il fait donc chaud et soleil la plupart du temps. On passe beaucoup de temps dehors en faisant attention d'éviter les heures les plus chaudes de la journée en été. On sort donc plutôt le matin et puis le soir. Ceci dit, il pleut aussi ici.

Et que faites-vous pour vous amuser ?

Je fais beaucoup de sport. Moi, j'adore faire du jogging ou bien nager dans la mer, comme beaucoup de mes amis. Le paysage ici est tellement varié qu'il y a quelque chose pour tout le monde : balades, planche à voile, surf, plongée sous-marine. On peut bien sûr se reposer et admirer aussi le paysage magnifique.

On y mange bien ?

Oui, très bien, et sain aussi je pense. Personnellement, je mange beaucoup de fruits et de légumes ainsi que du poulet, du bœuf, du poisson et du pain. Le seul problème ? Certains produits coutent assez cher.

Il y a d'autres désavantages d'habiter en Nouvelle-Calédonie ?

La situation politique n'est pas trop sure. Ce pays a été colonisé par la France en 1853. Certains habitants veulent rester en France, d'autres aimeraient mieux être indépendants.

---

1 Lis l'article puis réponds aux questions en écrivant vrai (V), faux (F) ou pas mentionné (PM). Corrige les phrases qui sont fausses.

1 Eugénie est née en Nouvelle-Calédonie.

2 Les jours d'école, elle doit se lever à quatre heures du matin.

3 Les habitants vont rarement dehors en été parce qu'il fait trop chaud.

4 Eugénie est plutôt sportive.

5 Eugénie a déjà fait de la plongée sous-marine.

6 Le paysage est impressionnant.

7 Eugénie est végétarienne.

8 La Nouvelle-Calédonie est un territoire français et la plupart des habitants en sont contents.

2 Mets-toi au défi. Complète les informations au sujet de la Nouvelle-Calédonie avec les chiffres de la liste.

| 11 | 268 767 | 1853 | 18 576 | 1500 | 28 | 1991 | 1989 |

Fiche info ✓

La Nouvelle-Calédonie

La Nouvelle-Calédonie, archipel situé dans l'océan Pacifique à **1**.......... km de l'Australie, est un territoire de la France depuis **2**.......... . Ce petit pays a une superficie de **3**.......... km² et une population de **4**.......... habitants. De ces habitants, seules les Mélanésiens et les Kanaks sont originaires de la Nouvelle-Calédonie. Les autres habitants viennent pour la plupart de différents pays européens et asiatiques. Voici donc une population très diverse, ce qui est apprécié dans la bande dessinée calédonienne *La Brousse en Folie*.

La capitale, Nouméa, est la seule grande ville et se trouve dans le sud. Depuis **5**.........., il y a trois provinces distinctes en Nouvelle-Calédonie : la Province Sud, la Province Nord, la Province des îles Loyauté.

Le français est la langue officielle de cette ile mais il y a aussi des dialectes. Il y a par exemple **6**......... langues kanak et **7**.......... dialectes. Le français de Nouvelle-Calédonie diffère du français européen à cause de l'accent et des expressions particulières.

Comme la population, la musique de la Nouvelle-Calédonie est très diverse, le Kaneka, le reggae, le jazz et le rock étant tous populaires. Le festival *Live en aout* autrefois appelé *Jazz en aout*, qui a été créé en **8**.......... , réunit des groupes de jazz, rock, soul et folk dans les bars et restaurants du territoire.

Les meilleurs festivals néo-calédoniens ?

	Sophie s'intéresse aux festivals en Nouvelle-Calédonie. Lis les suggestions ci-dessous.
voyageuse1	Ici Sophie. Je vais passer du temps en Nouvelle-Calédonie et je m'intéresse beaucoup aux festivals. Le festival du yam qui marque le début des récoltes semble très intéressant. Les célébrations discrètes sont très importantes pour les Kanaks mais ne sont pas ouvertes aux touristes. Il y a d'autres festivals néo-calédoniens que vous recommanderiez ?
jeuneetjolie	La fête néo-calédonienne la plus intéressante, c'est la Fête de l'Omelette géante, en avril à Dumbéa. J'y suis allée l'an dernier et c'était super marrant. On aide des chefs à faire une grande omelette de 7000 œufs dans une grande poêle. Et on peut la déguster après !
cinéphile_400	Le festival du film à Nouméa est très bien. On y voit des films internationaux en version originale.
momo_500	Moi, je suis allé à la Fête de la Mandarine qui se passe en juillet et fête la mandarine. Je n'ai pas trop aimé mais les animations étaient bien.
angevinefolle	Ma famille et moi, nous sommes allés à la fête du ver* de Bancoule. Quelle horreur ! Il y avait un concours de dégustation de gros vers.
	* un ver – un petit animal sans pattes qui habite dans la terre

Coin examen 4.1

Comment améliorer ton français écrit

Quatre idées pour t'aider à bien faire le plan de ta rédaction

→ À l'écrit, tu as le choix entre trois questions. Cela peut être un e-mail, une lettre, un article ou une histoire à continuer. **Choisis l'option qui t'est la plus familière** (pas nécessairement celle qui t'intéresse le plus), c'est-à-dire tu connais bien le vocabulaire et la grammaire requis et tu as beaucoup d'idées à ce sujet-là. Base ta décision seulement là-dessus.

→ Organise ton travail avec soin. **Tu dois écrire entre 130 et 140 mots en français.** Divise ce chiffre par le nombre de points dont tu dois discuter (3 ou 4) mais garde 10 à 20 mots en réserve si une introduction et / ou une conclusion sont nécessaires.

→ Tu connais tes points forts. Sers-t'en ! Par exemple, tu sais **utiliser le présent, le passé et le futur.** Si la question le demande, réfère-toi à quelque chose que tu as fait l'année dernière par exemple, ou à quelque chose que tu as l'intention de faire à l'avenir. Étudie bien la question pour savoir quels temps elle te permet d'utiliser dans ta réponse.

→ Si la question te demande d'**exprimer ton opinion, un point de vue** ou de faire des **comparaisons**, fais-le.

Deux exemples à étudier

1 a Lis les deux réponses à cette question d'examen et travaille avec un(e) partenaire pour identifier les différences.

La question d'examen

Mon avenir professionnel

Écris une lettre de 130-150 mots à ton ami(e) français(e) sur tes projets d'avenir. Tu dois mentionner :

- ce que tu étudies en ce moment
- ce que tu as l'intention de faire comme carrière plus tard et pourquoi
- une expérience que tu as déjà eue qui va t'aider pour ton avenir
- ce que tu penses des langues pour ton avenir

Une réponse de base

Salut Max,

Tu me demandes mon choix de carrière.

En ce moment, j'étudie beaucoup de matières comme la géographie, les maths, l'anglais, l'espagnol et les sciences. Je trouve ces matières assez difficiles mais elles sont importantes pour mon avenir car l'année prochaine je choisirai mon université.

Moi, je voudrais être assistante sociale. C'est important d'aider les gens. Pour cela, je dois aller à l'université et étudier pendant trois ans.

L'année dernière, pendant les vacances, j'ai passé une semaine avec ma mère dans un hôpital car elle est assistante sociale et j'ai trouvé le travail très enrichissant. C'était une expérience utile.

Je pense que les langues sont enrichissantes et surtout importantes si tu veux travailler à l'étranger mais pour mon choix de carrière, je ne pense pas que j'utiliserai les langues. Mais j'aime bien étudier les langues.

Et toi, que voudrais-tu faire plus tard ?

À bientôt

Emma

Une réponse bien plus sophistiquée

Salut Henri,

En ce moment, j'étudie beaucoup de matières comme la géographie, les maths, l'anglais, l'espagnol et les sciences. J'étudie l'anglais et l'espagnol <u>depuis</u> cinq ans mais <u>je dois dire que</u> je les trouve assez difficiles. Toutes mes autres matières <u>me plaisent</u> et <u>je viens de</u> faire mes choix pour mes matières l'année prochaine.

<u>Moi, ce que j'aimerais faire plus tard</u> c'est être assistante sociale <u>puisque je pense que c'est</u> important d'aider les gens et pour cela, <u>je devrai aller</u> à l'université et y passer trois ans.

<u>Récemment</u>, j'ai fait mon stage d'apprentissage avec ma mère dans un hôpital et j'ai trouvé le travail très enrichissant. <u>Je me suis entendue</u> avec mes collègues et les patients. <u>J'ai trouvé</u> que c'était une expérience très utile.

Je pense que les langues sont enrichissantes et surtout importantes <u>si tu veux</u> travailler a l'étranger mais pour mon choix de carrière, je ne pense pas que j'utiliserai les langues. <u>Mais si je ne peux pas</u> devenir assistante sociale, <u>peut être que</u> mes langues me seront utiles. <u>On verra !</u>

Et toi, <u>qu'est-ce qui te plait</u> ?

À bientôt

Emma

1 b La deuxième lettre contient des expressions qui méritent d'être apprises car elles peuvent être utilisées dans d'autres contextes. Ce sont donc des « outils » importants. Mettons-les donc dans notre « boite à outils ». Traduis toutes les expressions surlignées dans ta langue et apprends-les.

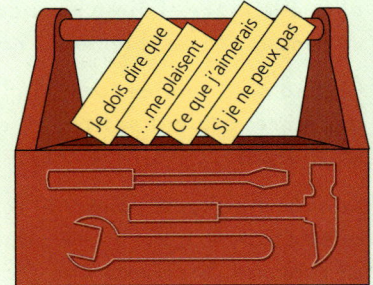

À prendre en compte quand tu écris ta rédaction

➜ Réponds à chaque point dans l'ordre donné et assure-toi que tu as donné tous les renseignements qu'on te demande.
➜ Inclus au moins 18 verbes différents. Pense à utiliser des temps différents (passé, présent, futur, par exemple) et aussi des sujets différents (je, nous, ils, etc.).
➜ Évite les répétitions. Varie ton vocabulaire.
➜ Inclus une ou deux opinions et justifie-les.

On vérifie ce qu'on a fait

➜ Vérifie que tes terminaisons de verbes sont correctes – par exemple, **nous** voul**ons**, et que les temps que tu as utilisés sont appropriés.
➜ Vérifie que les noms que tu as utilisés ont le genre correct (masculin ou féminin) et s'ils sont pluriel, qu'ils finissent par un 's'.

➜ Utilise des adjectifs. Fais attention aux accords (masculins ? féminins ? singuliers ? pluriels ?)
➜ Vérifie l'orthographe et la ponctuation de ton travail.

Coin examen 4.2

Deviens plus fort(e) !

Comment passer de l'ordinaire à l'extraordinaire !

1 a Étudie cet exemple.

La question d'examen

Écris un article sur les vacances pour le magazine de ton collège. Tu dois écrire 130-150 mots en français. Tu dois mentionner :

- ce que tu fais d'habitude pendant les grandes vacances
- ce que tu as fait pendant tes dernières vacances et ton opinion
- un problème qui s'est passé pendant tes dernières vacances
- ce que tu as l'intention de faire pour tes prochaines vacances

1 b Lis cette réponse.

D'habitude nous allons à l'étranger car nous aimons découvrir de nouvelles cultures. Moi j'aime bien aussi entendre une autre langue et j'essaie d'apprendre des mots.

L'année dernière nous sommes allés en Espagne et j'ai bien aimé l'endroit. Pendant la semaine, nous sommes allés à la plage. J'aime beaucoup la plage. Pourtant, vendredi, il a plu. Nous sommes allés au cinéma. Mes vacances étaient bien mais nous avons eu un problème avec l'hôtel.

Quand nous sommes arrivés, l'hôtel était complet. On a trouvé un autre hôtel au centre-ville. Les chambres étaient petites et le diner n'était pas compris dans le prix. Tous les soirs, on a mangé au restaurant. C'était très cher. Mes parents n'étaient pas contents.

L'année prochaine j'aimerais rester dans ma région car il y a beaucoup d'endroits intéressants à visiter. C'est vrai que l'étranger c'est bien mais si je pouvais, je voudrais passer plus de temps à découvrir les merveilles locales.

1 c Améliore la qualité de cet article :

- Écris de plus longues phrases avec *comme*. Par exemple, continue cette phrase: « *Comme le diner…………………………., on a été obligés de …………………*
- Évite les répétitions. Change certains verbes comme *aimer / aller*.
- Justifie ton opinion avec *parce que / puisque*.
- Utilise des expressions d'opinion plus complexes, par exemple *J'espère… / …. me plait.*
- Emploie des structures complexes comme *pour + infinitif* **ou** *après être / avoir + participe passé*.

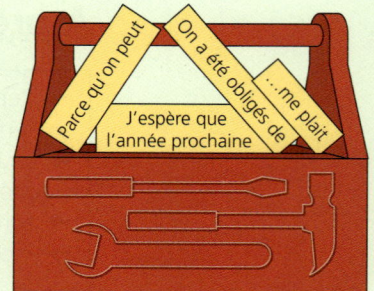

Parce qu'on peut
On a été obligés de …
… me plait
J'espère que l'année prochaine

1 d Écris une réponse plus sophistiquée à la question 1a en te référant tout d'abord aux conseils donnés dans l'exercice 1c et aussi au Coin examen 4.1 pages 222 et 223. Quand tu as fini d'écrire ta réponse, montre-la à ton / ta partenaire et discutez-en pour pouvoir l'améliorer encore plus.

2   a   Étudie cet exemple.

La question d'examen

Écris un blog sur les voyages scolaires. Tu dois écrire 130-150 mots en français. Tu dois mentionner :

- les voyages offerts dans ton collège
- une journée que tu as passée en voyage scolaire et ton opinion
- une visite que tu aimerais faire avec ta classe et pourquoi
- l'importance des voyages scolaires

2   b   Lis cette réponse.

Dans mon collège il y a beaucoup de visites organisées pour les élèves. Il y a des visites à l'étranger, comme en Italie, mais il y a aussi des visites locales comme des visites au musée pour l'histoire ou des journées en plein air pour la géographie.

Le mois dernier, je suis allée à Monaco avec ma classe. On a voyagé en train. C'était au bord de la mer. C'était bien. J'ai aimé visiter le centre-ville. On a fait les magasins aussi mais je n'ai pas aimé la plage.

Un jour j'aimerais aller faire du ski avec mon collège car je ne suis jamais allée faire de ski. Je pense que le ski avec mes amis ce serait génial.

Moi je pense que les voyages scolaires sont très utiles pour mes études car tu peux apprendre beaucoup de nouvelles choses. En plus, c'est plus amusant que le collège ! Mais quelquefois les visites sont ennuyeuses. C'est une perte de temps à mon avis.

2   c   Améliore la qualité de cette réponse :

- Supprime les répétitions de « il y a » avec par exemple *on peut aller.*
- Inclus une opinion plus ambitieuse sur Monaco que « c'était bien », e.g. *J'ai trouvé que c'était formidable.*
- Ajoute des adverbes de temps, par exemple, *le matin, après cela, l'après-midi, plus tard.*
- Forme des phrases plus longues en utilisant des conjonctions de coordination ou de subordination.
- Utilise une plus grande variété de verbes et verbes irréguliers. Par exemple, on trouve beaucoup de formes du verbe « aller ».
- Justifie ton opinion, par exemple *je n'ai pas aimé la plage parce qu'il y avait trop de monde.*
- Utilise plus de complexité grammaticale, par exemple *avec ses amis, on peut faire ce qu'on veut* – deux verbes irréguliers (*peut et veut*) – deux verbes qui se suivent, le second est à l'infinitif (*faire*).
- Utilise des structures complexes comme *depuis* et *venir de*, par exemple « *depuis quelques années on peut aller en Italie* ».

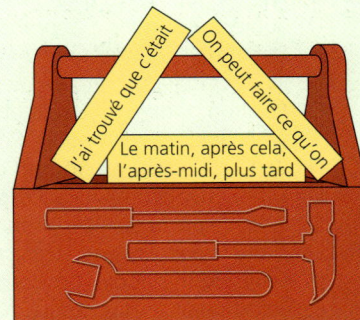

3   Écris une réponse à la question 2a en tenant compte de toutes les recommandations qui t'ont été faites.

Nos derniers conseils :

- Organise-toi bien. La dernière question est la plus longue. Donne-toi un maximum de 30 minutes pour y répondre.
- Adapte-toi aux circonstances ! Si tu écris à un(e) ami(e) ou une personne de ta famille, utilise *tu*. Sinon, utilise *vous*.
- Écris de longues phrases en utilisant des conjonctions telles que *mais, et, parce que, car, puisque, tandis que.*
- Prépare-toi le mieux possible en apprenant des phrases-clés qui te seront utiles. Et, bonne chance !

225

Grammar

The following grammar summary includes all of the grammar and structure points required for the Edexcel International GCSE. Note that while the subjunctive is covered here for reference, knowledge of the subjunctive is not required for Edexcel International GCSE.

Grammar section contents

A Nouns and articles *Les noms et les articles*

A noun is:

- a person (e.g. the teacher)
- a name (e.g. Mary)
- an object (e.g. guitar)
- a concept/idea (e.g. luck)
- a place (e.g. cinema)

A1 Gender *Le genre*

All nouns in French are either masculine or feminine. In the dictionary, masculine nouns are usually indicated with (*m*) and feminine nouns with (*f*).

In the singular, the definite article ('the') is *le* in the masculine and *la* in the feminine, both changing to *l'* before a vowel:

le chapeau	the hat
le sac	the bag
le stylo	the pen
l'œuf (m)	the egg
la fille	the girl

la porte	the door
la gare	the station
l'idée (f)	the idea

The indefinite article (the word for 'a' or 'an') is *un* in the masculine and *une* in the feminine.

The most common way to make the feminine form of a masculine noun is to add -*e* to the end:

un ami	*une amie*	a friend

If a noun ends in -*e* in the masculine form, it does not generally change in the feminine form:

un élève	*une élève*	a student

The examples below show how other masculine nouns change in the feminine form:

un boulanger	*une boulangère*	a baker
un jumeau	*une jumelle*	a twin
un époux	*une épouse*	a husband/wife
un danseur	*une danseuse*	a dancer
un moniteur	*une monitrice*	a supervisor
un technicien	*une technicienne*	a technician
un lion	*une lionne*	a lion/lioness

Some nouns are traditionally always masculine, even when referring to a female:

un auteur	an author
un médecin	a doctor

In general, words for animals only have one gender, although there are some exceptions:

un chien	*une chienne*	a dog/bitch
un chat	*une chatte*	a cat

The word for 'a person' is *une personne* and is always feminine.

Some words have a separate masculine and feminine form:

un fils	*une fille*	a son/daughter
un mari	*une femme*	a husband/wife
un roi	*une reine*	a king/queen
un copain	*une copine*	a male friend/female friend

Some words have two genders; their meaning depends on the gender:

un livre	a book	*une livre*	a pound
un manche	a handle	*une manche*	a sleeve
un poste	a job	*une poste*	a post office
un voile	a veil	*une voile*	a sail

The endings of words can sometimes be used to determine the gender of a noun. In general, words ending in -*age*, -*aire*, -*é*, -*eau*, -*eur*, -*ier*, -*in*, -*isme*, -*ment* and -*o* are masculine:

un garage	a garage
un bureau	an office
le bonheur	happiness

The following feminine nouns are exceptions to this rule:

une clé	a key
une image	a picture
l'eau	water
la fin	the end
la météo	the weather forecast
la plage	the beach
la radio	the radio

Words ending in -*ade*, -*ance*, -*ation*, -*ée*, -*ère*, -*erie*, -*ette*, -*que*, -*rice*, -*sse* and -*ure* are generally feminine:

une limonade	a lemonade
la natation	swimming
la fermière	the farmer's wife

The following masculine nouns are exceptions to this rule:

un lycée	a secondary school
un musée	a museum
le dentifrice	toothpaste
un kiosque	a newspaper stand

A2 Plurals *Les pluriels*

For the majority of nouns, plurals are made by adding -*s* to the singular form:

une porte	*des portes*	door(s)

Nouns ending in -*s*, -*x* or -*z* stay the same:

un bras	*des bras*	arm(s)
un nez	*des nez*	nose(s)
une voix	*des voix*	voice(s)

Nouns ending in -*eau* or -*eu* add -*x*:

un jeu	*des jeux*	game(s)

Exception:

un pneu	*des pneus*	tyre(s)

Nouns ending in -*ail* change to -*aux*:

un travail	*des travaux*	work(s)

Nouns ending in -*al* change to -*aux*:

un animal	*des animaux*	animal(s)

Nouns ending in -*ou* add -*s*:

un cou	*des cous*	neck(s)

Exceptions include:

un bijou	*des bijoux*	jewel(s)
un caillou	*des cailloux*	stone(s)
un chou	*des choux*	cabbage(s)
un genou	*des genoux*	knee(s)

Note: some nouns are singular in form but plural in meaning, and take a singular verb. These include *la famille*, *la police* and *la foule*:

La famille est dans la maison.
The family is in the house.

La police arrive.
The police arrive.

A3 Definite article *Les articles définis*

The word for 'the' in French has four forms: *le*, *la*, *l'* and *les*. *Le* is used for masculine nouns that start with a consonant:

le cahier	the exercise book

La is used for feminine nouns that start with a consonant:

la fleur	the flower

L' is used for nouns that begin with a vowel or a silent 'h', whether they are masculine or feminine:

l'ennemi (m)	the enemy
l'huile (f)	the oil

Les is used with all nouns in the plural:

les cahiers	*les huiles*
les fleurs	*les ennemis*

The definite article is used:

● to refer to a particular object or person

Le sac est sur la table.
The bag is on the table.

● with a noun used in a general sense

Il aime beaucoup le chocolat, mais il n'aime pas les bonbons.
He likes chocolate a lot, but he does not like sweets.

● with countries and languages

La Belgique est très petite.	*J'étudie l'allemand.*
Belgium is very small.	I study German.

● with parts of the body

J'ai les mains propres.
I have clean hands.

● with people's names or titles

la petite Hélène	little Helen
le roi Charles	King Charles

● with days of the week to convey 'every':

Le jeudi je sors avec mes amis.
On Thursdays I go out with my friends.

A3.1 Changes to the definite article *Comment changer les articles définis*

Le and *les* contract to *au* and *aux* when used with *à* ('to'/'at'):

Incorrect: *Je vais à le magasin.*
Correct: *Je vais au magasin.*
I'm going to the shop.

Incorrect: *Ils sont à les magasins.*
Correct: *Ils sont aux magasins.*
They are at the shops.

There are no changes with *la* or *l'*:

Il est à la poste.
He is at the post office.

Tu vas à l'église.
You are going to the church.

Note how these forms are used when describing flavours:

un sandwich au fromage	a cheese sandwich
une glace à la vanille	a vanilla ice cream

and ailments:

J'ai mal au pied et à la jambe.
I have a bad foot and a bad leg.

You will also find them with compass directions:

Il habite au nord/sud de la ville.
He lives to the north/south of the town.

Elle habite à l'est/l'ouest de la région.
She lives to the east/west of the area.

However, to say you are going to a country, use *en* for feminine countries and *au* for masculine ones. Use *à* to say you are going to a named place.

Je vais à Montréal au Canada, mais Paul va à Rome en Italie.
I'm going to Montreal in Canada, but Paul is going to Rome in Italy.

Le and *les* contract to *du* and *des* when used with *de*:

Incorrect: *Elle est près de le cinéma.*
Correct: *Elle est près du cinéma.*
She is near the cinema.

Incorrect: *Vous partez de les magasins.*
Correct: *Vous partez des magasins.*
You are leaving the shops.

There are no changes with *la* and *l'*:

Elle est près de la gare.
She is near the station.

Elle est près de l'église.
She is near the church.

A4 Indefinite article *Les articles indéfinis*

There are two words for 'a' and 'an': *un* is used for masculine nouns and *une* is used for feminine nouns:

un perroquet	a parrot
une maison	a house

There are specific occasions when an indefinite article is not used:

- with a person's job
- with a negative

Il est facteur.
He is a postman.

Je n'ai pas de chat.
I don't have a cat.

A5 Partitive article *Les articles partitifs*

The word for 'some'/'any' in French has four forms: *du, de la, de l'* and *des.*

Du is used for masculine nouns:

du pain	some bread

De la is used for feminine nouns:

de la confiture	some jam

De l' is used for nouns that begin with a vowel or a silent 'h', whether masculine or feminine:

de l'eau	some water
de l'huile	some oil

Des is used for plural nouns:

Ils ont vu des girafes.
They saw some giraffes.

There are specific occasions when a partitive is not used:

- with a verb in the negative

Il n'y a pas de légumes.
There are no vegetables.

- with an adjective in front of the noun

Ils ont vu de belles plages.
They saw some beautiful beaches.

- after expressions of quantity

beaucoup de pain	a lot of bread
un peu de beurre	a little butter
un litre de lait	a litre of milk
500 grammes de fromage	500 grammes of cheese
une bouteille de limonade	a bottle of lemonade
un paquet de chips	a packet of crisps
une boite de tomates	a tin of tomatoes

A5.1 *Jouer à/Jouer de*

Jouer can be followed by *à* when talking about playing a sport or game, but by *de* when talking about playing an instrument:

*Il joue **au** foot. Elle joue **du** violon.*

B Adjectives and pronouns *Les adjectifs et les pronoms*

B1 Adjective agreements *L'accord des adjectifs*

Adjectives describe nouns. In French, you usually need to change the spelling of an adjective to agree with the noun that it is describing. The most usual way is to:

- add *-e* to make it feminine singular
- add *-s* to make it masculine plural
- add *-es* to make it feminine plural

For example:

Le chapeau est bleu.
The hat is blue.

La robe est bleue.
The dress is blue.

Les chapeaux sont bleus.
The hats are blue.

Les robes sont bleues.
The dresses are blue.

Exceptions
Adjectives ending in -e remain the same in both the masculine and the feminine singular:

Le livre est rouge.
The book is red.

La porte est rouge.
The door is red.

Adjectives ending in -s do not add an extra s in the masculine plural:

Le pull est gris.
The sweater is grey.

Les pulls sont gris.
The sweaters are grey.

Adjectives with the following endings change as shown below:

affreux, affreuse	awful
cher, chère	dear
indien, indienne	Indian
sportif, sportive	sporty
gros, grosse	large, fat

bon, bonne	good	
gentil, gentille	nice	

Three adjectives have a special form that is used when the noun is masculine singular and begins with a vowel or silent 'h':

- *beau* becomes *bel*

un bel homme	a handsome man

- *vieux* becomes *vieil*

un vieil hôtel	an old hotel

- *nouveau* becomes *nouvel*

un nouvel hôtel	a new hotel

The following adjectives are irregular:

blanc, blanche	white
complet, complète	complete, full
doux, douce	soft, gentle
favori, favorite	favourite
faux, fausse	false
frais, fraiche	fresh
long, longue	long
public, publique	public
roux, rousse	red (hair)
sec, sèche	dry
secret, secrète	secret

Some adjectives of colour do not change, for example:

cerise	cherry
marron	brown
noisette	hazel
orange	orange
paille	straw-coloured
pêche	peach-coloured
des robes orange	orange dresses

Similarly, compound adjectives of colour do not change:

bleu clair	light blue
bleu marine	navy blue
bleu foncé	dark blue
des chaussures bleu foncé	dark-blue shoes

B2 Position of adjectives *La position des adjectifs*

Most adjectives are placed after the noun they are describing:

Elle a un chien noir.
She has a black dog.

Some more common adjectives are placed before the noun:

beau	beautiful, handsome	*joli*	attractive, pretty
bon	good	*long*	long
gentil	nice	*mauvais*	bad
grand	big	*nouveau*	new
gros	large	*petit*	small
haut	high	*premier*	first
jeune	young	*vieux*	old

C'est une jolie robe.
That's a pretty dress.

If you are using two adjectives to describe a noun, they are usually put in their normal position, and in alphabetical order if both come in front or after the noun:

une jolie robe rouge   a pretty red dress

une jolie petite voiture an attractive little car

Note: some adjectives can be placed either before or after a noun and have a different meaning according to their position:

un ancien docteur	a former doctor
un garage ancien	an old garage
un cher oncle	a dear uncle
un livre cher	an expensive book
le dernier disque	the latest record
jeudi dernier	last Thursday
un grand homme	a great man
un homme grand	a tall man
mon pauvre oncle	my poor uncle
un oncle pauvre	a poor (i.e. 'not rich') uncle
ma propre maison	my own house
ma maison propre	my clean house

B3 Comparisons *Les comparaisons*

To compare one thing with another, use *plus*, *moins* or *aussi* in front of the adjective and *que* after:

plus…que	more…than
moins…que	less…than
aussi…que	as…as

Le château est plus grand que la maison.
The castle is bigger than the house.

Les pommes sont moins chères que les oranges.
Apples are less expensive than oranges.

Mes amis sont aussi sportifs que moi.
My friends are as sporty as me.

Exceptions: *bon* ('good') becomes *meilleur* ('better'):

Elle a un bon portable, mais, moi, j'ai un meilleur portable.
She has a good mobile, but I have a better mobile.

Mauvais ('bad') becomes *pire* or *plus mauvais* ('worse'):

Ce poisson est mauvais, mais la viande est pire (or *plus mauvaise*).
This fish is bad, but the meat is worse.

Note: the use of *si* after a negative.

Ce n'est pas si facile.
This is not so easy.

B4 Superlative *Les superlatifs*

To say that something is the best, biggest, smallest etc., use *le*, *la*, or *les* with *plus/moins* followed by an adjective:

le livre le plus cher	the most expensive book
la maison la moins propre	the least clean house
les hommes les moins intelligents	the least intelligent men

If the adjective normally goes in front of the noun, the superlative also goes in front of the noun:

| *la plus petite robe* | the smallest dress |

Note that the superlative in French is followed by *de* whereas English uses 'in':

| *le plus grand magasin de Paris* | the largest shop in Paris |

Exceptions include:

le/la meilleur(e)	the best
le/la plus mauvaise(e) or *le/la pire*	the worst
le/la moindre	the least

B5 Demonstrative adjectives *Les adjectifs démonstratifs*

In French there are four forms of the demonstrative adjective (meaning 'this', 'that', 'these', 'those'):

ce livre (m sing)	this/that book
cette robe (f sing)	this/that dress
cet avion (m; beginning with a vowel)	this/that aeroplane
cet homme (m; beginning with a silent 'h')	this/that man
ces livres (pl)	these/those books

To give further emphasis, add the endings *-ci* or *-là*:

| *ce livre-ci et ce cahier-là* | this book here and that exercise book there |

B6 Demonstrative pronouns *Les pronoms démonstratifs*

There are several forms of the demonstrative pronoun: *ce*, *cela*, *ça*, *celui* (m sing), *celle* (f sing), *ceux* (m pl) and *celles* (f pl).

Ce (*c'* before a vowel) means 'it', 'that' or 'those'.

Ce sont mes chaussures préférées.
Those are my favourite shoes.

Ça is used in various phrases:

Ça va bien.
I'm fine.

C'est ça.
That's right.

Ça ne fait rien.
It doesn't matter.

Celui, *celle*, *ceux* and *celles* mean 'the one(s)' and agree with the noun to which they refer. The endings *-ci* or *-là* can be added for emphasis.

Quel magasin est-ce que tu préfères ? Celui qui est à gauche. Celui-là est trop petit.
Which shop do you prefer? The one that is on the left. That one is too small.

Quelles voitures aimes-tu ? Celles-ci. Je n'aime pas celles qui sont bleues.
Which cars do you like? These. I don't like the blue ones. (i.e. 'Those which are blue.')

B7 Indefinite adjectives *Les adjectifs indéfinis*

Indefinite adjectives add an unspecified value to a noun.

Chaque means 'each', and never changes form:

| *chaque garçon* | each boy |
| *chaque fille* | each girl |

Quelques means 'some' or 'a few':

Tu as quelques DVD.
You have some DVDs.

Tel means 'such' and can be used to say 'like that'. It has four forms: *tel* (m sing), *telle* (f sing), *tels* (m pl) and *telles* (f pl):

Un tel livre est cher.
Such a book is expensive.

Avec une telle famille, il ne s'ennuie jamais.
With a family like that, he never gets bored.

Même means 'same':

Ils ont la même voiture que nous.
They have the same car as us.

Pareil means 'similar':

J'aime ton sac. J'en ai un pareil.
I like your bag. I have a similar one.

Certain means 'some' or 'certain':

| *après un certain temps* | after some time, after a certain time |

Plusieurs means 'several':

Plusieurs personnes sont arrivées.
Several people arrived.

Autre means 'other':

| *un autre livre* | another book |

Nous avons acheté les autres chaussures.
We (have) bought the other shoes.

Tout is the word for 'all' and has four forms: *tout* (m sing), *toute* (f sing), *tous* (m pl) and *toutes* (f pl):

tout le temps	all the time
tous les jours	every day

B8 Indefinite pronouns *Les pronoms indéfinis*

Some common indefinite pronouns are:

chacun(e)	each
tout	all
autre (sing)	other
plusieurs	several
certain(e) (sing)	certain
quelqu'un	someone
quelques-uns (m pl)	some, a few
quelques-unes (f pl)	some, a few
quelque chose	something
n'importe qui/quoi	anybody/thing

These can be used either as the subject or the object of a verb:

Certains sont riches, plusieurs sont pauvres; d'autres ne sont ni riches ni pauvres.
Some are rich, several are poor; others are neither rich nor poor.

Vous avez des livres ? J'en ai quelques-uns dans mon sac.
Do you have any books? I have some in my bag.

Chacun a reçu 100 euros.
Each (one) received 100 euros.

Il n'y en a pas d'autres.
There are no others left.

J'ai trouvé quelque chose d'intéressant.
I found something interesting.

Elle parle à n'importe qui.
She talks to anybody.

B9 Possessive adjectives *Les adjectifs possessifs*

In French the possessive adjectives have the forms shown below:

	m sing	f sing	m/f pl
my	*mon*	*ma*	*mes*
your(s)	*ton*	*ta*	*tes*
his/her/its	*son*	*sa*	*ses*
our	*notre*	*notre*	*nos*
your (pl)	*votre*	*votre*	*vos*
their	*leur*	*leur*	*leurs*

In French the possessive adjective agrees with the object it is describing and not with the gender of the person who is the possessor. For example, *mon père* could be used by both a male and a female speaker.

Note: if a feminine singular word starts with a vowel or silent 'h', use the masculine form *mon, ton* and *son* (not *ma, ta* and *sa*):

mon amie Louise   my friend Louise

B10 Possessive pronouns *Les pronoms possessifs*

The possessive pronoun agrees with the object it is replacing and not the person to whom the object belongs:

	m sing	f sing	m pl	f pl
mine	*le mien*	*la mienne*	*les miens*	*les miennes*
your(s)	*le tien*	*la tienne*	*les tiens*	*les tiennes*
his/hers/its	*le sien*	*la sienne*	*les siens*	*les siennes*
ours	*le nôtre*	*la nôtre*	*les nôtres*	*les nôtres*
yours (pl)	*le vôtre*	*la vôtre*	*les vôtres*	*les vôtres*
theirs	*le leur*	*la leur*	*les leurs*	*les leurs*

For example:

J'ai mon crayon. Tu as le tien ?
I have my pencil. Do you have yours?

Je n'ai pas de chaise. Donne-moi la sienne.
I don't have a chair. Give me his/hers.

Possession can also be expressed by using *à moi, à toi, à lui, à elle, à soi, à nous, à vous, à eux* or *à elles*:

Ce livre est à moi, mais ce cahier est à lui.
This book is mine, but this exercise book is his.

Note: there is no apostrophe 's' in French: 'Luc's house' is 'the house of Luc': *la maison de Luc.*

C Adverbs *Les adverbes*

Adverbs are words or phrases such as 'slowly', 'really' or 'very' that modify the meaning of other words or phrases. They tell you how, when, where and how often something is done. In English, they usually end in *-ly*.

C1 Formation *La formation des adverbes*

In French to form an adverb you generally use the feminine form of the adjective and add *-ment*:

lent (m) → *lente* (f) → *lentement (lente + ment)* slowly

Some adjectives change their final *e* to *é* before adding *-ment*:

énorme → *énormément* enormously

If an adjective ends in a vowel, the adverb is formed by adding *-ment* to the masculine form:

poli → *poliment* politely

If the masculine form of the adjective ends in *-ant*, the adverb ends in *-amment*.

constant → *constamment* constantly

If the masculine form of the adjective ends in *-ent*, the adverb ends in *-emment*:

évident → *évidemment* evidently

Some of the most commonly used adverbs do not follow this pattern:

beaucoup	a lot	*petit à petit*	gradually
bien	well	*très*	very
d'habitude	usually	*vite*	quickly
mal	badly		

Adverbs are invariable, so they do not agree in gender or number.

C2 Position of adverbs *La position des adverbes*

If the verb in a sentence is in the present, future or conditional, the adverb is usually placed after the verb:

Nous regardons tranquillement le film.
We watch the film quietly.

In a sentence where the verb is in the perfect or pluperfect tense, long adverbs, adverbs of place and some common adverbs of time all follow the past participle, whereas short common adverbs come before the past participle:

Elle a souvent pris l'autobus.
She took the bus often.

Je suis arrivée hier.
I arrived yesterday.

See section D4 for help with the use of the adverb *y*.

C3 Comparisons *Les comparaisons*

The comparative of adverbs is formed in the same way as the comparative of adjectives:

Je regarde des films plus régulièrement que ma mère.
I watch films more regularly than my mother.

Il mange moins vite que moi.
He eats less quickly than me.

Elle chante aussi doucement que sa sœur.
She sings as sweetly as her sister.

The superlative of adverbs is also formed in the same way as the superlative of adjectives, by using *le plus* and *le moins*:

C'est Pierre qui court le plus vite.
It is Pierre who runs the fastest.

However, there are some exceptions:

- *Beaucoup* becomes *plus* in the comparative and *le plus* in the superlative.

Il mange plus que moi.
He eats more than me.

C'est nous qui jouons le plus.
It is us who play the most.

- *Bien* becomes *mieux* ('better') in the comparative and *le mieux* ('the best') in the superlative. *Pire* means 'worse'.

Il parle espagnol mieux que moi.
He speaks Spanish better than me.

Elle joue le mieux.
She plays the best.

Elle chante pire que sa sœur.
She sings worse than her sister.

C4 Adverbial expressions *Les expressions adverbiales*

There are several adverbial expressions of time, sequence and frequency:

après	afterwards
après-demain	the day after tomorrow
aujourd'hui	today
avant-hier	the day before yesterday
d'abord	firstly
d'habitude	usually
de temps en temps	from time to time
demain	tomorrow
depuis	since
dès	from
encore	again

enfin	finally
ensuite	next
hier	yesterday
il y a	ago
pendant	during
pour	for
puis	then
quelquefois	sometimes
rarement	rarely
régulièrement	regularly
souvent	often
toujours	always
tous les jours	every day
une fois par semaine	once a week

C4.1 Adverbs of place *Les adverbes de lieu*
Adverbs of place include:

dedans	inside
dehors	outside
ici	here
là-bas	(over) there
loin	far
partout	everywhere

C4.2 Quantifiers *Les quantificateurs*
Quantifiers (qualifying words) include:

assez	enough, quite
beaucoup	a lot
comme	as, just
de moins en moins	less and less
de plus en plus	more and more
énormément	enormously
excessivement	excessively
extrêmement	extremely
fort	very, most
un peu	a little
la plupart	the most
suffisamment	sufficiently
tellement	so much
tout à fait	completely
très	very
trop	too (much)

La ville est assez intéressante mais trop bruyante.
The town is quite interesting, but too noisy.

Il devient de plus en plus courageux.
He's becoming braver and braver.

D Personal pronouns *Les pronoms personnels*

Personal pronouns are used in place of a noun.

D1 Subject pronouns *Les pronoms sujets*

Subject pronouns come before the verb and show who is doing the action:

je	I
tu	you (sing, informal)
il	he
elle	she
nous	we
vous	you (pl, polite)
ils	they (m)
elles	they (f)

On has several meanings: 'we', 'one', 'they', 'you' or 'people':

On a fini.
We/You etc. (have) finished.

Note that *tu* is used when talking to one person you know well. *Vous* is used when talking to an adult you do not know well or to more than one person.

Salut Jeanne, tu vas bien ?
Hi Jeanne, are you well?

Bonsoir monsieur, comment allez-vous ?
Good evening sir, how are you?

Remember also that *il* and *elle* can be used to mean 'it' when referring to masculine and feminine nouns:

Où est le livre ? Il est sur la table.
Where is the book? It is on the table.

Où est la fenêtre ? Elle est près de la porte.
Where is the window? It is near the door.

D2 Direct object pronouns *Les pronoms directs*

The direct object of a verb is the person or thing that is receiving the action. In the sentence 'The girl reads the book', 'the book' is the direct object. When you do not want to repeat the direct object, you can replace it with a direct object pronoun (i.e. 'The girl read the book and she enjoyed it').

The direct object pronouns are:

me	me
te	you
le/la	him/her/it
nous	us
vous	you
les	them

D3 Indirect object pronouns *Les pronoms indirects*

An indirect object pronoun expresses 'to' or 'for' a person, for example 'the girl gave the book to me', or 'he bought a present for us'. The indirect object pronouns are:

me	to/for me
te	to/for you
lui	to/for him/her/it
nous	to/for us
vous	to/for you
leur	to/for them

There are two other pronouns: *en* and *y*.

● *en* – of it, some, any

J'en prends.
I take some.

Il en veut ?
Does he want any?

● *y* – there

The pronoun *y* (there) usually replaces a place:

Vous allez en ville ? Oui, j'y vais.
Are you going to town? Yes, I am going there.

Y can also replace *à* or *dans* + a noun:

Est-ce que tu penses à tes devoirs ? Oui, j'y pense.
Are you thinking about your homework? Yes, I am thinking about it.

D4 Position of direct/indirect object pronouns *La position des pronoms directs/indirects*

Direct/Indirect object pronouns usually go in front of the verb:

Il le voit.
He sees it.

If the verb is in the perfect or pluperfect tense, direct and indirect object pronouns usually go in front of the auxiliary verb:

Il m'a regardé.
He looked at me.

Note also the position in sentences using the future with *aller*:

Je vais y aller demain.
I'm going there tomorrow.

Il va leur en parler demain.
He's going to talk to them about it tomorrow.

D5 Order of object pronouns *L'ordre des pronoms*

If two object pronouns are used with the same verb, the order is:

Position				
First	Second	Third	Fourth	Fifth
me	le	lui	y	en
te	la	leur		
se	les			
nous				
vous				

Il me les donne.
He gives them to me.

If you are giving a command, the pronoun follows the verb and is joined by a hyphen:

Mangez-la.
Eat it.

Donne-les-lui.
Give them to him/her.

In affirmative commands *me* becomes *moi* and *te* becomes *toi*:

Montrez-moi.
Show me.

However, if the command is negative, the direct and indirect object pronouns come in front of the verb:

Ne me le donne pas.
Don't give it to me.

Note: if a direct object pronoun is placed in front of the auxiliary verb *avoir* in the perfect and pluperfect tenses, the past participle agrees in gender (m/f) and number (sing/pl) with the direct object pronoun:

Elle a acheté la pomme et elle l'a mangée.
She bought the apple and she ate it.

In the above sentence, the direct object pronoun *la* (which has contracted to *l'*) is referring to *la pomme*, which is a feminine singular noun.

D6 Disjunctive pronouns *La forme disjointe du pronom*

The disjunctive (or emphatic) pronouns are: *moi, toi, lui, elle, nous, vous, eux, elles*. They are used:

● when combined with -*même*

toi-même   yourself

- in comparisons

Il est plus petit que toi.
He is smaller than you.

- as a one-word answer

Qui a le stylo ? Moi.
Who has the pen? Me.

- after prepositions

Il est devant elle.
He is in front of her.

- for emphasis

Lui, il est docteur.
He is a doctor.

- after *c'est* and *ce sont*

C'est toujours elle qui gagne.
It's always her who wins.

D7 Relative pronouns *Les pronoms relatifs*

Relative pronouns are used to link two clauses (main clause and subordinate clause). The most commonly used relative pronouns are *qui*, *que*, *dont* and *où*.

Qui is used when the relative pronoun is the subject of the verb in the subordinate clause:

Le chanteur qui parle est très intelligent.
The singer who is talking is very intelligent.

Que (or *qu'* in front of a vowel or a silent 'h') is used when the relative pronoun is the object of the verb in the subordinate clause:

La pomme que je mange est verte.
The apple (that) I'm eating is green.

Note: *qui* and *que* can also be used as conjunctions (see section H).

Dont usually translates as 'whose', 'of whom' or 'of which':

C'est une personne dont nous ne connaissons pas l'adresse.
It's a person whose address we don't know.

Dont is also used instead of *qui* and *que* when the verb in the subordinate clause is usually followed by *de*:

Il a le stylo dont j'ai besoin.
He has the pen that I need. (lit. 'the pen of which I have need')

(to need = *avoir besoin de*)

Où is used when the relative pronoun means 'where':

J'ai vu la maison où il est né.
I saw the house where he was born.

Use *ce qui* and *ce que* to mean 'what', when 'what' is not a question:

Il va faire ce qui est plus facile.
He is going to do what is easier.

J'ai fait ce que tu m'as demandé.
I did what you asked me.

Lequel (m sing), *laquelle* (f sing), *lesquels* (m pl) and *lesquelles* (f pl) are used after a preposition to mean 'which' when referring to inanimate objects:

Il a vu le cahier dans lequel tu dessines.
He saw the exercise book that you draw in. (lit. 'in which you draw')

Il a perdu la boite dans laquelle elle met les crayons.
He has lost the box that she puts the pencils in. (lit. 'in which she puts the pencils')

Note: when used with *à*, these pronouns change to *auquel* (m sing), *à laquelle* (f sing), *auxquels* (m pl) and *auxquelles* (f pl):

Il a oublié le travail auquel il n'a pas donné son attention.
He has forgotten the work that he did not give his attention to. (lit. 'to which he did not give his attention')

When used with *de*, these pronouns change to *duquel* (m sing), *de laquelle* (f sing), *desquels* (m pl) and *desquelles* (f pl):

On est allés au cinéma près duquel se trouve la piscine.
We went to the cinema near to which the swimming pool is situated.

E Asking questions *Poser des questions*

The following are question words:

Combien (de) ?	How many/much?
Comment ?	How?
Où ?	Where?
Pourquoi ?	Why?
Quand ?	When?
Que/Qu'est-ce que/Qu'est-ce qui ?	What?
Qui/Qui est-ce qui ?	Who?
Quoi ?	What?

Quel (m sing)/*Quelle* (f sing)/*Quels* (m pl)/*Quelles* (f pl) ? Which?

Lequel (m sing)/*Laquelle* (f sing)/*Lesquels* (m pl)/*Lesquelles* (f pl) ? Which (one(s))?

Examples of questions are:

Comment vas-tu ?
How are you?

Où sont les toilettes ?
Where are the toilets?

Qu'est-ce qu'il a dit ?
What did he say?

À quelle heure ?
At what time?

Depuis quand habites-tu Paris ?
How long have you been living in Paris?

Lequel des deux films préférez-vous ?
Which of the two films do you prefer?

There are several ways of asking a question:

- by raising your voice at the end of the sentence

Tu vas sortir ?
Are you going to go out?

- by putting *est-ce que* in front of the sentence, preceded by a question word, if appropriate

Est-ce que tu vas sortir ?
Are you going to go out?

Pourquoi est-ce que tu vas sortir ?
Why are you going to go out?

- by inverting the subject and the verb with a hyphen in between

Allez-vous en France ?
Are you going to France?

Avez-vous fini ?
Have you finished?

When the subject and verb are inverted, you need to add an extra 't' after a verb ending with a vowel:

Alors, Dominique va-t-elle jouer au football ?
Well then, is Dominique going to play football?

E1 Referring to people *Concernant des gens*

In French there are alternative ways of asking 'who?' and 'what?' For example, you can either use the simple *qui ?* or the more complex construction *qui est-ce qui ?*, which literally means 'who is it that?'

Qui (or *qui est-ce qui*) is used to ask 'who?', when 'who' is the subject of the verb:

Qui est dans le jardin ?
Qui est-ce qui est dans le jardin ?
Who/Who is it that (lit.) is in the garden?

Qui (or *qui est-ce que*) is used if 'who' is the object of the sentence:

Qui regardes-tu
Qui est-ce que tu regardes ?
Who are you/who is it that (lit.) you are looking at?

E2 Referring to things *Concernant des objets*

Use *qu'est-ce qui* if what you are talking about is the subject of the sentence:

Qu'est-ce qui a disparu ?
What (lit. what is it that) has disappeared?

Use *que* and invert the verb if what you are talking about is the object of the verb, or use *qu'est-ce que* with no inversion:

Que manges-tu ?
Qu'est-ce que tu manges ?
What are you eating?

Use *quoi* with a preposition:

De quoi parles-tu ?
What are you talking about?

E3 *Quel* and *lequel*

Quel ? means 'which?' As it is an adjective, it needs to agree with the noun. There are four forms: *quel* (m sing), *quelle* (f sing), *quels* (m pl) and *quelles* (f pl):

Quel sac ?
Which bag?

Quelle voiture ?
Which car?

Quels crayons ?
Which pencils?

Quelles filles ?
Which girls?

Lequel, laquelle, lesquels and *lesquelles* mean which one(s)?

J'aime ces robes. Laquelle préférez-vous ?
I like these dresses. Which one do you prefer?

F Negatives *La négation*

Generally, negatives are expressed by using *ne* with one of the words shown below:

ne...pas	not
ne...jamais	never
ne...rien	nothing
ne...personne	no one
ne...plus	no more, no longer
ne...que	only
ne... guère	hardly
ne...aucun(e)	no, not one
ne...nulle part	nowhere
ne...point	not
ne...ni...ni	neither...nor

F1 Position *La position*

With the present, future, conditional and imperfect, *ne* generally goes in front of the verb and the second part of the negative after it:

*Elle **ne** mange **jamais** de poisson.*
She never eats fish.

*Ils n'iront **ni** en France **ni** en Espagne.*
They will go neither to France nor to Spain.

To give a negative command, you also place *ne* in front of the verb and the second part of the negative after it:

***Ne** mange **pas** le chocolat !*
Don't eat the chocolate!

With the perfect and pluperfect tenses, *ne* generally goes in front of the auxiliary and *pas*, *jamais* etc. after it:

*Il n'a **pas** joué au tennis.*
He didn't play tennis.

*Elle n'avait **jamais** fini.*
She had never finished.

However, with *ne...personne*, *ne...que*, *ne...aucun(e)*, *ne...nulle part*, *ne...ni...ni*, the *ne* is placed in front of the auxiliary and the *personne*, *que* etc. after the past participle:

*Je n'ai vu **personne**.*
I saw no one.

*Il n'a vu **que** trois maisons.*
He saw only three houses.

With the immediate future, *ne* is placed in front of the part of *aller* and the *pas* after it:

*Il **ne** va **pas** partir demain.*
He is not going to leave tomorrow.

If there are pronouns in front of the verb, *ne* goes in front of the pronouns:

*Je **ne** t'en donne **pas**.*
I do not give you any.

*Ma sœur **ne** me les a **pas** prêtés.*
My sister did not lend them to me.

The negatives *ne...personne*, *ne...rien*, *ne...ni...ni* and *ne...jamais* can be used as the subject of the sentence. In this case, the second part of the negative comes first and is then followed by *ne*:

***Rien ne** me tente.*
Nothing tempts me.

***Personne ne** me cherche.*
Nobody is looking for me.

In the negative *ne...aucun*, *aucun* is an adjective and therefore agrees with the noun to which it refers:

*Il **n'y** a **aucune** maison dans la rue.*
There is no house in the street.

If two negatives are used, they are usually placed in alphabetical order:

*Je **ne** regarderai **plus** rien.*
I will no longer watch anything.

If the infinitive of a verb is in the negative, both parts of the negative go in front of the infinitive:

*Elle va promettre de **ne plus** mentir.*
She is going to promise not to lie any more.

Negatives are usually followed by *de*:

*Nous n'avons pas **de** crayons.*
We do not have any pencils.

*Il **ne** mange **jamais de** poisson.*
He never eats fish.

Rien, jamais, personne, nulle part, aucun(e) and *ni...ni* can be used on their own:

*Qu'est-ce que tu manges ? **Rien**.*
What are you eating? Nothing.

*As-tu déjà vu la tour Eiffel ? **Jamais**.*
Have you ever seen the Eiffel Tower? Never.

*Qui est parti ? **Personne**.*
Who has left? Nobody.

*Tu l'as vu où ? **Nulle part**.*
Where did you see him? Nowhere.

G Time and dates *L'heure et les dates*

G1 Time *L'heure*

Note the different ways of telling the time, including using the 24 hour clock

Il est une heure. (no 's' on *heure*)
It is one o'clock.

Il est trois heures.
It is three o'clock.

Il est deux heures…

…*cinq.*   It is 2.05.

…*dix.*   It is 2.10.

…*et quart.*   It is quarter past two.

…*vingt.*   It is 2.20.

…*vingt-cinq.*   It is 2.25.

…*et demie.*   It is half past two.

Il est trois heures moins vingt-cinq or
Il est deux heures trente-cinq.
It is 2.35.

Il est trois heures moins vingt or
Il est deux heures quarante.
It is 2.40.

Il est trois heures moins le quart or
Il est deux heures quarante-cinq.
It is 2.45.

Il est trois heures moins dix or
Il est deux heures cinquante.
It is 2.50

Il est trois heures moins cinq or
Il est deux heures cinquante-cinq.
It is 2.55.

Il est midi.
It is midday.

Il est minuit.
It is midnight.

Il est midi/minuit et demi.
It 12:30 p.m./a.m.
(note no 'e' on *demi*)

Examples using the 24 hour clock:

Le bus arrive à quatorze heures trente.
The bus arrives at 14:30.

Le train part à dix-huit heures vingt.
The train leaves at 18:20.

Le film finit à vingt-deux heures quinze.
The film ends at 22:15.

G2 Dates *Les dates*

To say a date in French use: *le* + the number + the month, with the exception of 'the first' when you use *le premier*.

le 1 janvier	le premier janvier
le 2 février	le deux février
le 4 mars	le quatre mars
le 6 avril	le six avril
le 8 juin	le huit juin
le 11 juillet	le onze juillet
le 15 aout	le quinze aout
le 18 septembre	le dix-huit septembre
le 20 octobre	le vingt octobre
le 25 novembre	le vingt-cinq novembre
le 30 décembre	le trente décembre

Note: the *le* is missed out when you include the day of the week: *jeudi 7 avril*

Note also how to say 'in' a month or year, and how years are said in French:

Mon anniversaire, c'est au mois de juin.
My birthday is in June.

*Mon grand-père est né en 1950
(mille-neuf-cent-cinquante).*
My grandfather was born in 1950.

H Conjunctions *Les conjonctions*

Conjunctions link two sentences or join two parts of a sentence:

à la fin	in the end
ainsi	thus
alors	in that case, then
bien que	although
car	for/because
cependant	however
c'est-à-dire	that is to say
d'abord	at first
d'ailleurs	moreover
de toute façon	in any case
donc	therefore, so
en effet	indeed
en fait	in fact
enfin	at last, finally
ensuite	next

et	and
mais	but
ou	or
ou bien	or else
parce que	because
par conséquent	as a result
pendant que	while
puis	then, next
quand	when
quand même	all the same
plus tard	later, later on
par contre	on the other hand

Note: the relative pronouns *qui* and *que* (see section D7) can also be used as conjunctions:

Je sais que tu es prêt.
I know that you are ready.

Je sais qui a gagné le prix.
I know who won the prize.

I Numbers *Les nombres*

I1 Cardinal numbers *Les nombres cardinaux*

0 *zéro*	19 *dix-neuf*
1 *un*	20 *vingt*
2 *deux*	21 *vingt-et-un*
3 *trois*	22 *vingt-deux*
4 *quatre*	30 *trente*
5 *cinq*	31 *trente-et-un*
6 *six*	32 *trente-deux*
7 *sept*	40 *quarante*
8 *huit*	50 *cinquante*
9 *neuf*	60 *soixante*
10 *dix*	70 *soixante-dix*
11 *onze*	71 *soixante-et-onze*
12 *douze*	72 *soixante-douze*
13 *treize*	79 *soixante-dix-neuf*
14 *quatorze*	80 *quatre-vingts*
15 *quinze*	81 *quatre-vingt-un*
16 *seize*	90 *quatre-vingt-dix*
17 *dix-sept*	91 *quatre-vingt-onze*
18 *dix-huit*	99 *quatre-vingt-dix-neuf*

100 *cent*	1 000 *mille*
101 *cent-un*	1 200 *mille-deux-cents*
110 *cent-dix*	1 202 *mille-deux-cent-deux*
200 *deux-cents*	2 000 *deux-mille*
201 *deux-cent-un*	1 000 000 *un million*
221 *deux-cent-vingt-et-un*	1 000 000 000 *un milliard*

I2 Fractions *Les fractions*

½ *un demi*   ⅓ *un tiers*   ¼ *un quart*   ¾ *trois quarts*

I3 Ordinal numbers *Les nombres ordinaux*

These are usually formed by adding *-ième* to the cardinal number:

trois, troisième	third
six, sixième	sixth

Exceptions:

premier (m), première (f)	first
cinquième	fifth
neuvième	ninth

Numbers ending in an *e* drop the final *e*:

quatre, quatrième	fourth

J Prepositions *Les prépositions*

Prepositions are placed before a noun or pronoun to express position, movement and circumstance relative to it, for example: 'It is *behind* the shop.' Below is a list of frequently used prepositions. See sections A3 and A5 for information on how those prepositions ending in *à* or *de* change, depending on the noun that follows:

à côté de	next to
à droite de	on/to the right of
à gauche de	on/to the left of
après	after
à travers	across
au-dessous de	beneath
au-dessus de	above
au fond de	at the back/end of
au sujet de	about
autour de	around
avant	before
avec	with
chez	at
contre	against
dans	in
de	of/from
depuis	since
derrière	behind
dès	from (a specific moment in time)
devant	in front of
en	in/by/to
en face de	opposite
entre	between
hors de	out of/apart from
jusqu'à	as far as/up to

le long de	along
par-dessus	over
parmi	among
pendant	during
pour	for
près de	near to
quant à	as for
sans	without
sous	under
sur	on
vers	to/towards/about

J1 *En*

En is used with:

- feminine countries

en Italie	in Italy

- most means of transport

en autobus	by bus
en voiture	by car
en avion	by plane
en train	by train
en bateau	by boat

Some exceptions:

à pied	on foot
à vélo	by bike
à moto	by motorbike

- months and years

en mars	in March
en 1700	in 1700

- materials

en soie	made of silk

K Verbs *Les verbes*

Verbs describe actions:

Last week I went to Paris.

When you look for a French verb in the dictionary, it is shown with one of the three endings -*er*, -*ir* or -*re*. This ending indicates the type of verb and how it needs to change when written in the various tenses. The form of the verb found in the dictionary is called the infinitive, and means 'to…'. For example:

jouer	to play
finir	to finish
rendre	to give back

K1 Present tense *Le présent*

The present tense gives information about what is happening at the moment or what happens regularly. In English, we have three forms of the present tense: 'I eat', 'I am eating' and 'I do eat'. In French, there is only one form: *je mange*.

K2 Regular verbs *Les verbes réguliers*

The present tense is formed by removing -*er*, -*ir* and -*re* from the infinitive and adding the appropriate endings, as shown below:

	jouer (to play)	*finir* (to finish)	*rendre* (to give back)
je	*jou**e***	*fin**is***	*rend**s***
tu	*jou**es***	*fin**is***	*rend**s***
il/elle/on	*jou**e***	*fin**it***	*rend*
nous	*jou**ons***	*fin**issons***	*rend**ons***
vous	*jou**ez***	*fin**issez***	*rend**ez***
ils/elles	*jou**ent***	*fin**issent***	*rend**ent***

-*er* verb exceptions

Some -*er* verbs differ from the pattern described above. Verbs ending in -*cer* change the *c* to *ç* where the *c* is followed by *a* or *o*, to make the pronunciation soft:

lancer (to throw)	
je lance	*nous lan**ç**ons*
tu lances	*vous lancez*
il/elle/on lance	*ils/elles lancent*

Other verbs that follow the same pattern include *commencer* (to start), *avancer* (to advance), *menacer* (to threaten) and *remplacer* (to replace).

Verbs ending in -*ger* add an *e* before -*ons* in the *nous* form, to make the pronunciation soft:

nager (to swim)	
je nage	*nous nag**e**ons*
tu nages	*vous nagez*
il/elle/on nage	*ils/elles nagent*

Other such verbs include *voyager* (to travel), *loger* (to lodge), *manger* (to eat), *partager* (to share) and *ranger* (to tidy).

Most verbs ending in -*eler* double the *l* in the *je*, *tu*, *il/elle/on* and *ils/elles* forms:

s'appeler (to be called)	
*je m'appe**ll**e*	*nous nous appelons*
*tu t'appe**ll**es*	*vous vous appelez*
*il/elle/on s'appe**ll**e*	*ils/elles s'appe**ll**ent*

Some verbs change the acute accent on the infinitive to a grave accent in the *je, tu, il/elle/on* and *ils/elles* forms:

espérer (to hope)	
j'espère	*nous espérons*
tu espères	*vous espérez*
il/elle/on espère	*ils/elles espèrent*

Other such verbs include *répéter* (to repeat) and *préférer* (to prefer).

Verbs ending in -*yer* change *y* to *i* in the *je, tu, il/elle/on* and *ils/elles* forms:

payer (to pay)	
je paie	*nous payons*
tu paies	*vous payez*
il/elle/on paie	*ils/elles paient*

Other such verbs include *appuyer* (to lean), *envoyer* (to send), *employer* (to use), *essayer* (to try) and *nettoyer* (to clean).

Some verbs add an accent in the *je, tu, il, elle, on* and *ils/elles* forms:

acheter (to buy)	
j'achète	*nous achetons*
tu achètes	*vous achetez*
il/elle/on achète	*ils/elles achètent*

Other such verbs include *geler* (to freeze), *lever* (to lift), *peser* (to weigh) and *se promener* (to go for a walk).

-*ir* verb exceptions
Some -*ir* verbs use the -*er* verb endings in the present tense:

offrir (to offer)	
j'offre	*nous offrons*
tu offres	*vous offrez*
il/elle/on offre	*ils/elles offrent*

Others such verbs include *ouvrir* (to open), *couvrir* (to cover) and *souffrir* (to suffer).

K3 Irregular verbs *Les verbes irréguliers*
There are many verbs that do not form the present tense in the way described above. The three most commonly used are:

	aller (to go)	être (to be)	avoir (to have)
je/j'	*vais*	*suis*	*ai*
tu	*vas*	*es*	*as*
il/elle/on	*va*	*est*	*a*
nous	*allons*	*sommes*	*avons*
vous	*allez*	*êtes*	*avez*
ils/elles	*vont*	*sont*	*ont*

Below is a list of frequently used irregular verbs, some of which are conjugated in the verb tables at the end of this section.

s'assoir	to sit down	*naitre*	to be born
boire	to drink	*paraitre*	to appear
conduire	to drive	*partir*	to leave
croire	to believe	*pouvoir*	to be able
connaitre	to know	*prendre*	to take
construire	to build	*pleuvoir*	to rain
coudre	to sew	*recevoir*	to receive
craindre	to fear	*rire*	to laugh
devoir	to have to	*savoir*	to know
dire	to say/tell	*sortir*	to go out
se distraire	to enjoy oneself	*sourire*	to smile
écrire	to write	*suivre*	to follow
faire	to make/to do	*venir*	to come
joindre	to join	*vivre*	to live
lire	to read	*voir*	to see
mettre	to put	*vouloir*	to wish/to want

K4 Expressing the future *Exprimer le futur*
There are two ways of expressing the future, just as in English:

- the future tense, which is used to talk about events that will happen or will be happening
- the 'to be going to' construction, as in 'I am going to see my grandma' (the immediate future)

K5 Future tense *Le futur*
To form the future tense of regular -*er* and -*ir* verbs, the following endings are added to the infinitive: -*ai*, -*as*, -*a*, -*ons*, -*ez*, -*ont*.

For -*re* verbs, the *e* is removed from the infinitive before the endings are added.

	-er verbs	-ir verbs	-re verbs
je	jou**erai**	pun**irai**	rend**rai**
tu	jou**eras**	pun**iras**	rend**ras**
il/elle/on	jou**era**	pun**ira**	rend**ra**
nous	jou**erons**	pun**irons**	rend**rons**
vous	jou**erez**	pun**irez**	rend**rez**
ils/elles	jou**eront**	pun**iront**	rend**ront**

Some verbs do not use the infinitive to form the future tense and have an irregular stem:

acheter	*j'achèterai*	I will buy
aller	*j'irai*	I will go
avoir	*j'aurai*	I will have
courir	*je courrai*	I will run
devoir	*je devrai*	I will have to
envoyer	*j'enverrai*	I will send
être	*je serai*	I will be
faire	*je ferai*	I will do/make
mourir	*je mourrai*	I will die
pouvoir	*je pourrai*	I will be able
recevoir	*je recevrai*	I will receive
savoir	*je saurai*	I will know
venir	*je viendrai*	I will come
voir	*je verrai*	I will see
vouloir	*je voudrai*	I will wish/want

K5.1 *Quand/si* and the future *Quand/si et le futur*
In a future context, we use the present tense after 'when' in English, whereas in French the future tense is used. For example, in 'You will see the children when you arrive', 'when you arrive' is in the present tense in English but in French the future tense is used, i.e. 'when you will arrive':

Tu verras les enfants quand tu arriveras.

This is also the case with *dès que* and *aussitôt que*, which both mean 'as soon as':

Il partira dès que/aussitôt qu'il finira.
He will leave as soon as he finishes.

However, you will find a present and a future tense used in a sentence containing the word 'if':

Demain, s'il fait beau, j'irai à la plage.
Tomorrow, if it is fine, I will go to the beach

K6 Immediate future *Le futur proche*

The immediate future is so called because it describes actions that are more imminent. It uses *aller* (to go) and an infinitive:

Je vais partir à 7 heures.
I am going to leave at 7 o'clock.

Je vais manger d'abord et après, je ferai la vaisselle.
I am going to eat first and afterwards I will do the washing up.

The immediate future is also used to imply that something is more certain to happen. *Il va pleuvoir* ('It is going to rain') suggests the likelihood is that it most definitely *is* going to rain, whereas *il pleuvra* ('it will rain') does not convey the same amount of certainty.

K7 Imperfect tense *L'imparfait*

The imperfect tense is used for actions that used to happen or which were happening, and to describe events and people in the past:

When I was younger, I used to go to a club.

As I was watching television, the phone rang.

The sun was shining and they were happy.

To form the imperfect tense, remove the *-ons* ending from the *nous* form of the verb in the present tense, except in the case of *être*, and add the following endings: *-ais, -ais, -ait, -ions, -iez, -aient*.

For example *nous jouons*, remove *-ons* = *jou* + ending:

*je jou**ais***	I used to play/was playing
*tu jou**ais***	you used to play/were playing
*il/elle/on jou**ait***	he/she/one used to play/was playing
*nous jou**ions***	we used to play/were playing
*vous jou**iez***	you used to play/were playing
*ils/elles jou**aient***	they used to play/were playing

Note: *manger* (and verbs conjugated like *manger*) have an additional e in the *je, tu, il/elle/on, ils/elles* forms in the imperfect:

*je mang**eais**, tu mang**eais**, il/elle/on mang**eait**, ils/elles mang**eaient***

Verbs ending in *-cer*, such as *lancer*, need ç before the *a*:

*je lan**ç**ais, tu lan**ç**ais, il/elle/on lan**ç**ait, ils/elles lan**ç**aient*

The e or ç is added to keep the pronunciation soft.

Être is the only verb that is irregular in the imperfect tense. It uses the same endings, but has the stem *ét-*:

j'étais	I was	*nous étions*	we were
tu étais	you were	*vous étiez*	you were
il/elle/on était	he/she/one was	*ils/elles étaient*	they were

K8 Perfect tense *Le passé composé*

K8.1 Regular verbs *Les verbes réguliers*
The perfect tense is used to talk about actions or events that took place in the past, usually on one occasion only. In English, we have different ways of expressing the perfect tense, for example 'I watched', 'I have watched' and 'I have been watching'. In French, there is only one form for all these ways: *j'ai regardé*.

The perfect tense of all verbs is formed with two parts: most verbs use a part of *avoir* in the present tense (this is often referred to as the auxiliary verb) and a past participle. To form the past participle of regular verbs, the final *-er*, *-ir*, or *-re* is removed from the infinitive and the following endings are added: *-é* for an *-er* verb, *-i* for an *-ir* verb and *-u* for an *-re* verb.

	-er verbs	-ir verbs	-re verbs
j'ai	joué	choisi	rendu
tu as	joué	choisi	rendu
il/elle/on a	joué	choisi	rendu
nous avons	joué	choisi	rendu
vous avez	joué	choisi	rendu
ils/elles ont	joué	choisi	rendu

K8.2 Verbs with irregular past participles *Les participes passés irréguliers*

A number of verbs have irregular past participles, although they still use *avoir* as their auxiliary:

avoir (to have)	eu	mettre (to put)	mis
boire (to drink)	bu	ouvrir (to open)	ouvert
comprendre (to understand)	compris	pleuvoir (to rain)	plu
		pouvoir (to be able to)	pu
conduire (to drive)	conduit	prendre (to take)	pris
courir (to run)	couru	recevoir (to receive)	reçu
croire (to believe)	cru	rire (to laugh)	ri
devoir (to have to)	dû	savoir (to know)	su
dire (to say/tell)	dit	tenir (to hold)	tenu
écrire (to write)	écrit	vivre (to live)	vécu
être (to be)	été	voir (to see)	vu
faire (to do/make)	fait	vouloir (to wish/want)	voulu
lire (to read)	lu		

K8.3 Agreement of past participles *L'accord des participes passés*

In the sentence below, *que* (which replaces the feminine noun *la boite*) is the direct object of …*a achetée*. Since the *que* comes before the past participle, an extra *-e* is added to the past participle.

Elle a ouvert la boite qu'elle a achetée.   She opened the box that she bought.

In the following sentence, *maisons*, which is feminine plural, is the direct object and comes in front of the past participle, so an extra *-es* is added.

Quelles maisons ont-ils vues ?   Which houses did they see?

K8.4 Verbs that use *être* as an auxiliary verb *L'utilisation d'être comme verbe auxiliaire*

Some verbs use the present tense of *être* to form the perfect tense:

aller	to go
arriver	to arrive
descendre	to go down/to come down
entrer	to go in
monter	to go up
mourir	to die
naitre	to be born
partir	to leave
rester	to stay
retourner	to return
sortir	to come out/go out
tomber	to fall
venir	to come

They all have a regular past participle, except for:

venir	venu	nitre	né
mourir	mort		

K8.5 Past participle of verbs that use *être* *Les participes passés des verbes avec* être

The past participle of a verb that uses *être* as its auxiliary has to agree in gender and in number with the subject.

For masculine singular, add nothing to the past participle.

For feminine singular, add *-e*.

For masculine plural, add *-s*.

For feminine plural, add *-es*.

je suis parti (m sing)	je suis partie (f sing)
tu es parti (m sing)	tu es partie (f sing)
il est parti (m sing)	elle est partie (f sing)
nous sommes partis (m pl)	nous sommes parties (f pl)
vous êtes partis (m pl)	vous êtes parties (f pl)
ils sont partis (m pl)	elles sont parties (f pl)

If using *vous* when speaking to a single male, there is no agreement; if using *vous* when speaking to a single female, add *-e*. The same rules of agreement also apply to reflexive verbs in the perfect tense, as they also use *être* (see section K14).

Note: *descendre*, *monter* and *sortir* can be used with *avoir*, but this changes their meanings to: *descendre* (to take/bring down), *monter* (to take/bring up) and *sortir* (to take/bring out):

Il a descendu la chaise.
He brought the chair down.

Il a monté la table.
He brought the table up.

Il a sorti son livre.
He took out his book.

K8.6 *Après avoir/être*

The past participle can be used with *après avoir* and *après être* to say 'after doing' something:

Après avoir pris le livre, elle a dessiné.
After taking the book, she drew.

Après être sorti, il a fait du shopping.
After going out, he went shopping.

For this construction to be possible, the subject of both verbs in the sentence must be the same.

Note: a reflexive verb needs to have the appropriate reflexive pronoun:

Après m'être assis, j'ai lu le magazine.
After sitting down, I read the magazine

K9 Pluperfect tense *Le plus-que-parfait*

The pluperfect tense is used to talk about what had happened before something else happened in the past:

They returned to the town *they had visited* last year.

It is formed using an auxiliary verb (the imperfect of *avoir* or *être*) and a past participle. Those verbs that use *être* in the perfect tense also use *être* in the pluperfect tense.

j'avais fini	I had finished
tu avais fini	you had finished
il/elle/on avait fini	he/she/one had finished
nous avions fini	we had finished
vous aviez fini	you had finished
ils/elles avaient fini	they had finished
j'étais sorti(e)	I had gone out
tu étais sorti(e)	you had gone out
il/elle/on était sorti(e) (sing)	he/she/one had gone out
nous étions sortis/sorties	we had gone out
vous étiez sorti(e) (sing)	you had gone out
ils/elles étaient sortis/sorties	they had gone out

K10 Imperatives *L'impératif*

The imperative is used for telling somebody to do something. To form the imperative, the *tu, vous* and *nous* forms of the present tense are used without the subject pronoun.

-*er* verbs

With -*er* verbs, the *tu* form of the present tense loses its final -*s*:

Mange ton diner !
Eat your dinner!

Mangeons les pommes !
Let's eat the apples!

Mangez les glaces !
Eat the ice creams!

-*ir* verbs

Choisis un gâteau !
Choose a cake!

Choisissons du pain !
Let's choose some bread!

Choisissez un livre !
Choose a book!

-*re* verbs

Apprends ta grammaire !
Learn your grammar!

Apprenons le vocabulaire !
Let's learn the vocabulary!

Apprenez les verbes irréguliers !
Learn the irregular verbs!

Exceptions

There are four verbs that have irregular forms in the imperative:

avoir	aie !	ayons !	ayez !
être	sois !	soyons !	soyez !
savoir	sache !	sachons !	sachez !
vouloir	veuille !	veuillons !	veuillez !

K11 Conditional *Le conditionnel*

The conditional is used to talk about things that would happen or that someone would do. To form the conditional, add the following endings to the infinitive (or the stem of those verbs that have an irregular stem in the future tense): -*ais, -ais, -ait, -ions, -iez, -aient*.

Note: these endings are also used for the imperfect tense.

	-*er* verbs	-*ir* verbs	-*re* verbs
je	regard**erais**	fin**irais**	rend**rais**
tu	regard**erais**	fin**irais**	rend**rais**
il/elle/on	regard**erait**	fin**irait**	rend**rait**
nous	regard**erions**	fin**irions**	rend**rions**
vous	regard**eriez**	fin**iriez**	rend**riez**
ils/elles	regard**eraient**	fin**iraient**	rend**raient**

J'aimerais aller à l'université.
I would like to go to unversity.

Il serait content s'il pouvait sortir samedi.
He would be happy if he was able to go out on Saturday.

K11.1 Conditional perfect *Le conditionnel passé*

There is another form of the conditional, called the conditional perfect, used to say what someone would have done. It is formed using the conditional form of the auxiliary (*avoir* or *être*) plus the past participle, which follows the same rules of agreement as in the perfect tense.

J'aurais acheté *la chemise, mais je n'avais pas assez d'argent.*
I would have bought the shirt, but I didn't have enough money.

Elle serait arrivée plus tôt, mais le bus était en retard.
She would have arrived earlier, but the bus was late.

K12 Subjunctive *Le subjonctif*

It is useful to understand the subjunctive, but note that it is not required knowledge for Edexcel International GCSE. The subjunctive is not a tense; it is a form of the verb used in certain structures:

● after some verbs expressing an emotion or an opinion, such as fear, doubt, wish, regret, possibility, necessity, surprise and happiness

● after *il faut que*

● after conjunctions expressing time, e.g. *avant que* ('before') and *jusqu'à ce que* ('until')

● after conjunctions expressing concession, e.g. *bien que* and *quoique* (both of which mean 'although')

To form the present subjunctive, take the *ils* form of the present tense (*ils mangent, ils finissent, ils rendent*), remove the *-ent* ending and add the following endings: *-e, -es, -e, -ions, -iez, -ent*.

	-er verbs	-ir verbs	-re verbs
je	jou**e**	fin**isse**	rend**e**
tu	jou**es**	fin**isses**	rend**es**
il/elle/on	jou**e**	fin**isse**	rend**e**
nous	jou**ions**	fin**issions**	rend**ions**
vous	jou**iez**	fin**issiez**	rend**iez**
ils/elles	jou**ent**	fin**issent**	rend**ent**

Irregular verbs
The following common irregular verbs form the present subjunctive as follows:

aller (to go)	avoir (to have)	être (to be)	faire (to do/make)
j'aille	j'aie	je sois	je fasse
tu ailles	tu aies	tu sois	tu fasses
il/elle/on aille	il/elle/on ait	il/elle/on soit	il/elle/on fasse
nous allions	nous ayons	nous soyons	nous fassions
vous alliez	vous ayez	vous soyez	vous fassiez
ils/elles aillent	ils/elles aient	ils/elles soient	ils/elles fassent

Je voudrais que tu partes.
I would like you to leave.

Il faut que tu manges des fruits.
You must eat fruit.

K13 Present participles *Les participes présents*

In English, this ends in *-ing*, for example 'while working…'. To form the present participle, take the *nous* form of the present tense, remove *-ons* and add *-ant*:

-er verbs

nous jouons	jou-	jou**ant**

-ir verbs

nous choisissons	choisiss-	choisiss**ant**

-re verbs

nous rendons	rend-	rend**ant**

Exceptions:

avoir (to have)	ayant
être (to be)	étant
savoir (to know)	sachant

The present participle is used with *en* to talk about two actions being done at the same time, translating as 'on', 'while', 'as', 'by …ing'. For example:

Elle a préparé le dîner en écoutant la radio.
She prepared dinner as she listened to the radio.

Il s'est coupé le doigt en coupant le pain.
He cut his finger while cutting the bread.

Note: *en* can be used with a present participle to denote movement:

Elle est partie en courant.
She ran off.

K14 Reflexive verbs *Les verbes pronominaux*

Reflexive verbs are listed in the dictionary with *se* (a reflexive pronoun placed before the infinitive), for example:

se laver	to get washed
s'arrêter	to stop

These verbs require the reflexive pronoun to change according to the subject:

je **me** lave	nous **nous** lavons
tu **te** laves	vous **vous** lavez
il/elle **se** lave	ils/elles **se** lavent

Me, te and *se* contract to *m', t'* and *s'* in front of a vowel or a silent 'h':

je m'amuse	tu t'habilles	il s'appelle

Note: when using a reflexive verb in the infinitive, the reflexive pronoun needs to agree with the subject:

Elle va se laver.
She is going to get washed.

Nous n'aimons pas nous lever tôt.
We don't like to get up early.

K14.1 Reflexive verbs in the imperative *L'impératif des verbes pronominaux*
In commands with a reflexive verb with *vous* or *nous*, the reflexive pronoun comes after the verb and is joined by a hyphen:

Couchez-vous !
Go to bed!

Levons-nous.
Let's get up.

In negative commands, the pronoun goes in front of the verb:

Ne vous couchez pas.
Don't go to bed.

Ne nous levons pas.
Let's not get up.

In affirmative commands that use *tu*, the reflexive pronoun *te* changes to *toi*:

Repose-toi.   Rest.

However, in negative commands, use *te*:

Ne te repose pas.   Don't rest.

Other frequently used reflexive verbs include:

s'amuser	to have fun/to enjoy oneself
s'appeler	to be called
s'approcher (de)	to approach
se baigner	to bathe
se brosser (les dents)	to brush (one's teeth)
se déshabiller	to undress
se débrouiller	to manage, to get by
se demander	to ask oneself, to wonder
se dépêcher	to hurry
se disputer	to argue, to have an argument
s'entendre (avec)	to get on (with)
se fâcher	to get angry
se faire mal	to hurt oneself
s'habiller	to get dressed
s'intéresser à	to be interested in
se lever	to get up
se marier	to get married
s'occuper (de)	to be concerned (with), to look after
se promener	to go for a walk
se réveiller	to wake up
se trouver	to be situated

Note: the most common forms of *se trouver*: … *se trouve/se trouvent*

Le marché se trouve au centre ville.
The market is situated in the town centre.

Les meilleurs restaurants se trouvent dans la vieille ville.
The best restaurants are situated in the old town.

Reflexive verbs form the tenses in the same way as other regular verbs, but you have to include the reflexive pronoun:

Je me coucherai.
I will go to bed.

Il se lavait.
He was washing.

Je m'amuserais.
I would have fun.

Il écoute la radio en se brossant les dents.
He listens to the radio while brushing his teeth.

The perfect and pluperfect tenses of all reflexive verbs are formed with *être*. You need to remember to put the reflexive pronoun in front of the auxiliary verb and to make an agreement with the subject:

Je me suis couché(e).
I went to bed.

Je m'étais couché(e).
I had gone to bed.

K14.2 Reflexive verbs in the negative *La négation des verbes pronominaux*
When using negatives with a reflexive verb, *ne* goes in front of the reflexive pronoun and *pas* after the verb or auxiliary:

Je ne me lève pas à 6 heures.
I do not get up at six o'clock.

Il ne s'est pas levé de bonne heure.
He did not get up early.

K14.3 *S'appeler*
Note that in some forms of s'appeler, there is a double *l*:

je m'appelle	*nous nous appelons*
tu t'appelles	*vous vous appelez*
il/elle/on s'appelle	*ils/elles s'appellent*

K15 Modal verbs *Les verbes modaux*
Pouvoir (to be able), *savoir* (to know, to know how to), *devoir* (to have to) and *vouloir* (to wish, to want) are known as modal verbs and are followed by an infinitive. For example:

On doit finir à 6 heures.
We have to finish at six o'clock.

Elles ne peuvent pas venir.
They cannot come.

Vous savez jouer du violon ?
Do you know how to play the violin?

Tu veux sortir ?
Do you want to go out?

Note: *devoir*, when used in the perfect tense, means 'had to' or 'must have':

Elles ont dû finir très tôt.
They had to finish early.

Elles ont dû oublier.
They must have forgotten.

When used in the conditional, *devoir* means 'should' or 'ought to':

Elle devrait revenir.
She should/ought to come back.

When used in the conditional, *pouvoir* means 'might' or 'could' (i.e. 'would be able to'):

On pourrait acheter du chocolat.
We could buy some chocolate.

Savoir is used to convey the idea of knowing how to do something, or having knowledge of facts:

Elle sait nager.   She can/knows how to swim.

Savoir should not be confused with *connaitre*, which also means 'to know' in the sense of knowing or being acquainted with a person, place or work of art (such as a film) etc.:

Je connais la famille Robinson.   I know the Robinson family.

K16 Direct and indirect speech *Le discours direct et indirect*

In English, if you want to report what someone else says or said, you can do it in one of two ways:

- direct speech

Daniel says: 'I don't like cheese.'

- indirect speech

Daniel says that he doesn't like cheese.

In French, the same applies:

- direct speech

Daniel dit: « Je n'aime pas le fromage. »

- Indirect speech:

Daniel dit qu'il n'aime pas le fromage.

Note that in indirect speech:

- the original words are reported without inverted commas
- the words reported are introduced by *que* in a subordinate clause
- the person whose speech is reported changes in the subordinate clause in indirect speech

Change of tense/person in indirect speech
In order to report something that was said in the past, there is usually a change of tense/person in the subordinate clause. For example:

- direct speech

Il a dit: « Je veux sortir. »
He said: 'I want to go out.'

Elles ont dit: « Nous viendrons demain. »
They said: 'We will come tomorrow.'

- indirect speech

Il a dit qu'il voulait sortir.
He said that he wanted to go out.

Elles ont dit qu'elles viendraient demain.
They said that they would come tomorrow.

K17 The passive *Le passif*
When the subject of a sentence receives the action instead of performing it, the sentence is said to be in the passive.

- active

'The neighbours saw the burglars.'

- passive

'The burglars were seen by the neighbours.'

To form the passive, you need to use the relevant tense of *être* with a past participle:

Les cambrioleurs ont été vus par les voisins.
The burglars were seen by the neighbours.

Elle sera remarquée tout de suite.
She will be noticed straightaway.

Note: the past participle has to agree with the subject in gender and number.

K18 Verbs requiring *à* or *de* + infinitive *Les verbes suivis de à ou de et d'un infinitif*
Some verbs need to be followed by *à* or by *de* before the infinitive.

Verbs requiring *à*

aider à	to help
s'amuser à	to amuse oneself
apprendre à	to learn
commencer à	to begin
continuer à	to continue
demander à	to ask
encourager à	to encourage
hésiter à	to hesitate
s'intéresser à	to be interested in
inviter à	to invite
se mettre à	to begin
passer du temps à	to spend time
réussir à	to succeed

Il a aidé à ranger sa chambre.
He helped to tidy his room.

Verbs requiring *de*

s'arrêter de	to stop
cesser de	to stop
décider de	to decide
se dépêcher de	to hurry

essayer de	to try
finir de	to finish
offrir de	to offer
oublier de	to forget
permettre de	to allow
recommander de	to recommend
refuser de	to refuse
regretter de	to regret

J'essaie de finir.
I'm trying to finish.

Verbs requiring *à* + person + *de* + infinitive

Some verbs require *à* in front of the person and *de* in front of the infinitive.

Elle dit à Paul de partir.
She tells Paul to leave.

dire à Marie de manger
to tell Marie to eat

Other examples include:

commander à Paul de partir
to order Paul to leave

conseiller à Luc de finir
to advise Luke to finish

défendre à Chantal de sortir
to forbid Chantal to go out

ordonner à Julie de rentrer
to order Julie to go home

permettre à Sophie de jouer
to allow Sophie to play

promettre à Justin de revenir
to promise Justin to come back

proposer à Martin de chanter
to suggest to Martin to sing

K19 *Depuis* with verbs Depuis *avec des verbes*

Depuis (for/since) is used with the present tense to say how long something has been going on. This implies that the action is still going on in the present. The present tense is used in French where the perfect tense is used in English:

Nous habitons dans la même maison depuis 15 ans.
We have been living in the same house for 15 years.

Depuis is used with the imperfect tense to say how long something *had* been going on. The imperfect tense is used in French where the pluperfect tense is used in English:

Je lisais depuis dix minutes quand le téléphone a sonné.
I had been reading for ten minutes when the phone rang.

Note: *depuis* can also be used with *quand* to ask 'how long..?':

Tu joues de la guitare depuis quand ?
How long have you been playing the guitar?

K20 *Venir de*

The present tense of *venir* is used with *de* and an infinitive to express the idea that someone has just done something or that something has just taken place. For example:

Je viens de finir.
I have just finished.

When used with the imperfect tense, *venir* followed by *de* means that someone *had* just done something:

Il venait de finir.
He had just finished.

K21 *Avoir*

Avoir is used in the following expressions and is followed by an infinitive:

avoir besoin de	to need
avoir du mal à	to have trouble
avoir le droit de	to have the right
avoir envie de	to feel like
avoir hâte de	to be in a hurry
avoir horreur de	to hate
avoir l'intention de	to intend
avoir le temps de	to have time

Nous n'avons pas besoin de revenir.
We don't need to come back.

It is also used to describe age, ailments and other conditions:

Elle a douze ans.
She is 12 years old.

J'ai la grippe et mal à la gorge.
I have flu and a sore throat.

Il a mal au dos et aux genoux.
He has a bad back and bad knees.

Tu as chaud ? Tu as sommeil ?
Are you hot? Are you sleepy?

K22 *Faire*

The verb *faire* usually means 'to do' or 'to make'. However, it can translate as 'to go' in certain expressions or take on a different meaning altogether.

Expressions in which *faire* means 'to go'

faire des achats	to go shopping
faire de l'alpinisme	to go mountaineering
faire du camping	to go camping
faire du cheval/de l'équitation	to go horse-riding
faire du cyclisme	to go cycling
faire du lèche-vitrines	to go window-shopping
faire de la natation	to go swimming
faire de la planche à voile	to go windsurfing
faire du ski (nautique)	to go (water) skiing
faire une promenade/ une randonnée	to go for a walk
faire du vélo	to go for a bike ride
faire de la voile	to go sailing

Below are more examples of expressions that use *faire*:

faire l'appel	to take the register
faire de l'autostop	to hitchhike
faire ses bagages	to pack one's bags
faire la bise	to kiss on both cheeks
faire la connaissance	to get to know
faire la cuisine	to cook
faire des économies	to save
faire la grasse matinée	to have a lie in
faire mal	to hurt
faire un paquet-cadeau	to gift-wrap
faire partie de	to belong to
faire une partie de	to have a game of

Faire is also used in some weather expressions:

Il fait chaud.	It is hot.

K23 Impersonal verbs *Les verbes impersonnels*

Impersonal verbs are only used in the third person singular (the *il* form). The most common are:

il y a	there is/there are
il faut	it is necessary
il manque…	is missing
il paraît que	it appears that
il pleut	it rains/is raining
il reste	there is/are…left
il s'agit de	it is about
il suffit de	it is enough to
il vaut mieux	it is better

Il ne faut pas oublier l'argent.
You must not forget the money.

Il manque un bouton.
A button is missing.

Il faut has different meanings:

Il faut revenir ce soir.
You must come back this evening.

Il faut de l'eau pour vivre.
We need water to live.

Il faut une minute pour arriver.
It takes a minute to arrive.

Il faut can be used with an indirect object pronoun:

Il me faut du papier.
I need some paper.

Il leur faut du temps.
They need some time.

Note: *Il y a* can be used with an expression of time to translate 'ago':

il y a un mois
a month ago

K24 Dependent infinitives *Les infinitifs dépendants*

To say that you have something cut, repaired, built or cleaned by someone else, you need to use *faire* followed by the appropriate infinitive:

faire construire	to get something built
faire couper	to get something cut
faire nettoyer	to get something cleaned
faire réparer	to get something repaired

Elle va faire réparer la voiture.
She is going to get the car repaired.

K25 Mixed-tense sentences *La concordance des temps*

You will often find longer sentences that refer to more than one time frame and that therefore use more than one tense of verb:

Aujourd'hui je reste à la maison, mais demain je vais sortir avec mes amis.
Today I am staying at home, but tomorrow I am going out with my friends.

L'année dernière je suis allé en Suisse, mais l'année prochaine j'irai en Allemagne.
Last year I went to Switzerland, but next year I will go to Germany.

Il regardait un film quand sa mère est entrée.
He was watching a film when his mother came in.

Je voudrais acheter cette guitare si j'avais assez d'argent.
I would like to buy this guitar if I had enough money.

Verb tables (*Conjugaisons*)

Infinitif	Présent	Futur	Imparfait	Conditionnel	Passé composé	Plus-que-parfait	Subjonctif
Verbes réguliers en -er							
JOUER **Participe présent** jouant **Participe passé** joué	je joue tu joues il/elle/on joue nous jouons vous jouez ils/elles jouent	je jouerai tu joueras il/elle/on jouera nous jouerons vous jouerez ils/elles joueront	je jouais tu jouais il/elle/on jouait nous jouions vous jouiez ils/elles jouaient	je jouerais tu jouerais il/elle/on jouerait nous jouerions vous joueriez ils/elles joueraient	j'ai joué tu as joué il/elle/on a joué nous avons joué vous avez joué ils/elles ont joué	j'avais joué tu avais joué il/elle/on avait joué nous avions joué vous aviez joué ils/elles avaient joué	je joue tu joues il/elle/on joue nous jouions vous jouiez ils/elles jouent
Verbes réguliers en -ir							
FINIR **Participe présent** finissant **Participe passé** fini	je finis tu finis il/elle/on finit nous finissons vous finissez ils/elles finissent	je finirai tu finiras il/elle/on finira nous finirons vous finirez ils/elles finiront	je finissais tu finissais il/elle/on finissait nous finissions vous finissiez ils/elles finissaient	je finirais tu finirais il/elle/on finirait nous finirions vous finiriez ils/elles finiraient	j'ai fini tu as fini il/elle/on a fini nous avons fini vous avez fini ils/elles ont fini	j'avais fini tu avais fini il/elle/on avait fini nous avions fini vous aviez fini ils/elles avaient fini	je finisse tu finisses il/elle/on finisse nous finissions vous finissiez ils/elles finissent
Verbes réguliers en -re							
RENDRE **Participe présent** rendant **Participe passé** rendu	je rends tu rends il/elle/on rend nous rendons vous rendez ils/elles rendent	je rendrai tu rendras il/elle/on rendra nous rendrons vous rendrez ils/elles rendront	je rendais tu rendais il/elle/on rendait nous rendions vous rendiez ils/elles rendaient	je rendrais tu rendrais il/elle/on rendrait nous rendrions vous rendriez ils/elles rendraient	j'ai rendu tu as rendu il/elle/on a rendu nous avons rendu vous avez rendu ils/elles ont rendu	j'avais rendu tu avais rendu il/elle/on avait rendu nous avions rendu vous aviez rendu ils/elles avaient rendu	je rende tu rendes il/elle/on rende nous rendions vous rendiez ils/elles rendent
Verbes pronominaux							
SE COUCHER **Participe présent** se couchant **Participe passé** couché	je me couche tu te couches il/elle/on se couche nous nous couchons vous vous couchez ils/elles se couchent	je me coucherai tu te coucheras il/elle/on se couchera nous nous coucherons vous vous coucherez ils/elles se coucheront	je me couchais tu te couchais il/elle/on se couchait nous nous couchions vous vous couchiez ils/elles se couchaient	je me coucherais tu te coucherais il/elle/on se coucherait nous nous coucherions vous vous coucheriez ils/elles se coucheraient	je me suis couché(e) tu t'es couché(e) il s'est couché elle s'est couchée on s'est couché(e)(s) nous nous sommes couché(e)s vous vous êtes couché(e)(s) ils se sont couchés elles se sont couchées	je m'étais couché(e) tu t'étais couché(e) il s'était couché elle s'était couchée on s'était couché(e)(s) nous nous étions couché(e)s vous vous étiez couché(e)(s) ils s'étaient couchés elles s'étaient couchées	je me couche tu te couches il/elle/on se couche nous nous couchions vous vous couchiez ils/elles se couchent
Verbes irréguliers les plus fréquents							
AVOIR **Participe présent** ayant **Participe passé** eu	j'ai tu as il/elle/on a nous avons vous avez ils/elles ont	j'aurai tu auras il/elle/on aura nous aurons vous aurez ils/elles auront	j'avais tu avais il/elle/on avait nous avions vous aviez ils/elles avaient	j'aurais tu aurais il/elle/on aurait nous aurions vous auriez ils/elles auraient	j'ai eu tu as eu il/elle/on a eu nous avons eu vous avez eu ils/elles ont eu	j'avais eu tu avais eu il/elle/on avait eu nous avions eu vous aviez eu ils/elles avaient eu	j'aie tu aies il/elle/on ait nous ayons vous ayez ils/elles aient

ÊTRE
Participe présent étant
Participe passé été

	Présent	Futur	Imparfait	Conditionnel	Passé composé	Plus-que-parfait	Subjonctif
	je suis	je serai	j'étais	je serais	j'ai été	j'avais été	je sois
	tu es	tu seras	tu étais	tu serais	tu as été	tu avais été	tu sois
	il/elle/on est	il/elle/on sera	il/elle/on était	il/elle/on serait	il/elle/on a été	il/elle/on avait été	il/elle/on soit
	nous sommes	nous serons	nous étions	nous serions	nous avons été	nous avions été	nous soyons
	vous êtes	vous serez	vous étiez	vous seriez	vous avez été	vous aviez été	vous soyez
	ils/elles sont	ils/elles seront	ils/elles étaient	ils/elles seraient	ils/elles ont été	ils/elles avaient été	ils/elles soient

ALLER
Participe présent allant
Participe passé allé

	Présent	Futur	Imparfait	Conditionnel	Passé composé	Plus-que-parfait	Subjonctif
	je vais	j'irai	j'allais	j'irais	je suis allé(e)	j'étais allé(e)	j'aille
	tu vas	tu iras	tu allais	tu irais	tu es allé(e)	tu étais allé(e)	tu ailles
	il/elle/on va	il/elle/on ira	il/elle/on allait	il/elle/on irait	il est allé	il était allé	il/elle/on aille
	nous allons	nous irons	nous allions	nous irions	elle est allée	elle était allée	nous allions
	vous allez	vous irez	vous alliez	vous iriez	on est allé(e)(s)	on était allé(e)(s)	vous alliez
	ils/elles vont	ils/elles iront	ils/elles allaient	ils/elles iraient	nous sommes allé(e)s	nous étions allé(e)s	ils/elles aillent
					vous êtes allé(e)(s)	vous étiez allé(e)(s)	
					ils sont allés	ils étaient allés	
					elles sont allées	elles étaient allées	

Verbes modaux

DEVOIR
Participe présent devant
Participe passé dû

	Présent	Futur	Imparfait	Conditionnel	Passé composé	Plus-que-parfait	Subjonctif
	je dois	je devrai	je devais	je devrais	j'ai dû	j'avais dû	je doive
	tu dois	tu devras	tu devais	tu devrais	tu as dû	tu avais dû	tu doives
	il/elle/on doit	il/elle/on devra	il/elle/on devait	il/elle/on devrait	il/elle/on a dû	il/elle/on avait dû	il/elle/on doive
	nous devons	nous devrons	nous devions	nous devrions	nous avons dû	nous avions dû	nous devions
	vous devez	vous devrez	vous deviez	vous devriez	vous avez dû	vous aviez dû	vous deviez
	ils/elles doivent	ils/elles devront	ils/elles devaient	ils/elles devraient	ils/elles ont dû	ils/elles avaient dû	ils/elles doivent

POUVOIR
Participe présent pouvant
Participe passé pu

	Présent	Futur	Imparfait	Conditionnel	Passé composé	Plus-que-parfait	Subjonctif
	je peux	je pourrai	je pouvais	je pourrais	j'ai pu	j'avais pu	je puisse
	tu peux	tu pourras	tu pouvais	tu pourrais	tu as pu	tu avais pu	tu puisses
	il/elle/on peut	il/elle/on pourra	il/elle/on pouvait	il/elle/on pourrait	il/elle/on a pu	il/elle/on avait pu	il/elle/on puisse
	nous pouvons	nous pourrons	nous pouvions	nous pourrions	nous avons pu	nous avions pu	nous puissions
	vous pouvez	vous pourrez	vous pouviez	vous pourriez	vous avez pu	vous aviez pu	vous puissiez
	ils/elles peuvent	ils/elles pourront	ils/elles pouvaient	ils/elles pourraient	ils/elles ont pu	ils/elles avaient pu	ils/elles puissent

SAVOIR
Participe présent sachant
Participe passé su

	Présent	Futur	Imparfait	Conditionnel	Passé composé	Plus-que-parfait	Subjonctif
	je sais	je saurai	je savais	je saurais	j'ai su	j'avais su	je sache
	tu sais	tu sauras	tu savais	tu saurais	tu as su	tu avais su	tu saches
	il/elle/on sait	il/elle/on saura	il/elle/on savait	il/elle/on saurait	il/elle/on a su	il/elle/on avait su	il/elle/on sache
	nous savons	nous saurons	nous savions	nous saurions	nous avons su	nous avions su	nous sachions
	vous savez	vous saurez	vous saviez	vous sauriez	vous avez su	vous aviez su	vous sachiez
	ils/elles savent	ils/elles sauront	ils/elles savaient	ils/elles sauraient	ils/elles ont su	ils/elles avaient su	ils/elles sachent

VOULOIR
Participe présent voulant
Participe passé voulu

	Présent	Futur	Imparfait	Conditionnel	Passé composé	Plus-que-parfait	Subjonctif
	je veux	je voudrai	je voulais	je voudrais	j'ai voulu	j'avais voulu	je veuille
	tu veux	tu voudras	tu voulais	tu voudrais	tu as voulu	tu avais voulu	tu veuilles
	il/elle/on veut	il/elle/on voudra	il/elle/on voulait	il/elle/on voudrait	il/elle/on a voulu	il/elle/on avait voulu	il/elle/on veuille
	nous voulons	nous voudrons	nous voulions	nous voudrions	nous avons voulu	nous avions voulu	nous voulions
	vous voulez	vous voudrez	vous vouliez	vous voudriez	vous avez voulu	vous aviez voulu	vous vouliez
	ils/elles veulent	ils/elles voudront	ils/elles voulaient	ils/elles voudraient	ils/elles ont voulu	ils/elles avaient voulu	ils/elles veuillent

Infinitif Autres verbes irréguliers	Présent	Futur	Imparfait	Conditionnel	Passé composé	Plus-que-parfait	Subjonctif
APPELER **Participe présent** appelant **Participe passé** appelé	j'appelle tu appelles il/elle/on appelle nous appelons vous appelez ils/elles appellent	j'appellerai tu appelleras il/elle/on appellera nous appellerons vous appellerez ils/elles appelleront	j'appelais tu appelais il/elle/on appelait nous appelions vous appeliez ils/elles appelaient	j'appellerais tu appellerais il/elle/on appellerait nous appellerions vous appelleriez ils/elles appelleraient	j'ai appelé tu as appelé il/elle/on a appelé nous avons appelé vous avez appelé ils/elles ont appelé	j'avais appelé tu avais appelé il/elle/on avait appelé nous avions appelé vous aviez appelé ils/elles avaient appelé	j'appelle tu appelles il/elle/on appelle nous appelions vous appeliez ils/elles appellent
S'ASSOIR **Participe présent** s'asseyant **Participe passé** assis	je m'assieds tu t'assieds il/elle/on s'assied nous nous asseyons vous vous asseyez ils/elles s'asseyent	je m'assiérai tu t'assiéras il/elle/on s'assiéra nous nous assiérons vous vous assiérez ils/elles s'assiéront	je m'asseyais tu t'asseyais il/elle/on s'asseyait nous nous asseyions vous vous asseyiez ils/elles s'asseyaient	je m'assiérais tu t'assiérais il/elle/on s'assiérait nous nous assiérions vous vous assiériez ils/elles s'assiéraient	je me suis assis(e) tu t'es assis(e) il s'est assis elle s'est assise on s'est assis(e)(s) nous nous sommes assis(es) vous vous êtes assis(e)(s) ils/elles se sont assis(es)	je m'étais assis(e) tu t'étais assis(e) il s'était assis elle s'était assise on s'était assis(e)(s) nous nous étions assis(es) vous vous étiez assis(e)(s) ils/elles s'étaient assis(es)	je m'asseye tu t'asseyes il/elle/on s'asseye nous nous asseyions vous vous asseyiez ils/elles s'asseyent
BOIRE **Participe présent** buvant **Participe passé** bu	je bois tu bois il/elle/on boit nous buvons vous buvez ils/elles boivent	je boirai tu boiras il/elle/on boira nous boirons vous boirez ils/elles boiront	je buvais tu buvais il/elle/on buvait nous buvions vous buviez ils/elles buvaient	je boirais tu boirais il/elle/on boirait nous boirions vous boiriez ils/elles boiraient	j'ai bu tu as bu il/elle/on a bu nous avons bu vous avez bu ils/elles ont bu	j'avais bu tu avais bu il/elle/on avait bu nous avions bu vous aviez bu ils/elles avaient bu	je boive tu boives il/elle/on boive nous buvions vous buviez ils/elles boivent
COMMENCER **Participe présent** commençant **Participe passé** commencé	je commence tu commences il/elle/on commence nous commençons vous commencez ils/elles commencent	je commencerai tu commenceras il/elle/on commencera nous commencerons vous commencerez ils/elles commenceront	je commençais tu commençais il/elle/on commençait nous commencions vous commenciez ils/elles commençaient	je commencerais tu commencerais il/elle/on commencerait nous commencerions vous commenceriez ils/elles commenceraient	j'ai commencé tu as commencé il/elle/on a commencé nous avons commencé vous avez commencé ils/elles ont commencé	j'avais commencé tu avais commencé il/elle/on avait commencé nous avions commencé vous aviez commencé ils/elles avaient commencé	je commence tu commences il/elle/on commence nous commencions vous commenciez ils/elles commencent
CONDUIRE **Participe présent** conduisant **Participe passé** conduit	je conduis tu conduis il/elle/on conduit nous conduisons vous conduisez ils/elles conduisent	je conduirai tu conduiras il/elle/on conduira nous conduirons vous conduirez ils/elles conduiront	je conduisais tu conduisais il/elle/on conduisait nous conduisions vous conduisiez ils/elles conduisaient	je conduirais tu conduirais il/elle/on conduirait nous conduirions vous conduiriez ils/elles conduiraient	j'ai conduit tu as conduit il/elle/on a conduit nous avons conduit vous avez conduit ils/elles ont conduit	j'avais conduit tu avais conduit il/elle/on avait conduit nous avions conduit vous aviez conduit ils/elles avaient conduit	je conduise tu conduises il/elle/on conduise nous conduisions vous conduisiez ils/elles conduisent
CONNAITRE **Participe présent** connaissant **Participe passé** connu	je connais tu connais il/elle/on connait nous connaissons vous connaissez ils/elles connaissent	je connaitrai tu connaitras il/elle/on connaitra nous connaitrons vous connaitrez ils/elles connaitront	je connaissais tu connaissais il/elle/on connaissait nous connaissions vous connaissiez ils/elles connaissaient	je connaitrais tu connaitrais il/elle/on connaitrait nous connaitrions vous connaitriez ils/elles connaitraient	j'ai connu tu as connu il/elle/on a connu nous avons connu vous avez connu ils/elles ont connu	j'avais connu tu avais connu il/elle/on avait connu nous avions connu vous aviez connu ils/elles avaient connu	je connaisse tu connaisses il/elle/on connaisse nous connaissions vous connaissiez ils/elles connaissient

CROIRE
Participe présent croyant
Participe passé cru

Présent	Futur	Imparfait	Conditionnel	Passé composé	Plus-que-parfait	Subjonctif
je crois	je croirai	je croyais	je croirais	j'ai cru	j'avais cru	je croie
tu crois	tu croiras	tu croyais	tu croirais	tu as cru	tu avais cru	tu croies
il/elle/on croit	il/elle/on croira	il/elle/on croyait	il/elle/on croirait	il/elle/on a cru	il/elle/on avait cru	il/elle/on croie
nous croyons	nous croirons	nous croyions	nous croirions	nous avons cru	nous avions cru	nous croyions
vous croyez	vous croirez	vous croyiez	vous croiriez	vous avez cru	vous aviez cru	vous croyiez
ils/elles croient	ils/elles croiront	ils/elles croyaient	ils/elles croiraient	ils/elles ont cru	ils/elles avaient cru	ils/elles croient

DIRE
Participe présent disant
Participe passé dit

Présent	Futur	Imparfait	Conditionnel	Passé composé	Plus-que-parfait	Subjonctif
je dis	je dirai	je disais	je dirais	j'ai dit	j'avais dit	je dise
tu dis	tu diras	tu disais	tu dirais	tu as dit	tu avais dit	tu dises
il/elle/on dit	il/elle/on dira	il/elle/on disait	il/elle/on dirait	il/elle/on a dit	il/elle/on avait dit	il/elle/on dise
nous disons	nous dirons	nous disions	nous dirions	nous avons dit	nous avions dit	nous disions
vous dites	vous direz	vous disiez	vous diriez	vous avez dit	vous aviez dit	vous disiez
ils/elles disent	ils/elles diront	ils/elles disaient	ils/elles diraient	ils/elles ont dit	ils/elles avaient dit	ils/elles disent

DORMIR
Participe présent dormant
Participe passé dormi

Présent	Futur	Imparfait	Conditionnel	Passé composé	Plus-que-parfait	Subjonctif
je dors	je dormirai	je dormais	je dormirais	j'ai dormi	j'avais dormi	je dorme
tu dors	tu dormiras	tu dormais	tu dormirais	tu as dormi	tu avais dormi	tu dormes
il/elle/on dort	il/elle/on dormira	il/elle/on dormait	il/elle/on dormirait	il/elle/on a dormi	il/elle/on avait dormi	il/elle/on dorme
nous dormons	nous dormirons	nous dormions	nous dormirions	nous avons dormi	nous avions dormi	nous dormions
vous dormez	vous dormirez	vous dormiez	vous dormiriez	vous avez dormi	vous aviez dormi	vous dormiez
ils/elles dorment	ils/elles dormiront	ils/elles dormaient	ils/elles dormiraient	ils/elles ont dormi	ils/elles avaient dormi	ils/elles dorment

ÉCRIRE
Participe présent écrivant
Participe passé écrit

Présent	Futur	Imparfait	Conditionnel	Passé composé	Plus-que-parfait	Subjonctif
j'écris	j'écrirai	j'écrivais	j'écrirais	j'ai écrit	j'avais écrit	j'écrive
tu écris	tu écriras	tu écrivais	tu écrirais	tu as écrit	tu avais écrit	tu écrives
il/elle/on écrit	il/elle/on écrira	il/elle/on écrivait	il/elle/on écrirait	il/elle/on a écrit	il/elle/on avait écrit	il/elle/on écrive
nous écrivons	nous écrirons	nous écrivions	nous écririons	nous avons écrit	nous avions écrit	nous écrivions
vous écrivez	vous écrirez	vous écriviez	vous écririez	vous avez écrit	vous aviez écrit	vous écriviez
ils/elles écrivent	ils/elles écriront	ils/elles écrivaient	ils/elles écriraient	ils/elles ont écrit	ils/elles avaient écrit	ils/elles écrivent

ENVOYER
Participe présent envoyant
Participe passé envoyé

Présent	Futur	Imparfait	Conditionnel	Passé composé	Plus-que-parfait	Subjonctif
j'envoie	j'enverrai	j'envoyais	j'enverrais	j'ai envoyé	j'avais envoyé	j'envoie
tu envoies	tu enverras	tu envoyais	tu enverrais	tu as envoyé	tu avais envoyé	tu envoies
il/elle/on envoie	il/elle/on enverra	il/elle/on envoyait	il/elle/on enverrait	il/elle/on a envoyé	il/elle/on avait envoyé	il/elle/on envoie
nous envoyons	nous enverrons	nous envoyions	nous enverrions	nous avons envoyé	nous avions envoyé	nous envoyions
vous envoyez	vous enverrez	vous envoyiez	vous enverriez	vous avez envoyé	vous aviez envoyé	vous envoyiez
ils/elles envoient	ils/elles enverront	ils/elles envoyaient	ils/elles enverraient	ils/elles ont envoyé	ils/elles avaient envoyé	ils/elles envoient

ESPÉRER
Participe présent espérant
Participe passé espéré

Présent	Futur	Imparfait	Conditionnel	Passé composé	Plus-que-parfait	Subjonctif
j'espère	j'espérerai	j'espérais	j'espérerais	j'ai espéré	j'avais espéré	j'espère
tu espères	tu espéreras	tu espérais	tu espérerais	tu as espéré	tu avais espéré	tu espères
il/elle/on espère	il/elle/on espérera	il/elle/on espérait	il/elle/on espérerait	il/elle/on a espéré	il/elle/on avait espéré	il/elle/on espère
nous espérons	nous espérerons	nous espérions	nous espérerions	nous avons espéré	nous avions espéré	nous espérions
vous espérez	vous espérerez	vous espériez	vous espéreriez	vous avez espéré	vous aviez espéré	vous espériez
ils/elles espèrent	ils/elles espéreront	ils/elles espéraient	ils/elles espéreraient	ils/elles ont espéré	ils/elles avaient espéré	ils/elles espèrent

ESSAYER
Participe présent essayant
Participe passé essayé

Présent	Futur	Imparfait	Conditionnel	Passé composé	Plus-que-parfait	Subjonctif
j'essaie	j'essayerai	j'essayais	j'essayerais	j'ai essayé	j'avais essayé	j'essaie
tu essaies	tu essayeras	tu essayais	tu essayerais	tu as essayé	tu avais essayé	tu essaies
il/elle/on essaie	il/elle/on essayera	il/elle/on essayait	il/elle/on essayerait	il/elle/on a essayé	il/elle/on avait essayé	il/elle/on essaie
nous essayons	nous essayerons	nous essayions	nous essayerions	nous avons essayé	nous avions essayé	nous essayions
vous essayez	vous essayerez	vous essayiez	vous essayeriez	vous avez essayé	vous aviez essayé	vous essayiez
ils/elles essaient	ils/elles essayeront	ils/elles essayaient	ils/elles essayeraient	ils/elles ont essayé	ils/elles avaient essayé	ils/elles essaient

FAIRE
Participe présent: faisant
Participe passé: fait

	Présent	Futur	Imparfait	Conditionnel	Passé composé	Plus-que-parfait	Subjonctif
je	je fais	je ferai	je faisais	je ferais	j'ai fait	j'avais fait	je fasse
tu	tu fais	tu feras	tu faisais	tu ferais	tu as fait	tu avais fait	tu fasses
il/elle/on	il/elle/on fait	il/elle/on fera	il/elle/on faisait	il/elle/on ferait	il/elle/on a fait	il/elle/on avait fait	il/elle/on fasse
nous	nous faisons	nous ferons	nous faisions	nous ferions	nous avons fait	nous avions fait	nous fassions
vous	vous faites	vous ferez	vous faisiez	vous feriez	vous avez fait	vous aviez fait	vous fassiez
ils/elles	ils/elles font	ils/elles feront	ils/elles faisaient	ils/elles feraient	ils/elles ont fait	ils/elles avaient fait	ils/elles fassent

LIRE
Participe présent: lisant
Participe passé: lu

	Présent	Futur	Imparfait	Conditionnel	Passé composé	Plus-que-parfait	Subjonctif
je	je lis	je lirai	je lisais	je lirais	j'ai lu	j'avais lu	je lise
tu	tu lis	tu liras	tu lisais	tu lirais	tu as lu	tu avais lu	tu lises
il/elle/on	il/elle/on lit	il/elle/on lira	il/elle/on lisait	il/elle/on lirait	il/elle/on a lu	il/elle/on avait lu	il/elle/on lise
nous	nous lisons	nous lirons	nous lisions	nous lirions	nous avons lu	nous avions lu	nous lisions
vous	vous lisez	vous lirez	vous lisiez	vous liriez	vous avez lu	vous aviez lu	vous lisiez
ils/elles	ils/elles lisent	ils/elles liront	ils/elles lisaient	ils/elles liraient	ils/elles ont lu	ils/elles avaient lu	ils/elles lisent

METTRE
Participe présent: mettant
Participe passé: mis

	Présent	Futur	Imparfait	Conditionnel	Passé composé	Plus-que-parfait	Subjonctif
je	je mets	je mettrai	je mettais	je mettrais	j'ai mis	j'avais mis	je mette
tu	tu mets	tu mettras	tu mettais	tu mettrais	tu as mis	tu avais mis	tu mettes
il/elle/on	il/elle/on met	il/elle/on mettra	il/elle/on mettait	il/elle/on mettrait	il/elle/on a mis	il/elle/on avait mis	il/elle/on mette
nous	nous mettons	nous mettrons	nous mettions	nous mettrions	nous avons mis	nous avions mis	nous mettions
vous	vous mettez	vous mettrez	vous mettiez	vous mettriez	vous avez mis	vous aviez mis	vous mettiez
ils/elles	ils/elles mettent	ils/elles mettront	ils/elles mettaient	ils/elles mettraient	ils/elles ont mis	ils/elles avaient mis	ils/elles mettent

MOURIR
Participe présent: mourant
Participe passé: mort

	Présent	Futur	Imparfait	Conditionnel	Passé composé	Plus-que-parfait	Subjonctif
je	je meurs	je mourrai	je mourais	je mourrais	je suis mort(e)	j'étais mort(e)	je meure
tu	tu meurs	tu mourras	tu mourais	tu mourrais	tu es mort(e)	tu étais morte(e)	tu meures
il	il/elle/on meurt	il/elle/on mourra	il/elle/on mourait	il/elle/on mourrait	il est mort	il était mort	il/elle/on meure
elle					elle est morte	elle était morte	
on					on est mort(e)(s)	on était mort(e)(s)	
nous	nous mourons	nous mourrons	nous mourions	nous mourrions	nous sommes mort(e)s	nous étions mort(e)s	nous mourions
vous	vous mourez	vous mourrez	vous mouriez	vous mourriez	vous êtes mort(e)(s)	vous étiez mort(e)(s)	vous mouriez
ils	ils/elles meurent	ils/elles mourront	ils/elles mouraient	ils/elles mourraient	ils sont morts	ils étaient morts	ils/elles meurent
elles					elles sont mortes	elles étaient mortes	

NAITRE
Participe présent: naissant
Participe passé: né

	Présent	Futur	Imparfait	Conditionnel	Passé composé	Plus-que-parfait	Subjonctif
je	je nais	je naîtrai	je naissais	je naîtrais	je suis né(e)	j'étais né(e)	je naisse
tu	tu nais	tu naîtras	tu naissais	tu naîtrais	tu es né(e)	tu étais né(e)	tu naisses
il	il/elle/on naît	il/elle/on naîtra	il/elle/on naissait	il/elle/on naîtrait	il est né	il était né	il/elle/on naisse
elle					elle est née	elle était née	
on					on est né(e)(s)	on était né(e)(s)	
nous	nous naissons	nous naîtrons	nous naissions	nous naîtrions	nous sommes né(e)(s)	nous étions né(e)s	nous naissions
vous	vous naissez	vous naîtrez	vous naissiez	vous naîtriez	vous êtes né(e)(s)	vous étiez né(e)(s)	vous naissiez
ils	ils/elles naissent	ils/elles naîtront	ils/elles naissaient	ils/elles naîtraient	ils sont nés	ils étaient nés	ils/elles naissent
elles					elles sont nées	elles étaient nées	

OUVRIR
Participe présent: ouvrant
Participe passé: ouvert

	Présent	Futur	Imparfait	Conditionnel	Passé composé	Plus-que-parfait	Subjonctif
j'	j'ouvre	j'ouvrirai	j'ouvrais	j'ouvrirais	j'ai ouvert	j'avais ouvert	j'ouvre
tu	tu ouvres	tu ouvriras	tu ouvrais	tu ouvrirais	tu as ouvert	tu avais ouvert	tu ouvres
il/elle/on	il/elle/on ouvre	il/elle/on ouvrira	il/elle/on ouvrait	il/elle/on ouvrirait	il/elle/on a ouvert	il/elle/on avait ouvert	il/elle/on ouvre
nous	nous ouvrons	nous ouvrirons	nous ouvrions	nous ouvririons	nous avons ouvert	nous avions ouvert	nous ouvrions
vous	vous ouvrez	vous ouvrirez	vous ouvriez	vous ouvririez	vous avez ouvert	vous aviez ouvert	vous ouvriez
ils/elles	ils/elles ouvrent	ils/elles ouvriront	ils/elles ouvraient	ils/elles ouvriraient	ils/elles ont ouvert	ils/elles avaient ouvert	ils/elles ouvrent

Infinitif	Présent	Futur	Imparfait	Conditionnel	Passé composé	Plus-que-parfait	Subjonctif
PRENDRE **Participe présent** prenant **Participe passé** pris	je prends tu prends il/elle/on prend nous prenons vous prenez ils/elles prennent	je prendrai tu prendras il/elle/on prendra nous prendrons vous prendrez ils/elles prendront	je prenais tu prenais il/elle/on prenait nous prenions vous preniez ils/elles prenaient	je prendrais tu prendrais il/elle/on prendrait nous prendrions vous prendriez ils/elles prendraient	j'ai pris tu as pris il/elle/on a pris nous avons pris vous avez pris ils/elles ont pris	j'avais pris tu avais pris il/elle/on avait pris nous avions pris vous aviez pris ils/elles avaient pris	je prenne tu prennes il/elle/on prenne nous prenions vous preniez ils/elles prennent
RECEVOIR **Participe présent** recevant **Participe passé** reçu	je reçois tu reçois il/elle/on reçoit nous recevons vous recevez ils/elles reçoivent	je recevrai tu recevras il/elle/on recevra nous recevrons vous recevrez ils/elles recevront	je recevais tu recevais il/elle/on recevait nous recevions vous receviez ils/elles recevaient	je recevrais tu recevrais il/elle/on recevrait nous recevrions vous recevriez ils/elles recevraient	j'ai reçu tu as reçu il/elle/on a reçu nous avons reçu vous avez reçu ils/elles ont reçu	j'avais reçu tu avais reçu il/elle/on avait reçu nous avions reçu vous aviez reçu ils/elles avaient reçu	je reçoive tu reçoives il/elle/on reçoive nous recevions vous receviez ils/elles reçoivent
RIRE **Participe présent** riant **Participe passé** ri	je ris tu ris il/elle/on rit nous rions vous riez ils/elles rient	je rirai tu riras il/elle/on rira nous rirons vous rirez ils/elles riront	je riais tu riais il/elle/on riait nous riions vous riiez ils/elles riaient	je rirais tu rirais il/elle/on rirait nous ririons vous ririez ils/elles riraient	j'ai ri tu as ri il/elle/on a ri nous avons ri vous avez ri ils/elles ont ri	j'avais ri tu avais ri il/elle/on avait ri nous avions ri vous aviez ri ils/elles avaient ri	je rie tu ries il/elle/on rie nous riions vous riiez ils/elles rient
SORTIR **Participe présent** sortant **Participe passé** sorti	je sors tu sors il/elle/on sort nous sortons vous sortez ils/elles sortent	je sortirai tu sortiras il/elle/on sortira nous sortirons vous sortirez ils/elles sortiront	je sortais tu sortais il/elle/on sortait nous sortions vous sortiez ils/elles sortaient	je sortirais tu sortirais il/elle/on sortirait nous sortirions vous sortiriez ils/elles sortiraient	je suis sorti(e) tu es sorti(e) il est sorti elle est sortie on est sorti(e)s nous sommes sorti(e)s vous êtes sorti(e)(s) ils sont sortis elles sont sorties	j'étais sorti(e) tu étais sorti(e) il était sorti elle était sortie on était sorti(e)(s) nous étions sorti(e)s vous étiez sorti(e)(s) ils étaient sortis elles étaient sorties	je sorte tu sortes il/elle/on sorte nous sortions vous sortiez ils/elles sortent
VENIR **Participe présent** venant **Participe passé** venu	je viens tu viens il/elle/on vient nous venons vous venez ils/elles viennent	je viendrai tu viendras il/elle/on viendra nous viendrons vous viendrez ils/elles viendront	je venais tu venais il/elle/on venait nous venions vous veniez ils/elles venaient	je viendrais tu viendrais il/elle/on viendrait nous viendrions vous viendriez ils/elles viendraient	je suis venu(e) tu es venu(e) il est venu elle est venue on est venu(e)(s) nous sommes venu(e)(s) vous êtes venu(e)(s) ils sont venus elles sont venues	j'étais venu(e) tu étais venu(e) il était venu elle était venue on était venu(e)(s) nous étions venu(e)s vous étiez venu(e)(s) ils étaient venus elles étaient venues	je vienne tu viennes il/elle/on vienne nous venions vous veniez ils/elles viennent
VIVRE **Participe présent** vivant **Participe passé** vécu	je vis tu vis il/elle/on vit nous vivons vous vivez ils/elles vivent	je vivrai tu vivras il/elle/on vivra nous vivrons vous vivrez ils/elles vivront	je vivais tu vivais il/elle/on vivait nous vivions vous viviez ils/elles vivaient	je vivrais tu vivrais il/elle/on vivrait nous vivrions vous vivriez ils/elles vivraient	j'ai vécu tu as vécu il/elle/on a vécu nous avons vécu vous avez vécu ils/elles ont vécu	j'avais vécu tu avais vécu il/elle/on avait vécu nous avions vécu vous aviez vécu ils/elles avaient vécu	je vive tu vives il/elle/on vive nous vivions vous viviez ils/elles vivent
VOIR **Participe présent** voyant **Participe passé** vu	je vois tu vois il/elle/on voit nous voyons vous voyez ils/elles voient	je verrai tu verras il/elle/on verra nous verrons vous verrez ils/elles verront	je voyais tu voyais il/elle/on voyait nous voyions vous voyiez ils/elles voyaient	je verrais tu verrais il/elle/on verrait nous verrions vous verriez ils/elles verraient	j'ai vu tu as vu il/elle/on a vu nous avons vu vous avez vu ils/elles ont vu	j'avais vu tu avais vu il/elle/on avait vu nous avions vu vous aviez vu ils/elles avaient vu	je voie tu voies il/elle/on voie nous voyions vous voyiez ils/elles voient